本著作受上海工程技术大学学术著作出版专项资助

生命科技应用的法律规制研究

汤晓江 著

The Study on the Legal Regulation of the Application of Life Science Technology

内容提要

现代社会利益关系复杂，权利诉求多样化，我们只有综合运用法律、伦理等社会治理手段才能妥善、有效地解决矛盾凸显的社会问题。本书的主旨在于以当代法治的视角，探究生命科技研发和应用对公众个体权益、社会发展以及人类利益造成的负面影响，指出现有法律对新兴权利保护的困境和法律规制的不足。在此基础上，本书深入研究了生命科技新兴权益，以及对其保护的现实路径，助益于生命科技应用中的法律规制和权利保护，希冀在生命科技法治困境中探索出新的实践道路。

图书在版编目(CIP)数据

生命科技应用的法律规制研究 / 汤晓江著.
—上海：上海交通大学出版社，2019
ISBN 978-7-313-22185-8

Ⅰ.①生… Ⅱ.①汤… Ⅲ.①生命科学-科学技术管理法规-研究 Ⅳ.①D912.170.4

中国版本图书馆 CIP 数据核字(2019)第 238347 号

生命科技应用的法律规制研究
SHENGMING KEJI YINGYONG DE FALÜ GUIZHI YANJIU

著　　者：汤晓江
出版发行：上海交通大学出版社　　地　　址：上海市番禺路 951 号
邮政编码：200030　　电　　话：021-64071208
印　　刷：上海天地海设计印刷有限公司　　经　　销：全国新华书店
开　　本：710mm×1000mm　1/16　　印　　张：15.5
字　　数：269 千字
版　　次：2019 年 12 月第 1 版　　印　　次：2019 年 12 月第 1 次印刷
书　　号：ISBN 978-7-313-22185-8
定　　价：78.00 元

序

Preface

生命科学技术飞速发展是当今时代最为显著的特征之一。伴随着基因科技、器官移植、人类辅助生殖技术等生命科学技术的进步及其在实践中的日益广泛应用，人类已经越来越深地步入生命科技时代，在享受生命科技带来福祉与喜悦的同时，直面其带来的风险。惟是之故，探讨生命科学技术发展所带来的伦理与法律问题，并谋求理性应对之道，便成为当代法学乃至伦理学理论工作者所义不容辞的职责所在与使命担当。正是在这一职责与使命的推动下，学界涌现出了越来越多的探讨生命科技伦理与法律问题的专著，而汤晓江博士撰著的《生命科技应用的法律规制研究》就在其中。

我与晓江的相识是在多年前上海市法学会生命法研究会组织的一次学术报告上。当时他还是华东政法大学的在读博士生。那一次，他向倪正茂教授与我谈及了自己博士学位论文打算写生命科技法律规制问题的初步想法，给我留下了极深刻的印象，让我感觉这是一个敢于接受挑战、前途无量的年轻人。因为与其他伦理与法律问题的研究不同，生命科技的伦理与法律问题对研究者有着非常高的要求，至少需要具备生命科学、医学、法学、哲学以及伦理学等在内的多学科的知识积累与专业背景，需要花费比一般伦理与法律问题研究更多的时间和更大的心力。这对于很多攻读学位的年轻学者甚至对于很多已经成名成家的大牌学者而言，其实是极大的挑战。难能可贵的是，晓江作为一个博士研究生，完全没有在意这些挑战，反而勇敢地选择了接受。而更为可贵的是，尽管在写作过程中他遭遇了不少质疑和困惑，但最终得以一一克服，并艰难而又极富成就感地最终促成了本书的问世。这一点让人很是感动和欣慰。

近年来，伴随着“代孕产业化”“换头术丑闻”与“基因编辑婴儿事件”等严重冲击生命伦理底线和刺激社会敏感神经事件的不断发生，国家对生命科技规制问题已经到了不得不重视的时候。在此背景下，生命法学研究已经越来越显现出其重要性乃至迫切性。而作为其博士学位论文，晓江这本专著的问世无疑正当其时，高度契合了当下国家对生命科技进行规制的理论需要。非但如此，本书的研究视野极为开阔，不仅限于法学的观察与伦理学的分析，更有哲学的反思，无论对于丰富和强化之前曾经一度沉寂的国内生命法学研究，还是对于推进当下正在愈发受到正视乃至重视的我国生命科技法治建设，无疑都具有不言自明的重要意义。

学术之路本身充满荆棘，布满坎坷，每一份收获都伴随着巨大的辛苦和付出！对于生命法学这样一个正处于生长阶段而又充满争议与质疑，并因此而尚未完全获得学界认可的法学新学科而言，其研究尤其举步维艰。在此意义上，国内生命法学研究的成长和成熟需要生命法学理论工作者们付出更多的辛劳和努力，需要大家坚守学术的初心，勇担研究的使命，甘愿坐冷板凳！在本书即将付梓之际，笔者表示衷心的祝贺！而对于晓江今后的学术研究而言，笔者则希望并相信，本书作为他对自己读博求学之路的一个总结，只是其在生命法学研究方面的一个开始，而远非结束！最后，衷心祝愿晓江戒骄戒躁，在生命法学研究上收获更多硕果！

是为之序！

刘长秋

上海社会科学院法学研究所生命法研究中心主任

2019 年 9 月 30 日于沪

前　言

Preface

生命科技是当代社会发展的标志性产物，它的发展对社会发展有巨大的推动作用。生命科技指的是，以基因技术、人体器官移植技术、人工辅助生殖技术，以及生命与公共健康技术为代表的当代医学技术的总称。本书根据国内外生命科技法治理论研究和立法实践的考察，结合国内外生命科技研发和应用的典型案例，对传统法在规制生命科技应用方面和新兴权利保护方面的困境进行分析，并提出建设性的意见。在本书导论中，首先分析了目前热议的非法代孕案、冷冻胚胎案和基因歧视案三个典型案例，提出新兴权利保护和法律规制问题，使相关的研究成果更加务实。书中以新兴权利保护和生命科技应用法律规制为主线，分析新兴权利兴起的根本动因、各种利益主体之间的利益冲突如何处理、新兴权利对传统权利理论的冲击，并提出了自己的研究方法。

生命科技的发展给人们带来福祉的同时，也给社会带来了新的问题。它们集中体现在社会高速发展背后的秩序危机、悖离生命伦理、激发权益冲突等方面。

基因技术滥用的风险、人工生殖技术滥用的风险以及人体器官移植技术应用的风险潜移默化地存在于社会发展过程中，或隐蔽或突出，或大或小，距离人们的生活或近或远。如果我们对风险因素不加以控制就会导致广泛性危害结果的发生。此外，在法治发展不健全的情况下会出现非法转让、买卖生命资源的非法行为，为他人滥用生命科技提供了条件，也形成了滋生违法、犯罪行为的频发领域，对社会稳定和社会健康发展构成威胁。在当代风险社会法治中，维护社会稳定和社会健康发展就是维护公民的权益和社会公共利益。

基于此，我们应当运用适当的法律手段，对生命科技发展领域进行调整。因为道德防控具有其内在局限性。社会共同体在规模小、社会关系比较简单的时候,由伦理、道德来对社会关系加以调整,是自发的,也是足够的。但是,它不足以解决当下生命科技快速发展中所出现的纷繁多杂的问题。法律要求严格的、具有约束力的和系统性的解释和执行,在这一方面法律也较之于道德具有一定的优越性。

在法治环境中,我们强调以权利保护为根本目的。法治保障人类的利益、社会利益和个人利益之间的平衡,它具有全面性和建构性。将生命科技应用放置在法治环境中进行调整是当代生命科技应用和健康发展的必由之路。在当今全球化的时代背景下,法治发展是全人类的事业,生命科技法治是人类共同探索风险治理和克服困境的应对措施。

目　录

Contents

导论 …… 001

一、问题的提出 …… 001

二、研究价值和实践意义 …… 007

三、文献综述 …… 010

四、主要研究方法 …… 023

五、本书结构 …… 024

六、本书主要创新 …… 025

第一章　生命科技的兴起及其衍生的社会问题 …… 028

第一节　生命科技的崛起及其社会价值 …… 029

一、生命科技的概念演进 …… 029

二、生命科技的主要特征 …… 034

三、生命科技对社会发展的作用 …… 039

第二节　生命科技带来新的社会问题 …… 042

一、社会秩序危机 …… 043

二、悖离生命伦理 …… 050

三、新兴权益冲突 …… 054

第二章　生命科技应用风险及法律在风险防控中的作用 …… 059

第一节　生命科技应用的风险综述 …… 060

一、生命科技滥用的社会风险 …… 060

二、生命科技应用的风险分类 …… 065
三、生命科技应用的风险特征 …… 073
第二节 生命科技应用的具体风险 …… 076
一、对公民个体权益的侵害 …… 076
二、对社会公共利益的威胁 …… 084
三、对人类整体利益的损害 …… 092
第三节 法律在生命科技风险防控中的主导地位 …… 099
一、道德对风险防控的作用及其局限性 …… 099
二、法律对风险防控的明确性和系统性 …… 100
三、法治对风险防控的建构性和协调性 …… 103

第三章 生命科技应用对传统法的冲击 …… 108
第一节 生命科技应用中的利益冲突 …… 109
一、社会利益与个人利益的冲突 …… 109
二、平等主体间的利益冲突 …… 113
三、法律规制在平衡利益冲突中的作用 …… 117
第二节 传统法应对冲击的价值理念缺失 …… 120
一、人类利益至上原则 …… 120
二、社会公平原则 …… 123
三、全面保障人权原则 …… 130
第三节 传统法对权益保护的局限性 …… 135
一、传统法的利益协调与权利保护方式 …… 136
二、利益协调与权利保护的困境 …… 142
三、利益协调与权利保护困境的原因分析 …… 146

第四章 生命科技应用中的权利保护和法律规制 …… 151
第一节 生命科技应用相关权利的总体分析 …… 152
一、人格权——扩展人格利益和人身自由 …… 152
二、身份权——冲击亲子关系和婚姻关系 …… 157
三、财产权——限缩物权适用和更新债权制度 …… 162
四、知识产权——拓展知识产权客体和深化知识产权伦理 …… 165
第二节 基因科技应用的相关权利保护和法律规制 …… 170

一、基因平等权 …… 170
二、基因隐私权 …… 178
三、基因公开权 …… 185
第三节 人工生殖科技应用的相关权利保护和法律规制 …… 190
一、生育权 …… 191
二、人工生殖子女的知情权 …… 193
第四节 器官移植科技应用的相关权利保护和法律规制 …… 196
一、知情权 …… 197
二、自主决策权 …… 199
三、隐私权 …… 204

结语 …… 208
一、生命科技应用与当代法治社会发展密切相关 …… 208
二、生命科技法治应以立法为先导进行建设 …… 209
三、生命科技应用立法应与生命伦理紧密结合 …… 213
四、加强以权利保护和法律规制为核心的法律体系构建 …… 216

参考文献 …… 224
索引 …… 235
后记 …… 237

导 论

一、问题的提出

当代生命科技研发和应用使人们产生了各种新的利益主张。各种利益主张之间存在着冲突，进而发展成为各种相关权利的诉求，而传统法律对可能侵害新兴权益的行为缺乏有效地规制，导致对新兴权益缺乏有效地保护。立法者创制生命科技法律，是对生命科技研发和应用进行规制的主要手段。生命科技法与伦理有着紧密的关联性。所以，在当代生命科技快速发展的环境中，我们需要加紧研究生命伦理、权益保护和法律规制的相关问题。

（一）三个典型案例呈现的难题

2018 年 11 月，一对基因编辑婴儿在中国广东省诞生。随后，广东省相关部门对“基因编辑婴儿事件”展开调查。国家卫健委官网于 2019 年 1 月 21 日发布关于“基因编辑婴儿事件”调查结果的回应表示，该事件严重违反国家法律法规和伦理准则，并强调，科学研究和应用活动应当本着高度负责任的精神，严格按照有关法律法规和伦理准则进行。[①] 这次事件是一个违法应用生命科技的标志。在此事件之前，我国也出现了许多生命科技应用产生的典型案例。

1. 非法代孕案

2015 年上海市闵行区人民法院判决了全国首例“非血亲非孕母，女子丧失监护权的”的案件。陈某与罗某结婚后，因陈某患有不孕不育症，两人商定通过体外授精及代孕方式生育子女。他们非法购买卵子，将罗某的精子及购买的卵

① 中华人民共和国国家卫生健康委员会网：《国家卫生健康委员会关于“基因编辑婴儿事件”调查结果的回应》，http://www.nhc.gov.cn/（访问时间：2019 年 2 月 2 日）。

子委托医疗机构进行体外授精并形成受精卵。然后，非法委托他人代孕，前后共支出约 80 万元。后罗某不幸去世，孩子的祖父母却将陈某告上法庭，要求成为孩子的监护人。一审法院认为，陈某和罗某的双胞胎是他们花费 80 万元，通过购买卵子、代孕等非法手段获得的。根据 2001 年 8 月实施的《人类辅助生殖技术管理办法》规定，严禁以任何形式买卖配子、合子和胚胎。医疗机构和医务人员不得实施任何形式的代孕技术等。陈某与子女不存在拟制血亲关系。在生父罗某意外死亡，生母不明的情况下，为保护未成年人的合法权益，判决双胞胎子女的监护权归祖父母。[①] 陈某不服，上诉至上海市第一中级人民法院。2016 年 6 月 17 日上海市第一中级人民法院对这一全国首例代孕子女监护权归属案件终审宣判，判决监护权归属抚养母亲，对祖父母要求担任孩子监护人并进行抚养的诉讼请求予以驳回。[②] “而儿童最大利益原则在深层指引着该案的论证和说理。”[③]此案是国内首例确认非血亲非孕母为法律意义上母亲的判决。一审和二审法院判决结果截然不同。该案争议有两个焦点。第一，双胞胎子女是否可视为陈某与罗某的婚生子女？第二，陈某与双胞胎子女是否存在拟制血亲关系？进而在法律上是否有监护权利？[④]

2. 冷冻胚胎案

2014 年中国冷冻胚胎诉讼第一案引发了全社会对生命科技应用相关法律问题的关注和热议。此案是 2014 年无锡市中级人民法院审理的“无锡冷冻胚胎

---

① 解放日报网：《非血亲非孕母，女子丧失监护权》，http://newspaper.jfdaily.com/jfrb/html/2015-08/06/content_119500.htm（访问时间：2018 年 9 月 2 日）。

② 民主与法制网：《全国首例代孕子女监护权归属见分晓》代孕所生子女的亲子关系认定具有一定的复杂性，关系到代孕目的的实现、各方当事人的利益、代孕所生子女的权益保护等。http://www.mzyfz. com/cms/benwangzhuanfang/xinwenzhongxin/zuixinbaodao/html/1040/2016-07-01/content-1204942.html（访问时间：2018 年 7 月 2 日）。

③ 彭诚信：《确定代孕子女监护人的现实法律路径——“全国首例代孕子女监护权案”评析》，载《法商研究》2017 年第 1 期，第 24 页。

④ 上海市第一中级人民法院网：该法院经审理认为，罗甲、罗乙是陈某与罗某结婚后，由罗某与其他女性以代孕方式生育之子女，属于缔结婚姻关系后夫妻一方的非婚生子女。但两名孩子出生后，一直随陈某共同生活至今。期间，陈某将两名孩子视为己出，并履行了作为母亲的诸项义务，故应认定双方之间已形成有抚养关系的继父母子女关系，且该拟制血亲的继父母子女关系形成后并不因生父罗某的死亡而自然终止，并在兼顾儿童最大利益原则基础上改判驳回被上诉人罗某某、谢某某的原审诉讼请求，由陈某取得代孕子女的监护权。http://www. a-court. gov. cn/platformData/infoplat/pub/no1court_2802/docs/201606/d_3170619.html（访问日期：2018 年 6 月 29 日）。

案”。[1] 这是全国首例失独老人对子女的冷冻胚胎权属纠纷案件。江苏省 M 夫妇于 2010 年结婚，婚后多年未能实现生育。两人去南京市鼓楼医院做了人工辅助生殖手术。人工受授阶段手术已顺利完成，正在进行下一阶段的植入胚胎程序。然而不幸的是，二人在手术前夕发生车祸，双双离世。M 夫妇的冷冻胚胎的处置问题和权利归属问题引起了争议。双方的父母对簿公堂，都主张对冷冻胚胎享有监管权和处置权。在审理过程中法院将南京市鼓楼医院列为第三人参加诉讼。

该案一审法院认为，人工辅助生殖中进行的胚胎移植手术过程中产生的受精胚胎是未来含有生命特质之物，与法律概念上的一般之物不属于同一范围，故不能成为继承的标的。一审人民法院驳回原告的诉讼请求。原告不服，上诉至无锡市中级人民法院。

无锡市中级人民法院经过审理认为，我国法律虽然未对胚胎的法律属性作出明确的规定，但上诉人的请求合情合理，且不违反我国法律禁止性的规定，应当予以支持。无锡市中级人民法院二审落槌，法院最终决定撤销一审民事判决，支持双方老人共同处置 4 枚冷冻胚胎。[2]

在该案中，法院首先从伦理角度对本案进行了分析。该案的人工生殖技术形成的冷冻胚胎具有潜在的生命特质。胚胎中不仅含有夫妇遗留下的生命物质，而且也含有两个家族的遗传信息。双方父母也具有胚胎上的生命伦理关联性。胚胎已经是双方血脉的唯一载体。针对胚胎的权利保护是一种特殊利益的保护。[3] 胚胎是介于人与物质之间的特殊之物，具有未来生命的潜质，比非生命的事物具有更加高的伦理、道德地位，应当受到特殊的保护。双方父母是胚胎的最密切利益享有者。

二审人民法院的判决书中还提到南京市鼓楼区医院在诉讼中的阐述，称根据当时卫生部的行政规章规定，胚胎不能实施买卖行为，也不能实施代孕行为，但并未否定权利人对胚胎享有合法权益。人工生殖相关的部门规章不得对抗当事人的基于私法享有的权利。

---

① 人民法院报网：《失独老人获子女冷冻胚胎监管处置权——无锡中院审结全国首例已故夫妻冷冻胚胎权属纠纷案》，http://sn.people.com.cn/n/2015/0822/c190218-26079906.html（访问日期：2018 年 1 月 28 日）。

② 一、二审分别参见江苏省宜兴市人民法院（2013）宜民初字第 2729 号民事判决书；江苏省无锡市中级人民法院（2014）锡民终字第 01235 号民事判决书。

③ 李惠：《无锡胚胎案与人工辅助生殖的法律思考》，载《医学与法学》2015 年第 4 期，第 3 页。

3. 基因歧视案

在2010年我国基因歧视第一案中，就是因为3名公务员被拟录取者血检(经过复查一次)结果显示三者原告携带地中海贫血致病基因，被佛山市人力资源与社会保障局以轻型地中海贫血属于血液病为由不予录用。一审法院判决原告败诉，二审法院维持原判。[①] 自此事件发生以来，就一直争议不断。其实，医学研究表明，此基因携带者并不表现出疾病症状，可以和普通人一样工作和生活。如此的处理和判决结果是对此类(地贫)基因携带者的社会歧视。广东省佛山市基因歧视案是我国类似案件中的典型代表，是未来法治改革进程中必然涉及的领域。

就目前而言，我国反歧视基本法处于空白状态，在反基因歧视具体立法方面也尚未全面启动。已经有学者在法学理论中对基因歧视立法的宗旨和具体工作提出了构想，开展了详细的研究，提出了基因信息权利的概念。基因信息流通中的法律关系研究的核心问题就是基因权利，以及由其引起的基因歧视问题的相关制度化规范性建构逻辑的深入探究。

(二) 本研究问题的提出

社会情势变迁和社会制度演进，不断衍生出新的社会问题。法律作为社会问题的解决机制，也必然要锻造解决新问题的能力，进而获得再发展。生命科技在缺乏法律规制的环境中很容易被滥用，危害公民权益和社会利益。生命科技发展中的某种权利具有新的特点，不仅具有财产性或者人格性等单一属性，而是具有财产性和人格性的双重属性。例如，基因公开权具有人格权和财产权的双重属性。基因公开权是在传承现有权利体系的基础上对现有权利体系的新发展。传统法律只能调整此种权利的部分属性，不能全面涵盖双重属性的权利。此外，生命科技的应用会涉及生命伦理。例如，代孕技术的滥用就会造成传统亲子之间人伦关系的混乱。[②] 这就形成了伦理调整和法律规制的新课题。因为，伦理调整和法律规制在规范科学技术研发和应用方面具有非常重要的作用。科学技术的发展对社会发展起到巨大的推动作用，但是它对社会发展的负面效应也不容忽视，并且生命科技的发展结果具有一定程度上的不确定性。如果缺乏伦理和法律的规制，其将会对人类社会产生不可估量的破坏力，因而它影响着社

① 参见佛山市禅城区人民法院(2010)佛禅法行初字第42号判决书；佛山市中级人民法院(2010)佛中法行终字第381号判决书。

② N. Takeshita, K. Hanaoka, Y. Shibui, H. Jinnai, Y. Abe. Regulating Assisted Reproductive Technologies in Japan. Journal of Assisted Reproduction and Genetics, Vol. 20, 2003, pp. 260-264.

会成员和人类共同的命运。法律是由国家制定和认可的,并由国家强制力作为后盾保障实施的规范。它明确了社会成员之间的权利和义务。

1. 伦理问题

伦理问题研究在生命科技法律创制中经常被忽视,因而如何在生命科技法治发展中融入生命伦理是一个非常重要并且亟待解决的问题。生命科技应用的根本宗旨就是为人类的生命健康造福,使人的健康能够再上一个新的台阶,提高人的社会价值和生活质量。生命科技本身的合法性也需要伦理加以论证。技术本身是中性的,它在应用过程中能够造福于社会公众,也可能危害社会健康发展进程。基因技术的运用、人工辅助生殖技术的应用亦然,其初衷是造福于人类,但倘若人们在技术发展过程中对其不加以约束,便可能有意或者无意地悖离原本造福人类健康的方向,最终给人类社会带来灾难。①

伦理性问题不容小觑。生命科技的临床运用扩张性较强,社会影响力巨大,如果悖离伦理准则,就会给社会发展带来无可估量的风险。单纯的法律规则对于当代不断涌现的生命科技的作用是有限的,还有待于充分考量之后才能够作出有针对性的调整。这就很可能出现法律的漏洞。无论是预防性质的法律原则,还是生命科技引发的负面后果出现之后的需要法律规则调整的情形,都需要在一个国家的科学发展水平基础上,对生命科技研发和应用加以规制。否则,就会造成社会成员之间法律关系的混乱。从当代人工辅助生殖技术的应用过程中就能获知,“丈夫以外的第三人供精或者妻子以外的第三人供卵,以及精卵皆为夫妻以外的他人提供甚至‘借腹生子’的情形,就会造成血缘上的父母与法律上的亲子关系相互分离的情形发生。”②这会形成影响力巨大的伦理风险。我国在法律规定上明确禁止商业代孕,也是出于伦理考量进行的法律制度设计。如果代孕技术得以滥用,就会导致传统的亲子之间的人伦关系被打破,就更加加剧了伦理上的危机,从而造成了社会关系的混乱。③

2. 风险问题

生命科技的研发和应用也会带来一系列风险问题。这其中包括技术风险、

---

① T. L. Beauchamp, and J. f. Childress, Principles of Biomedical Ethics, 6th ed.: Oxford University Press, 2009, pp. 22 - 25.

② R. Almeling. Selling Genes, Selling Gender: Egg Agencies, Sperm Banks, and the Medical Market in Genetic Material. American Sociological Review, Vol.72 ,2007, pp. 319 - 340.

③ Paul G.Arshagouni. Be Fruitful and Multiply, by Other Means, If Necessary: The Time Has Come to Recognize and Enforce Gestational Surrogacy Agreements. DePaul Law Review, Vol.61, 2012, pp. 799 - 848.

人伦风险、安全风险。这些风险不仅会造成对人类整体的损害，也会造成对人类个体的损害，对整个社会的发展也会构成威胁。由于科技的发展并不能必然带动伦理、道德水平的提升，也即人类科技发展与伦理、道德水平之间并不存在正比例因果关系。相反，有些伦理问题会随着生命科技的发展变得更加突出，对历史沿革中形成的伦理体系有较大的冲击。当今社会的唯科技论倾向如果得不到及时扭转，就有可能导致生命科学技术的不当使用，势必对人类整体和个体构成威胁。风险因素是生命科技运用中的常态，我们只有积极地应对而不能加以回避。如果对生命科技运用过程中产生的社会风险因素不加以有效遏制，将会逐步形成风险社会，从而异化社会结构，影响社会稳定。

3. 权益问题

生命科技研发和应用凸显了权利设置不足和权利冲突等难题。权利保护是生命科技法治发展的核心。由于立法方面较之于生命科技的高速发展凸显出滞后性，加之民众权利意识淡薄，权利体系尚未构建完善，以及法治理论研究不足，以至于现行法律制度在调整生命科技研发和应用新兴事物上出现了局部性的失灵。欲在生命科技的发展中维护社会公平与正义，设定各方权利义务和权利诉求。我们对利益种类和利益冲突进行分析是研究权利诉求的重要一步。在基因技术、人工生殖技术以及人体器官移植技术应用中，都存在利益冲突现象。就基因科技的应用中的权利冲突而言，人类基因权利冲突根源于利益不均衡。[①] 我们只有认识到这些利益冲突，才能从根本上依据相关的原理、依据相关的原则，设立法律上的权利义务，对不同主体之间的利益进行调整。

此外，我国生命科技研发和应用相关权利设定缺乏体系性。我国在法治建设中非常重视生命科技权利的立法工作。生命科技立法作为一个新兴的立法领域正在逐步发展过程中。我国已经制定了针对某些领域的生命科技的法律、法规、条例。这为调整当代风险社会中的生命科技应用相关权利奠定了坚实的基础。但就目前而言，我国生命科技应用的法律法规尚未形成体系，缺乏生命科技基本法，并且立法效力等级较低影响了生命科技法的可靠性和权威性，影响了生命科技相关权利的实现，内容上也难以全面满足权利的需求，这种状况正亟待改善。前述全国首例代孕所生子女监护权纠纷案也折射出我国在生命科技方面法治理论研究不足，权利保护体系尚不健全，权益冲突的处理比较僵化等问题。[②]

① 邱格屏：《人类基因的权利研究》，法律出版社 2009 年版，第 192 页。

② 黎飞：《代孕子女监护权归属制度研究——以全国首例因代孕引发的监护权纠纷案为视角》，载《自然科学(文摘版)》2017 年第 02 月 02 卷，第 314 页。

此案显现出代孕所生子女的亲子关系认定具有一定的复杂性，直接涉及各方当事人的权益，这其中包括代孕所生子女的权益保护问题。审理此案的法院也是通过权衡各方主体间利益，特别是儿童的利益，从而为保护当事人的权利提供法律依据。①

二、研究价值和实践意义

本书无论是从法学理论研究方面，还是从生命科技应用的法律规制实务方面，均体现出它的前沿性和建构性，其研究价值和实践意义主要体现在，有助于我国法学理论研究的深入探索，拓展和革新原有的法学理论研究框架。本书也为今后的生命科技应用立法及其法律体系的建构提供理性思考，并且为其他学科的研究与实践提供参考建议。

（一）研究价值

1. 助力于我国法学理论研究

在当代社会，生命科技研发和应用不仅仅是一个医学技术应用领域的事物，而且是需要伦理准则、法律规范等诸多方面规制的综合性事物。本书在关注生命科技发展的同时，更多的是关注医学所带来的法治调整问题。反映的是生命科技对社会发展所带来造福社会和公民的同时，也揭示其给法治社会发展带来的冲击。欲求减少生命科技应用给社会发展带来的冲击。据此来发挥生命科技的积极作用，提高人类克服疾病的能力，提高人类的生活质量，降低社会发展中的风险给人类带来的灾难。这有助于我国相关法学理论研究的深入和细化，使相关的研究成果更加务实。

本书的研究包括了生命科技研发和应用中产生的新兴权利问题。因为，我们所处的时代是一个重视公民权利和发展公民权利的时代。社会成员越来越重视自己权利的话语权，习惯于从权利的角度去看待法治问题。随着生命科技应用领域不断拓展，与人们生命问题有关的权利问题在理论与实务中越来越受到关注。研究和保护生命权利是法治发展的需要，也是满足社会成员利益主张的需要。本书研究的基因权利可以进一步划分为基因平等权、基因隐私权和基因公开权等子权利。基因歧视案件在生命科技应用事务中逐渐增加，使基因平等权的诉求成为法律规制的社会根源。基因歧视中的“歧视”一词，可以理解为一

① 彭诚信:《确定代孕子女监护人的现实法律路径——“全国首例代孕子女监护权案”评析》，载《法商研究》2017 年第 1 期，第 26 - 29 页。

个不含有贬义的中性词汇，意思是差别化对待。这种差别化的对待应当附有一些前提条件。例如，基因本身的致病性以及人们预设的基因的差别，以便于对基因进行筛选和分类，具有合理性的前提基础。但是，还有一种处理方式是受到法律上禁止的不合理的差别对待，这与上述的差别化对待是不同的处理模式。不合理的差别对待是基因科技应用法律规制中的“基因歧视”。此外，从我国目前的部门法体系和立法工作现状来看，我国法律体系没有关于隐私权的具体法律保护的规定，在最高的私领域——基因领域更加没有涉及。在我国现行宪法中，有关于中国公民人格尊严不受侵犯的原则性规定。《民法通则》中第 101 条有规定关于公民名誉、人格尊严不受侵犯的规定，但并不含有具体隐私权保护的内容。在法律制度中应当设立隐私权，才能够抵制外界对信息的不当获取、知悉和对外传播。所以，在当代生命科技法治语境下对基因隐私权作出法律制度上的设计是必要的。在基因公开权方面，基因公开权属于具体人格权范畴，它是人格权的子权利。基因具有人格地位之外，它还能产生财产价值。基因科技的商业应用已经和商业价值密切相关。在基因科技发展的环境中，基因所有者对基因科技的商业应用利益分配问题也提出了相应的诉求。那么，基因公开权作为一种新兴的人格权，正是在当代法律制度建设上对财产性诉求的一种制度回应。

在人工生殖技术应用中的权利方面，如果将来我国法律允许代孕行为，也要明确权利的行使界限。应当把有限许可的立法精神放在首要位置。即代孕的目的必须是限制于治疗不孕不育的范围内，并且不能违反我国的计划生育国策、生命伦理，以及相关的法律法规。在代孕母怀孕之后，代孕母不享有任意解除权。[1]

在人体器官移植技术应用中的权利方面，就目前而言，我国还没有制定统一的《器官移植法》。器官移植参与者的权利不能得到法律上的有效调整和保障。器官移植技术能够被娴熟地应用的情况下，最为亟待解决的是法律制度设计。在法律制度设计中必须针对现有器官移植的实践，深入研究器官移植技术应用相关权利，这是器官移植法律规制中心环节。人体器官移植技术应用相关权利中，有一项重要的权利就是患者知情权。但是我国相关法律并没有明确规定患者的知情权，只是通过规定医生的告知义务间接地表达患者所享有的知情权。

上述生命科技应用中的新兴权利可以被传统法的某些理论所解释，但是无法依据传统法理论对它们进行全面、科学的解释。所以，这些新兴权利不会在传

---

① 李惠:《论代孕的分类与法律涵义》，载《医学与法学》2014 年第 4 期，第 1 页。

统法规则中获得最公平、最合理的保护。传统法规则和其蕴含的权利理论不足以涵盖新兴权利，最终造成传统法只能解决生命科技应用新兴权利一部分问题。随着生命科技应用涉及领域日益广阔，相关权利的诉求也显现出日趋多样化的特征。这给传统法权利理论解释和保护这些权利带来了困境。在这种紧迫的背景下，我们研究新兴权利，并且创制相关法律，设定相关权利是法治发展的客观需要。这对生命科技研发和应用主体的权利是法律制度上的回应。这是我国法治发展进程中非常重要的一个领域，也是维护广大公众权利的有效途径。由此，可以推动我国法学研究的发展。立法者也可以相关新兴权利研究为基础，创制生命科技法律、法规，完善我国社会主义法律体系。

2. 为其他学科的理论研究提供参考建议

本书有助于拓展相关理论研究的视野。本书涉及的领域有当代医学、伦理、法律、社会等学科。在当代，法治已经成为大多数国家的主旋律。中共十八届三中全会提出我国全面深化改革的总目标是完善和发展中国特色社会主义制度，推进国家治理体系和治理能力现代化。根据全球范围内的“治理”思想精髓，世界各个国家，特别是从发达国家的治理实践和中国实际国情相结合的视角来看，我国应当建立中国特色的“国家治理体系”。国家治理体系中，无论是治理制度体系，还是治理方法体系都包括法律这一手段。[①] 我国也早已确立了依法治国的基本方略，并对法治给予了高度的关注。法律已经成为人们社会关系中最重要的标尺之一。在法治建设发展的大环境中，无论是法学研究，还是法治实践都倍受重视。许多学科和领域都对法学研究产生了浓厚的兴趣。特别是生命科学技术领域，由于生命科技涉及自然科学和社会科学诸多领域，医学、法学、伦理学、社会学都开始对生命科技研发和应用开展研究，而作为国家治理体系中重要手段的法律越来越受到其他学科的关注。这些学科希望看到法学界在生命科技研究中的最新成果，因为这能够为这些学科开展自身领域内的研究奠定科学性和合法性的基础。生命科技与当代社会发展的关系、生命科技立法与生命伦理之间的关系、实施生命科技的医疗机构建立伦理审查委员会，以及建立伦理审查机制等方面均在本书中得到反映。基于此，对生命科技的法律规制研究可以为其他学科的发展提供一些有价值的建议。

---

① 凤凰网：《国家治理体系应包括五大基本内容》，http://news.ifeng.com/shendu/xxsb/detail_2013_12/30/32582439_0.shtml（访问时间：2016 年 3 月 11 日）。

（二）实践意义

1. 为我国生命科技立法提供建议

我国生命科技立法步伐落后于生命科技的发展，与同时期的发达国家进行横向比较，也有较大差距。生命科技单行法典尚未颁布，在一些领域进行的法律规制仅仅是依据法律效力等级较低的条例、办法等法律文件。有些规制生命科技应用的规范性法律文件在适用上也存在着争论。有些领域甚至在法律规制上处于空白。目前我国尚未形成一个完整的生命法律体系。本书从理论上探讨了生命科技应用中的法律规制问题，对于立法实务提出了建议，助益于相关立法工作的开展。

2. 助益于生命科技应用的监管和规制

生命科技应用是直接与社会利益、个体利益、国家利益有关的科学技术活动，它对未来人类社会的影响极其深远。根据生命科技广泛开展的现实，本书通过典型案例研究了社会利益与个人利益、平等主体间的利益之间的关系，进而提出了应对利益冲突的解决路径。本书基于利益问题的研究，深化研究了生命科技应用引发的新兴权利，为生命科技应用的监管和规制活动提供了一些参考意见。这有助于生命科技法律的完善和发展。

三、文献综述

关于生命科学的研究，人们很早就有所开展，古今中外都有大量的文献。主要是从病理学和药学上进行探索比较多，中国古代名医扁鹊、李时珍，医圣张仲景、药王孙思邈等都是当时的医药大师。史书和他们的专著都有关于他们详细的医学临床治疗的奇迹的记载。英国科学家达尔文在1859年出版的巨著《物种起源》中就论述了关于生物的进化论学说。1871年达尔文发表了《人类的由来及其性选择》，描述了人类进化的过程。他的结论是："人类和其他物种同是某一种古老、低级、早已灭绝了的生物类型的同时并存的子孙。"关于生命科技发展与法治、伦理的结合的专著是现代社会才产生的研究类别。

（一）国外研究现状

1. 立足于伦理学和法学角度的研究

国外相关研究主要集中在风险、权利保护和生命科技法律中的伦理因素等方面。在《技术、医学与伦理学》一书中总体上贯穿了德国学者汉斯·约纳斯的基本观点，即："哲学伦理学可以与新的技术力量进行针锋相对的斗争。例如，医学技术方面，关于人体器官移植、代孕技术行为、人工生殖婴儿等方面，尤其是基因技术将人本身作为复制对象的野心的讨论。"[①]2011年出版的美国法学家德沃金教授的《刺猬的正义》一书就明确指出政府必须完全尊重每一个人为其自己决定怎样做,使其生命有价值的某些事的责任和权利。[②] 这是从政府的权力在社会发展进程中怎样运行才能使公民权利得以切实实现的论断。这一论述可以导引出生命科技运用带来的社会风险问题情况下,怎样使国家权力与公民权利更加紧密地结合,共同应对风险社会带给人类的挑战的社会治理。

伦理是生命科技法律的根源与基础,伦理主要通过法律表现出来。主要从理论角度进行研究的著作有:美国哲学家罗纳德·蒙森(Ronald Munson)在他的《干预与反思:医学伦理学基本问题》著作中,就强调医学伦理的重要性,其中就列举了法学家罗尔斯的公平正义理论、阿奎那的自然法理论、边沁的功利主义理论、康德的伦理理论、罗斯的伦理学等理论。依据罗尔斯的理论,社会主体的权利实现是需要政府来保障和逐步完善的。[③] 政府的主要任务就是为公民的自由和发展谋取福祉。因此,正义理论是指公权力主体管理社会形势下,人们辨析哪一主体享有权利,以及权利制度构建、权利行使的界限。这些都为解决社会主体之间的利益矛盾冲突提供了有效的方法,[④]并且为维护公民的合法权益提供了解决的有效路径。足见正义理论在社会管理中所起到的重要的作用。此概述还介绍了罗尔斯对于权利、权力、财富、机会的论述。书中还提到了阿奎那的自然法思想在生命伦理学中的运用。英国哲学家边沁的功利主义理论所论述的关键词是社会成员的"幸福",这也是边沁的公民快乐理论的最终总结。从这种幸福理论上去理解当代全体社会成员幸福的实现方式就是他们的权利能够得到切实地实现。如果我们要让这些权利得到实现,就要加快法治上的权利与权力互动机制的建立与完善。此书中还论述了康德的绝对命令理论。依据康德的观点,理性生物有其自身的价值,这是理性一种固有的领域。依据这种理性,社会成员就能够自我考虑行动的后果,自己制定规则,并且有其他强制性的规则指导他们的行为。[⑤] 理性赋予每个公民一种内在的价值和尊严。

---

① [德]汉斯·约纳斯:《技术、医学与伦理学》,张荣译,上海译文出版社2008年版,第7页。

② Dworkin Ronald, Justice for Hedgehogs, The Belknap Press of Harvard University Press, 2011, p. 8.

③ [美]罗纳德·蒙森:《干预与反思:医学伦理学基本问题》,林侠译,首都师范大学出版社2010年版,第29页。

④ [美]罗纳德·蒙森:《干预与反思:医学伦理学基本问题》,林侠译,首都师范大学出版社2010年版,第29页。

⑤ [美]罗纳德·蒙森:《干预与反思:医学伦理学基本问题》,林侠译,首都师范大学出版社2010年版,第17页。

美国汤姆·比彻姆和詹姆士·邱卓思合著的《生命伦理学原则》的核心部分涉及尊重自主的原则、有利原则和公正主义。该著作对于自由的论述是围绕民主社会对于自由保障的途径而展开论述,指出当代民主社会应当给社会公众追求和实施个人行为的足够空间。[①] 此外,针对有利原则,不仅在当代医学实践上得到了发扬光大,而且在传统的医学活动上也有相应的规范可以查询。医疗专业人员的义务和美德交融在一起,形成了体现传统自然法的法律调整机制。书中引用希波克拉底所著的《流行病学》中就能找到关于有利义务的最著名表述:"关于医生的医治行为,要养成两件事的习惯:帮助和至少不伤害。"[②]美国法学家罗纳德·M·德沃金所著的《生命的自主权——堕胎、安乐死与个人自由的论辩》一书论述了当代社会中堕胎和个人自由的问题,对于社会风险的控制与法律制度的关系进行了探讨。[③] 该书对社会成员的生命固有价值尊严和自由的重要性进行了阐释,并对二者的重要性作出了比较,指出依据自由去行动与获得自由权利一样重要。[④]

国外的生命科技伦理学和法学原版著作还有 Lawrence O. Gostin 的 *Surrogate Motherhood: Politics and Privacy* (Indiana University Press, 1990), Scott B. Rae 的 *The Ethics of Commercial Surrogate Motherhood: Brave New Families?* (Praeger Publish Inc., 1993) 等。Amrita Pande 的 *Wombs in Labor : Transnational Commercial Surrogacy in India* (Columbia University Press ,2014)等。

2. 立足于社会学角度的研究

美国哈佛大学教授迈克尔·桑德尔 (Michael J. Sandel)鲜明地阐述了他对于当代生命科技给人类社会带来的冲击的态度。人类利用医学上的高科技来改善自我,是随着医学科技发展而提出的时代性的要求,这是社会发展的大趋势。随着生命科技的发展,作为父母的普通公民试图通过基因改造的方式创造出完

---

① [美]汤姆·比彻姆、詹姆士·邱卓思:《生命医学伦理原则》(第五版),李伦等译,北京大学出版社 2014 年版,第 346 页。

② Veatch R. M. Hippocratic, Religious, and Secular Ethics: the Points of Conflict, Theoretical Medicine and Bioethics, Vol. 33, 2012, pp. 33 - 43.

③ [美]罗纳德·M·德沃金:《生命的自主权——堕胎、安乐死与个人自由的论辩》,郭贞伶、陈雅汝译,中国政法大学出版社 2013 年版,第 231 页。

④ [美]罗纳德·M·德沃金:《生命的自主权——堕胎、安乐死与个人自由的论辩》,郭贞伶、陈雅汝译,中国政法大学出版社 2013 年版,第 321 - 322 页。

美的后代;[①]运动选手可以通过基因再造提高身体的体质和机能以在比赛中获胜;学生也可以通过生命科技来改造大脑用以提高记忆力和学习成绩。这究竟是带给广大公民无穷地提升自我的科技,还是对社会带来挑战和无序,从而引起了社会广泛的争论。桑德尔教授认为,人类利用生命科技为人类造福的同时,却蕴含着社会风险,这是一种社会危机的前奏。人类社会正向违背法治、伦理道德的方向前进,丧失了伦理准则约束的人类正向"技术工具主义"的方向发展,人类社会就将出现混乱不堪的状态。在详细和充分的论证中,他指出当代人必须意识到风险危机的紧迫性,因而该著作表达了作者对于人类未来走向的关切。书中指出了大部分成员对某些生命科技的不安,最可能让人思考的方面是被生命科技设计的公民的自主权问题。[②] 社会主体中,共同参与者的公平问题,全体社会成员在社会发展进程中的安全和健康的保障问题,体细胞与生殖细胞的不同之处,胚胎的发育达到哪一阶段才算是有人权的主体等方面。[③]

在桑德尔教授的著作《反对完美》中,他认为,我们的生命、体格以及智商都是自然界赐予人类的礼物。如果随意去改变自然规律就是一种冒险的行为。桑德尔没有否认生命科技给人类带来的福祉,他其实是意识到了生命科技的两面性。但是,凡事不能超出其为社会利益服务的一面,这个超出的界限就是辩证唯物主义所定义的"度",科技的"过与不及"的界限就是一个度的问题。桑德尔承认生命科技为人类救死扶伤所作出的贡献,同时,他又反对生命科技的滥用。自然现状就是一个分水岭,填补其缺陷就是好的,制造超常就是不正确的行为。[④]桑德尔教授进一步认为,技术进步使人类社会能够更加朝着良性的轨道发展,减少病痛和饥寒,特别是医药科技能够消除人们的病痛,从这一点上来讲生命科技的发展就有显著的意义。但是,生命科技的进步为人类造福也是有限的,虽然生命科技进步巨大,却消除不了社会的基本矛盾冲突。从桑德尔的专著中可以发现他对于生命科技发展的态度是谨慎的,对于生命科技进步在社会中的影响持辩证的观点,既从正面肯定了生命科技的作用,又提醒了公众要对生命科技造成

① S. Williamson, Book Review: The Governance of Genetic Information: Who Decides?, Medical Law International, Vol. 4, 2010, pp. 339 - 342.

② [美] 迈克尔·桑德尔:《反对完美——科技与人性的正义之战》,黄慧慧译,中信出版社 2014 年版,第 XXVII 页。

③ [美] 迈克尔·桑德尔:《反对完美——科技与人性的正义之战》,黄慧慧译,中信出版社 2014 年版,第 XXVII 页。

④ [美]迈克尔·桑德尔:《反对完美——科技与人性的正义之战》,黄慧慧译,中信出版社 2014 年版,第 XIII 页。

的危害保持警觉。这为今后专业领域研究生命科技形成的风险社会因素奠定了理论基础。

我们可以由生命科技对社会影响的两面性获知人类确实已经处在风险社会之中。风险社会的不可避免性预示着公民对风险社会要有足够的认识才能更加自觉地防范和控制风险社会中的风险因素，将风险发生的概率降到最低，以维护社会利益和公民利益。

德国著名社会学家乌尔希里·贝克的风险社会理论是国外研究风险社会的前沿理论，此理论是他所处的时代的反映。贝克所处的时代就是发展激变的时代，身处资本主义国家的快速发展期也是社会矛盾凸显期。其理论根源就是科学急速发展给社会带来不确定的风险增加，社会管理相对滞后，信息全球化已经到来等社会发展的诸多因素。[①] 贝克理论的核心就是风险社会的表现形式、全球化引发风险社会问题、解决风险社会问题的途径与方法。贝克在论述中提出了许多新的专业术语。例如，风险社会、反思现代化、解构民族国家、世界社会等。他在 20 世纪 80 年代以后陆续出版了多本专著，例如，《风险社会》《风险社会的政治》《自反性现代化》等。风险社会一词是在他的《风险社会》一书中首创性地提出的。以此提法为核心，形成了风险社会中的社会治理理论。《风险社会》一书主要包括三个部分，并逐一探讨了风险社会与传统社会的不同之处。风险社会的因素主要表现在宏观社会管理和微观家庭中，以及由风险社会的科技变化到社会治理方式的转变。

《世界风险社会》一书中列举了贝克的论文，这些论文向社会展示的是技术和生态的风险问题，这些都是人类活动所造成的“人造风险”。他认为，风险的问题不是一个国家的疆域内的问题，而是世界范围内的风险因素问题，需要改进治理途径才能缓解和解决，为此他还提出了国家政治的治理方法。[②]《自由与资本主义》是贝克教授的又一本力作。此著作拓宽了公民对待风险问题的思路。在该书中阐释了西方国家从工业社会以来一直坚持的传统社会运行的模式，改变了社会管理者和公民对于社会风险的疆域的概念，使得发展中的不确定因素成为一种跨地域性的游离状态。任何国家都可能是风险社会的发源地，同时贝克还提出了第二次现代化的观点。此观点对于西方传统的现代化理念做出了批判。书中还提出了新颖的第二次启蒙思想。该思想的核心就是引导人们去走折

---

① 林丹：《乌尔希里·贝克——风险社会理论及其对中国的影响》，人民出版社 2013 年版，第 35－65 页。

② ［德］贝克：《世界风险社会》，吴英姿译，南京大学出版社 2005 年版，第 90－118 页。

中的社会生活道路，不应当把某项真理理解成普遍性的真理，促使社会成员重新思考自己在多样的社会中的交往方式。

在21世纪，贝克教授又在他原有的理论研究基础上提出了世界主义的新提法。他认为每个人都是有个体差异的，但是这种个体差异不能说明公民之间的不平等。这一提法体现在他的《全球化时代的权力与反权力》一书中。[①] 平等思想还体现在他的《相互依存的政治》中，为开拓风险社会的社会治理起到了推动作用。贝克在其著作中运用了实证主义的方法，为当代人类应对生命科技社会的风险挑战作了理论上的准备。

从风险角度阐述生命科技应用的著作还包括《风险的社会视野》，它的作者是美国的珍妮·X·卡斯帕森(Jeanne X. Kasperson)。该书中文版在中国大陆发行是在2010年。该专著的考据年代从20世纪80年代到21世纪前10年。考察的周期较长，考察的范围不限制在生命科技运用引起的社会风险，而是针对更加广阔的领域进行社会风险因素的分析，其中就包括了环境、气候、媒体等方面，其中提出的社会治理方式可以为生命科技社会所借鉴。该书探讨了健康保护的方式，技术的可持续发展，以及风险社会的技术评估主体资格和沟通机制，这样就延伸到哪些社会主体可以参加风险评估，这其中就涉及"风险利益相关者"的界定，以及决策过程的相关理论。该书试图构建风险技术维度、社会发展维度和资金如何协调运行的新理论。为此珍妮·X·卡斯帕森在书中提出了风险、信任和民主理论，[②]即要让社会治理重新定位，逐步探索形成自己的发展方式；考察风险与收益的关系，风险社会的风险如何分配的问题，积极地保障利益相关者有参与权的实现，深入分析专家评估和公民民主参与评估的方式。在充分保障公民的决策权利的同时建立和完善公权力与私权利的对话沟通机制。[③]这些理论探索对于风险社会中生命科技立法机制的构建具有借鉴意义。

《风险社会的放大》是英国学者尼克·皮金(Nick Pidgeon)等著的关于当代社会风险治理的著作。此书在长达15年的社会发展动态研究的基础上，对社会风险现象进行评估，从社会科学的视角来认识风险。对于生命科技的运用是为当代社会的风险因素之一，一旦失控就会出现令公众不安的社会风险事件，从而

---

① [德]贝克：《全球化时代的权力与反权力》，蒋仁祥、胡颐译，广西师范大学出版社2004年版，第161－198页。

② [美]珍妮·X·卡斯帕森：《风险的社会视野》，童蕴芝译，中国劳动社会保障出版社2010年版，第15－48页。

③ [美]珍妮·X·卡斯帕森：《风险的社会视野》，童蕴芝译，中国劳动社会保障出版社2010年版，第69－111页。

导致公众的利益受到侵害。社会中的一些破坏性的因素往往是隐匿的风险，它们与灾难的属性以及社会治理关系紧密。作者指出社会成员获得社会公权力的帮助应当要平等，处于社会边缘的成员获得公权力的机会比较少，很少有机会获得应对风险的手段。[①] 这对于当代社会治理预先设计全体社会成员参与社会治理和管理决策的机制是一种督促。在公众参与生命科技运用所构成的社会风险时应当建立完善的决策和运行机制势在必行，也能够使政府机构所作出的决策和相关立法具有科学性、及时性。该书还介绍论述了“政府机关—公众”在共同面对风险时的直接对话圆桌机制即邀请各方利益代表对不同的方案进行评估，提供指导方针和讨论改进之处，将观点收集起来向政府机构报告。[②] 这就是一种将风险应对立法的决策向利益相关者开放的举措，是立法权的公众参与的又一个范例。

（二）国内研究现状

国内对于生命科技运用的社会治理途径研究主要集中在法治本身和伦理学方面。这两者在生命科技方面联系颇为紧密。人类生命与健康是建立在伦理基础上的当代法治问题。伦理是生命科技法的根源与基础，伦理通过法律表现出来。[③] 伦理在当代社会反映着利益冲突与价值对撞，它们之间的博弈就表现为现实的法律制度，需要在法律的层面加以有效解决。[④]

1. 立足于伦理学角度的研究

在我国，医事法律制度需要医事伦理评估机构的相关评估结果来形成结构上的支撑。在制度建设上，专业伦理审查机构的建立，在生命科技法律制度层面还未形成体系，三级甲等医院是否必须建立伦理委员会还没有强制性的规定。在法律制度监管方面，伦理审查制度在法治层面的监管相对滞后，不能适应审查体系的发展。[⑤] 学界对研究治理的批评集中在伦理审查制度对科研的推动作用有限甚至形成阻碍方面，对于风险与收益的关系存在一定程度的不恰当性。[⑥] 就法律对于伦理审查的主体——伦理审查委员会来说，监管力度还未达到全面的规制，伦理委员会对于生命科技行为的监督不能及时或者独立完成，伦理审查行为会在缺乏法律规制的情况下，为了某种利益的取得而偏离正常审查的范围，

① ［英］尼克·皮金：《风险社会的放大》，谭宏凯译，中国劳动社会保障出版社 2010 年版，第 13 页。
② ［英］尼克·皮金：《风险社会的放大》，谭宏凯译，中国劳动社会保障出版社 2010 年版，第 362 页。
③ 刘长秋：《补上我国生命立法的短板》，载《上海法治报》2016 年 3 月 8 日第 B05 版。
④ 刘长秋：《补上我国生命立法的短板》，载《上海法治报》2016 年 3 月 8 日第 B05 版。
⑤ 张新庆：《基因治疗之伦理审视》，中国社会科学出版社 2014 年版，第 199 页。
⑥ 张新庆：《基因治疗之伦理审视》，中国社会科学出版社 2014 年版，第 198 - 200 页。

导致伦理审查的任意性增大。审查过程流于形式,监管责任不明确,以及对于伦理审查依据的法律规范和行政规章相对于社会发展呈现出滞后的特点。

基于上述国情,程新宇、张新庆等多位学者系统研究了生命伦理学前沿问题。这些研究成果分别体现在他们的代表作中。程新宇所著的《生命伦理学前沿问题研究》之上篇比较详尽地对生殖科学技术的应用伦理问题、基因干预的伦理问题、人体器官移植伦理问题等进行了详细的梳理,以问题的切入方式提出了生命伦理学的内涵和外延。该著作的下篇围绕生命伦理理论探索而展开,对生命伦理学的研究方法、价值诉求制度层面和人学向度等方面都进行了探讨。该专著还论述了生命伦理学自身的问题取向,并且把生命伦理学与一般伦理学进行融合。

2. 立足于权利保护和法律规制角度的研究

著名学者姜柏生和杨芳对生命技术的民法问题进行过系统性研究。姜柏生在他的著作和论述中,以生命科技发展为基础,对医学进步带来的法律问题做了深入和富有前瞻性的分析,并且提出了一些建构性的建议。这其中包括权利、伦理、道德、社会利益等与生命科技的发展的关系;生命科技对法的价值观念和基本原则的冲击和对民法基本制度的挑战。并且他还对人工辅助生殖、基因技术运用、胚胎干细胞和器官移植等尖端医学领域的法律与伦理问题开展过研究。姜柏生和杨芳的著述提出了权利、社会利益、伦理道德是研究生命科技的三大支柱,现代法治中应当蕴含伦理道德因素。在当代法律治理中,法治文明程度越高,其蕴含的道德规范就越多。一个国家的法治是否健全的衡量标准之一就是道德规则被纳入到法律规则体系中的数量。[①] 由此可知,当代法治也可以汲取新自然法学中的精华,承认权利的普遍性。立法者应认识到在人权与自然法的相互关系中,正是这种自然法赋予了公民的基本权利。[②] 此外,姜柏生、杨芳的著作还对基因知情权、基因隐私权进行了分析。

关于基因科技研发和应用过程中引发的基因权利保护问题,学者王康作了系统研究。他所著的《基因权的私法规范》专门针对基因权的私法规范、私法证成、基因权的损害救济几个主要方面进行了研究。他从人的利益角度系统分析了基因技术和医学应用,从法律规范的内容上来论证生命伦理是法律规范的基础和来源。通过对基因伦理的全面分析梳理,进一步说明法律规则与生命伦理

---

① 姜柏生、杨芳:《高新生命技术的民法问题研究》,法律出版社 2010 年版,第 20 页。

② 徐爱国、李桂林:《西方法律思想史》,北京大学出版社 2010 年版,第 341 页。

的紧密关系。在他的研究中还涉及风险社会和多种利益的问题，对道德人格上升为法律人格作出了理论上的铺垫。他提出基因人格作为财产意义上的人格属性是基因权法律规范的前提，并指出人格权利包括平等、隐私、自主、公开四项权利。[①] 风险防范和权利建设是他的研究一大创新之处，以我国目前的立法现状作为背景介绍了法国、德国、美国、立陶宛等国外的立法经验和现状，探索我国基因权益立法的未来规划。他认为应当建立以保护公民权利为核心的立法指导思想，提出损害风险与风险中的权利损害的救济思路。

生命科技研发和应用会带来人们预想不到的社会风险问题。在风险社会中法治建构的问题上首先是要立法。关于立法机制在风险社会与传统社会是不同的境况。何跃军的《风险社会立法机制研究》是一部关于在风险社会境况下的立法机制构建的著作。该书对于风险社会的立法有系统的研究，主要解决了权力机制的建设、程序机制的建设等方面的问题。这对于生命科技引发的社会风险因素的控制是一种解决思路上的拓展。该书在当前的风险社会的研究和法学研究还不成熟的情况下，提出风险立法为首要方式进行法律治理上的建构是一种有效的途径。这是应对中国已经进入高风险社会的一条探索之路，作者还进一步认为中国目前的风险呈现出复合性的新特征，各种风险呈现出叠加的态势，司法与行政领域对于风险社会的治理体系均有不足，难以应对当代风险社会的新形势。只有立法机制的完善才能够担当调整风险社会问题的重任。[②] 这说明作者对于风险社会的治理问题上，提倡通过立法途径解决当前的现实问题。这也是与依法治国和法治中国战略建设中的先行立法理念是一致的。在风险社会的立法上认为风险本身是客观事物，价值是中立的，但是风险立法活动与立法者的主观价值判断是分不开的。风险立法价值整合是技术性很强的、动态并且开放的系统工程。作者还重点讨论了立法决策主体的组成，认为风险社会的立法主体应当从广义上去理解，这就将公民也纳入立法主体的行列，从这个角度上讲就是扩大了公民参与立法决策的权利，因而是切实维护公民权利的重要民主途径之一。作者针对我国目前风险社会立法中风险意识淡薄、缺乏风险沟通机制和风险评估机制的现状，进行了深入探讨，认为我国要走出目前此方面的立法困境还有相当漫长的路要走。

汪丽青的《人类辅助生殖私法调整机制研究》、张燕玲的《人工生殖法律问题

---

① 王康：《基因权的私法规范》，中国法制出版社 2014 年版，第 31 页。

② 何跃军：《风险社会立法机制研究》，中国社会科学出版社 2013 年版，第 355 页。

研究》、罗胜华的《基因隐私权的法律保护》、何建志所著的《基因歧视与法律对策之研究》所涉及的是生命科技应用中权利保护的前沿领域。汪丽青的《人类辅助生殖私法调整机制研究》从人类辅助生殖技术的传统分类入手，提出人类辅助生殖是人的一项基本权利，由此延伸出对相关合同、代孕和亲子关系的讨论。[①] 张燕玲的《人工生殖法律问题研究》关注的是人工生殖对当代法治和伦理的冲击。该书用实证分析和比较研究的方法，对比了国外在人工生殖立法方面与我国的异同，深入研究了代孕母的法律问题、人工生殖技术产生的后代的法律地位问题。作者结合功利主义的"幸福理论"与人权的法律理论加以论述，认为人工生殖应当受到法律的保护。对于代孕问题，作者认为我国目前的禁止代孕行为的立法值得商榷。从法理层面上讲就是生命科技与法律规范之间的矛盾亟待解决。

关于基因技术应用中权利保护的研究，具有代表性的专著是学者罗胜华所写《基因隐私权的法律保护》。此书以隐私权为切入点，研究了基因隐私权的权能和理念，对宏观层面的社会角度和微观层面的家庭共生关系进行了分析；研究了劳动关系中的劳动者应用人单位的要求而进行基因检测的案例，用人单位据此了解劳动者的基因信息，进而了解到其家族的基因信息涉及公民隐私权的问题；[②]保险公司将基因信息作为是否承保的依据的问题，提出我国基因隐私权保护立法是必要的。针对基因技术的突飞猛进，需要在立法中建立理性对话机制。[③] 针对基因隐私权保护方面的立法应当运用开放的决策机制，将专家和公众共同参与作为一种必要且有效的机制加以构建，对于我国的基因隐私权保护应当是一种长远有效的做法。

由隐私权的深入研究可以延伸的新问题就是公民基因信息被他人知晓之后可能会产生歧视效应，这就是基因歧视的法律问题。学者何建志所著《基因歧视与法律对策之研究》专门对此做出了分析研究，提出了基因歧视在法律上的对策，包括从尊重多元正义、理性沟通、利益分享机制等方面加以构建。[④] 另一部我国台湾地区的法理学与生命科学研究的代表性著作是颜厥安的《鼠肝与虫臂的管制——法理学与生命伦理探究》。书题借鉴《庄子：大宗师》中的诗句："以汝为虫臂乎？"比喻很形象，意在说明人类的未来随着生命科技的走向不明确，带给

① 汪丽青：《人类辅助生殖私法调整机制研究》，法律出版社 2016 年版，第 18 页。

② 罗胜华：《基因隐私权的法律保护》，科学出版社 2010 年版，第 183 页。

③ 罗胜华：《基因隐私权的法律保护》，科学出版社 2010 年版，第 355 页。

④ 何建志：《基因歧视与法律对策之研究》，北京大学出版社 2006 年版，第 120－125 页。

人类社会影响可能超出现在人们的想象。此著作包含生命伦理和规范论证、人类基因的法律地位等问题，指出在自然界中，生物总是会去顺从“自然”的法则，以此来求得生存。[①] 但是人类却与其他生物大不相同。人类会运用智慧和生产力来违逆自然法则。也就是人类试图通过自身的实力来驾驭“自然”法则，让本来在自然规律中发展演变的事物不按照自然规律演化。人类不断违反常态自然的做法不但没有被贬低，反而还受到称颂。作者提出人类对于超越自然规律应当有一个界限。生命科技的发展使得应该被淘汰的事物没有被淘汰，应该消亡的事物没有被消亡，反而存活时间更加长久，创造出原本没有的生命形态。这是反常态的行为，这种趋势可能进一步演化为一种未曾出现的生态系统(ecosystem)。[②] 所以，这种趋势正在强化或者恶化人类违背自然规律的能力。本著作还就现行法律对代孕母行为的禁止方面做出了法哲学层面的探讨。作者的观点是支持代孕行为，法律对其禁止是不恰当的。

从社会治理的角度来讲，用法理学的视角观察事物发展，其评价的标准之一就是社会主体的权利得到有效保障，社会治理的公权力主体是否合理使用自己的权力。这对于生命科技运用来讲就是公民权利的实现以及权利与权力之间的关系协调上。对此问题可以从法理学的著作中得到启示。马长山教授的著作《国家、市民社会与法治》是一部深入分析公民权利保障问题的专著，书中提出权利保障的途径是对国家公权力分享与制衡。这需要公民与社会组织的多元化发展，提高他们的自主性。作者还指出人所享有的自由绝对不是古代人依附于共同体而去实现自由，它是现代个人独立状态下的自由。[③] 共同体的利益就包括了社会利益和私人利益，尽管在表现形式上是多样化的，并不总是以私人利益的形式出现。社会利益的实现就是全部私人利益的实现。维护社会利益与个人利益的平衡需要通过法律这个组织社会和国家的工具来完成。[④] 利益和伦理是凝聚人类社会共同体的纽带，这对于研究生命科技运用出现的公民权利之间的冲突，对促进立法权力参与面的扩大都有极其重要的指导作用。

在生命科技应用案件实务方面的著作，具有代表性的是黄丁全所著的《医事法新论》和李筱永、赵晓佩主编的《医事法案例精选》。前者对于医疗人员的义务和病患的权利都有详细的阐述，对于公民的自主权进行了法理上的研究。书中

① 颜厥安：《鼠肝与虫臂的管制——法理学与生命伦理探究》，北京大学出版社 2006 年版，第 150 页。

② 颜厥安：《鼠肝与虫臂的管制——法理学与生命伦理探究》，北京大学出版社 2006 年版，第 150 页。

③ 马长山：《国家、市民社会与法治》，商务印书馆 2005 年版，第 151 页。

④ 马长山：《国家、市民社会与法治》，商务印书馆 2005 年版，第 153 页。

指出,法律保护个人的尊严:第一,是保护人的生命和健康安全;第二,是确保个人人格而形成的合法权益追求。这种法律保障的人格尊严要实现,在某种意义上是病患自主权的开始萌芽和发展。① 病患的自主权是建立在本人知情权的基础之上位概念的权利。人性的尊严由三大部分所构成,包括确保生命与身体的完整性、达到人的基本生活水准、关涉自己的事物有自我决定权。每一个与自身的权利和义务都有参与和形成决定的可能。② 这就与法理学中的自由原则相联系,为扩大法理学的探索利益指出了路径。《医事法案例精选》选取了近年来的典型案例进行归类梳理,共由 20 个案例组成,由案例导引出其背后的法理依据。对于医疗事故中存在的损害及其因果关系进行了分析,比较了相关的难点内容。在损害篇中,就常见的医疗损害的案件进行法学理论分析,提出解决的方案。

关于生命科技的侵权损害救济方面的研究,我国法学家王利明教授的《侵权责任法研究》中第十章:医疗损害责任,专门就医疗损害的规则、医疗损害的推定以及构成要件进行了阐述。其中也有关于患者隐私权、同意权等权利的相关阐述。该书引用了美国纽约州法官卡多佐(Benjamin Nathan Cardozo)在 Schloendorff v. Society of New York Hospital 案件中对患者自主权的立场,在该案中,卡多佐认为,所有正常精神状态的公民,都有独立决定对自己的身体作何处置的权利。医生对其进行治疗时须经过病患的同意,否则即构成侵权。③ 关于生命权益中的基因权损害救济的研究,王康所著的《基因权的私法规范》中也有专章详细阐述,其中提出在人格权法中增加基因权的规范和原则的构想。王泽鉴的《人格权法》对于隐私权的保护和损害以及自主权的问题进行了研究,指出隐私权具有特别的独立自主性。

在中国知网上以生命科技为篇名(不限于法学类)的硕博士论文近几年每年仅为个位数。以篇名为生命科技相关权利的期刊论文近几年中每年不足 50 篇。这些论文大多数以生命科技新兴权利保护和伦理问题而展开。其中的代表性文章有刘泽刚的《宪法生命权的界限》(载《华东政法大学学报》2013 年第 3 期),作者对宪法生命权与伦理的关系进行了深入研究。作者指出,宪法生命权最坚实的伦理基础是自然法传统。宪法生命权只能是一种克制性的权利。我国宪法生命权的形式和相关内容应当限制在合理的界限范围内。杨立新的《适当放开代孕禁止与满足合法代孕正当要求——对“全国首例人体冷冻胚胎权属纠纷案”后

① 黄丁全:《医事法新论》,法律出版社 2013 年版,第 209 页。
② 黄丁全:《医事法新论》,法律出版社 2013 年版,第 20 页。
③ 王利明:《侵权责任法研究》,中国人民大学出版社,第 422 页。

续法律问题的探讨》(载《法律适用》2016 年第 7 期)一文探讨了人工生殖技术应用中相关权利问题。作者以全国首例人体冷冻胚胎权属纠纷案为基础,提出在国家治理层面上,在坚持禁止代孕的前提下,适当地放开确有必要的代孕需求,以此来满足一些家庭生育后代的实际需求。作者还在文章中阐述了适当放开代孕的人群范围。文章指出,就目前的国情而言,可以适用代孕的人群范围不宜过宽。法律只能允许全国首例人体冷冻胚胎权属纠纷案中的当事人这种类型人群进行代孕,对其他类型的人群不予放开。学者王贵松的《中国代孕规制的模式选择》(载《法制与社会发展》2009 年第 4 期)从法律和伦理角度探讨了目前我国禁止代孕的问题。此文提出我国法律不应全面禁止代孕,应当适当放开代孕,这是法律对人权的保障。学者王凤民的《论人体器官移植供体知情权与人格权法律保护体系构建》(载《科技与法律》2010 年第 6 期)针对人体器官移植的供求关系不平衡的现状,指出扩大人体器官个体来源的关键条件就是完善和丰富人体器官个体权利保护体系。在器官移植供体所涉及的权利之中,宪法性的权利和人格权利是前提性条件,属于基本人权。若要加强器官移植供体权利保护,应当先构建生命健康权、隐私权、知情权等人格权利体系。

上述文献说明,生命科技伦理、风险社会与生命科技新兴权利保护和法律规制相结合的研究正处于兴起阶段,还有较大的研究拓展空间。这些著作和期刊论文的研究成果是本书进行研究的理论起点。随着法治中国战略的推进和"十三五"规划中依法治国发展不断深化,以生命科技应用风险与新兴权利保护为主题的论文将逐步增多。

3. 立足于法哲学角度的研究

严存生的《西方法哲学问题史研究》和李猛的《自然社会——自然法与现代道德世界的形成》是较新的两部法哲学的著作。前者对西方各个法哲学流派进行了系统论述。后者指出,国家是人作为政治性的动物为主体所组成,这在西方社会思想占据重要的地位。此著作中还指出,亚里士多德在论述人的政治共同体的过程中就强调了人是政治社会的一员,都与政治社会有关联。[①] 人类政治社会共同体的粘联纽带就是伦理和道德。人对善和正义的感知与表达使人的政治与社会生活具有整体性和目的性。[②] 这些理论阐述为生命科技应用带来的社会矛盾的解决和回应型立法机制的构建都具有法治上的借鉴意义。

---

① 李猛:《自然社会——自然法与现代道德世界的形成》,三联书店 2015 年版,第 43 页。
② 李猛:《自然社会——自然法与现代道德世界的形成》,三联书店 2015 年版,第 55 页。

四、主要研究方法

本书采用了多种研究方法。

（一）跨学科综合研究的方法

本书综合了法学、伦理学、医学、社会学等学科的相关理论，以法学、伦理学、医学、社会学为视角，开展研究。本书从法学角度，研究了生命科技研发和应用促进新兴权利生成的问题。社会结构和发展形势的变化导致社会发展中的利益主体之间的利益关系也跟随于此而发生变化。社会关系主体的利益冲突和不平衡导致了多元权利的诉求。因此，法律在生命科技风险防控中占重要地位。生命科技应用的相关权利制度设计是今后法治发展的重要领域。本书从伦理学的角度，分析了人类生命科学技术应用与伦理的紧密关联。如果生命科技脱离了伦理准则的约束，则会偏离其造福于民众的宗旨。本书从最新的国外人工生殖技术应用典型案件以及最近讨论激烈的代孕行为等方面为切入点，从生命伦理角度对这些社会生命科技实践进行了讨论。本书从医学的角度，分析了人类生命科技的发展历程和最新成果，并且阐明本书研究的生命科技仅指现在人类生命科技的范畴，不包括动物、微生物、植物等生命发展与活动的科学技术。本书指出，生命科技与今后社会发展密切相关。

（二）实证研究的方法

本书采用三条实证路径进行研究。一是走访我国相关的医疗科研机构和部分三级甲等医院，对生命科技的研究和临床运用进行了调查。二是结合本人现有的法学理论知识，走访了我国社会科学院、生命法学会等专业研究机构，得到这些机构的大力支持。三是对当代国内外生命科技研发和应用主要领域的真实案例进行梳理和分析，并且密切跟踪近年来生命科技的最新发展成果。特别对社会影响较大的案件，立足于我国法治进行重点研究。本书的实证研究方法之目的是通过梳理各种生命科技应用，总结出现的法律问题，也即我国目前的生命科技立法尚不完善、法律出现了滞后的状况。生命科技权利体系亟待构建，生命科技引发的新兴权利需要保护。本书结合了典型案例，在个案分析的基础上提出解决方案和合理拟制规则。

（三）社会学研究的方法

本书以风险社会理论为指导，研究了生命科技研发和应用的特征。本书分析了生命科技对人类尊严与价值、人类种群、人类生存与发展的影响，以及对于个体生命健康、个体隐私可能存在的侵害。本书分析了生命科技应用对社会伦理观念和社会结构的威胁，从社会学角度研究了生命科技应用条件下的多元利益诉求，其中包括社会利益与个人利益的关系、个人与研发机构之间利益的关系，以及作为特殊平等主体的国家与国家之间的利益关系，并提出了利益冲突解决的方案。

（四）价值分析的方法

本书采用价值分析的方法，研究生命科技频繁运用于当代社会的情境下，对于社会安全和稳定的冲击。书中分析了在法治发展不健全的情况下会出现大量非法转让、买卖生命资源的违法行为，为他人滥用生命科技提供了条件，也形成了滋生违法、犯罪行为的频发领域。这对法治社会强调的安全价值带来很大冲击。本书还对权利与自由的关系进行了研究，以说明尊重公众的权利、保护公众的权利、激发公民的自由意识、维护当事人的意思自治的重要性。此外，本书结合当代生命科技应用环境，对公平正义价值进行分析，探求在生命科技立法方面，要在国家利益、社会利益和个人利益三者之间保持平衡的问题。从而推导出生命科技应用条件下人权保障的极端重要性。

（五）比较研究的方法

本书参考了国内外具有影响力的生命科技发展相关著作和期刊，对生命科技法治的文献资料进行整理和分析，并提出自己研究的观点。本书借鉴国外法律治理的方法，立足于我国国情，对于我国在生命科技研发和应用中的法律规制和权利保护制度贡献了作者的见解。

五、本书结构

本书除导论和结语之外主要由四个部分组成。

第一章，生命科技的兴起及其衍生的社会问题。本章主要阐述生命科技连接人类的当代和未来。生命科技法治的核心是权利问题。生命科技激化当代权利冲突，以及生命科技法治与当代伦理、道德关系紧密。此章节主要分析研究生命科技的内涵、外延和特征，阐述了生命科技应用引发的新兴权利问题和伦理问题。本书认为当代社会发展已经离不开生命科技应用的支撑。

第二章，生命科技应用风险及法律在风险防控中的作用。对生命科技应用中的风险进行了综述和具体分析，分别对自然风险、伦理风险和安全风险进行了研究。本章提出了生命科技的风险特征。本书提出道德在生命科技应用风险防控中起到一定的作用，但是其也存在较大的局限性，因而法律基于其自身的特点，将在生命科技风险防范中起到主导性的作用。法治调整是法律调整的高级形式，其中重要的一方面就是权益保护。

第三章，生命科技应用对传统法的冲击。权益保护是当代法治调整的核心，也是生命科技法治调整的核心。书中指出，只有认识到这些利益冲突，才能从根本上依据相关的原理、相关原则，设立法律上的权利义务，对不同主体之间的利益进行调整。这些利益研究包括社会利益和个人利益、平等主体间的利益等。本章提出了法律制度应对生命科技发展冲击的原则，即人类利益至上原则、社会平等原则、全面保障人权原则，并对这些原则逐一进行了分析。

第四章，生命科技应用中的权利保护和法律规制。本章首先对生命科技应用相关权利进行了总体分析。书中阐述了生命科技发展对人格权、身份权、财产权、知识产权进行的革新。在此基础上分别对基因平等权、基因隐私权、基因公开权、生育权、人工生殖子女的知情权、代孕母的堕胎权、人体器官移植中的知情权、自主决策权、隐私权作了系统的研究，并分别提出了相关法律制度建设的具体方案。

六、本书主要创新

本书的创新主要有以下几点：

（一）在生命科技研发和应用中的新兴权利研究方面

本书首先系统地研究了当代生命科技的内涵和外延。从生命科技应用中最具代表性的领域入手，对这些领域分别进行系统研究。在本书中，还提出了生命科技具有数字化、信息化、智能化等鲜明的特征。以此来进入到本书研究的核心领域，联通生命科技研发和应用条件下的权利保护问题和解决之道。本书认为，生命科技研发和应用中对社会发展的作用主要分为两个方面。一方面是它纾解了社会矛盾，另一方面是它促进了法律关系的变革。在这两个方面中，最重要的是促进了法律关系的变革。由此，更加深入地阐述了生命科技应用中的新兴权利问题。为了保护新兴权利，对可能侵犯到这些新兴权利的行为予以法律规制，以应对生命科技应用过程中的各种风险。

本书提出，当代法学理论研究的范式遵循主体性哲学的进路，按照主观与客观、主体与客体、人格与财产、人与物的二元对立逻辑结构开展研究。但是，由于以基因技术应用为代表的生命科技所引发的新兴权利诉求，在很大程度上影响着传统法学理论研究和立法实践上形成的二元结构。此时，二元论的理论架构变得相对落后，形成既内在又外在，既是人格又是财产的“人身综合化”状态。解决上述问题的出路应当在于权利理论的范式转换，对法律研究的主客二元范式加以局部更新。权利理论的模式转换，超越了目前的法学二元论架构，在对立和统一的基础性架构上，重新阐释基因及其他生命分子的法律属性。更为重要的是，对其承载的财产法益、人格法益等法益重新界定和制度化，有利于法律对于生命科技应用领域进行及时有效的规制。作为新兴权利的话语权是利益力量在生命科技应用的新格局下对利益平衡的一种诉求和博弈。

（二）在生命科技应用风险和利益分配机制方面

生命科技的发展给社会成员带来福祉的同时还形成了影响社会发展的风险因素。书中对生命科技应用引发的风险进行深入研究，指出其不仅包括技术风险、伦理风险，还包括安全风险，并且对各类风险进行了具体分析。书中提出利益主张和权利诉求有着紧密的联系。权利兴起的根本动因是社会关系主体对利益的主张。在对利益冲突进行研究中，本书提出了国家也可作为一种特殊的利益主体。它们之间在生命科技应用中也存在利益的冲突。呼吁建立发达国家和发展中国家针对生命科技发展成果的利益分享机制。在《与贸易有关的知识产权协议》(简称 TRIPs 协议）框架下和 PEX 模式下讨论了平等主体间利益的分配问题。另外，对美国摩尔案件的讨论和 PEX 机制的成功运行进行分析后，本书提出，在处理个案中，不能对人格权和财产权进行非此即彼的区分，而是在当代法治环境中的利益保护应当注重社会平等主体之间利益的平衡。

（三）在权利保护法律制度建构方面

本书集中阐释了生命科技应用中的权利保护问题。本书在对哈耶克的建构理性主义（constructive rationalism）和进化理性主义（evolutionary rationalism）研究的基础上，将这一理论延伸到当代生命科技应用法治方面，进一步阐述了作者在生命科技应用中的权利保护法律制度问题上的观点。目前，我们宜采取进化理性主义和建构理性主义融合的优化路径，兼采二者的合理成分，发挥建构理性主义的思路，积极推进生命科技应用法律制度的构建；同时兼顾进化理性主义所坚持的遵循法律制度的传统和惯例，推动生命科技法律制度的发展进步。规制社会资源的不合理的分配方式，从而消除威胁社会结构的因素，维护社会结构的稳定，维护社会秩序，实现社会公平正义。本书针对各种生命科技应用权利的自身特点，给出了权利保护的法律制度新构想。例如，本书提出应当借助《中华人民共和国民法典》正在编纂的契机，研究新兴权利，对权利体系进行扩充，把生命科技应用相关权利纳入立法范围。在宪法中列明生命科技新兴权利保护的条文，以示国家对新兴权利的重视和与时俱进的法治理念。本书提出，中国特色社会治理应当在“公众参与、法治保障”的治理格局基础上，着重培育公民的主体意识。生命科技立法也应当采取回应型立法机制，做到立法的科学性、民主性。法治调整以解决社会权益需求为根本宗旨。所以，生命科技立法采取回应型立法机制是法治调整的重要组成部分。这种途径能够避免社会秩序的混乱和权益冲突激化。从策略的角度看，回应型立法能积极调整社会关系，可以增进社会协商，“从权力性立法转向权利商谈型的立法模式，充分体现医患共享医疗决策的权利。”[①]这样才能充分凝聚社会共识，推动社会治理制度的发展完善。这是在中国特色社会主义法律体系已经形成的背景下，推进“法治中国”战略的必然要求。

本书参见的案例和媒体材料均为最新的典型事例，意在指出生命科技对社会发展和广大公众带来的影响。在生命科技发展视域下，对人格权、身份权、财产权和知识产权都作了不同于传统法理论的详细阐述。其目的在于凸显生命科技应用引发的新兴权利重要地位。本书还研究了欧美国家在当代生命科技领域的法治经验，结合我国实际提出了建构性的法律规制框架。

① Jaime Staples King & Benjamin W. Moulton, Rethinking Informed Consent: The Case for Shared Medical Decision-Making, American Journal of Law & Medicine, Vol. 32, 2006, pp. 430 - 469.

第一章
生命科技的兴起及其衍生的社会问题

人类已经进入了一个色彩纷呈、风险、危机与希望并存的新世纪。[①] 历史推动人类社会走进了新的千年,生命科技的世纪已经到来。它极大地开阔了人们的视野,造就了一个"美丽的新世界"。[②] 它用充满光明的未来吸引着我们,但与此同时,我们是否已对生命科技所带来的挑战有所准备?生命科技发展的道路上我们要付出什么代价?[③] 这是一个重要的时代议题。从 20 世纪 80 年代以来,生命科技蓬勃发展宛如星星之火在全世界范围内迅速展开。医学领域的种种进步鼓舞着医学界不断探索人类未知的生命科学领域。医学的发展改变了世界,改变了人类对于自身发展的传统观念,改变了人类医疗的发展状况。在此背景下,经济社会发展的宏观层面与生命体自身的微观层面,都面临着新的洗礼和重构。客观事物的兴起和发展都会对现有的社会发展格局和秩序带来影响和挑战,这其中也包括一系列法治新问题的出现。它们冲击了现有的法律治理模式和体系,冲击了传统法律规范规制社会新生事物的能力。此外,生命科技的不断发展也挑战了公民权利与政府公权力之间的现有契合模式,增加了生命科技应

---

① 马长山:《国家、市民社会与法治》,商务印书馆 2005 年版,第 1 页。

② 另有翻译为"美妙的新世界",参见英国作家赫胥黎同名著作。《美妙的新世界》是赫胥黎 1932 年出版的科幻小说,刻画的是机械文明下的未来社会。书中描写了在工业高度发达的未来社会里,取消胎生实行人工生殖,把人类分成十多个种姓,分等级分层次,低等为高等服务。对人们实行潜意识教育,满足人类的一切欲望。在那个世界里,人性被机械剥夺殆尽。处于"幸福"状态下的人们都是被预先设定种姓,然后由试管和育婴瓶孵化出来。胚胎分为由低到高的不同种姓,接受不同的训练。低种姓者矮小丑陋,承担社会里最底层的工作;高种姓者高大漂亮,构成社会的上层。在新世界里,每个人都很快乐,所有人的快乐都是一模一样的。对技术发展的反思、对人类命运的忧虑,使得此书成为二十世纪"反乌托邦"文学里的一面光辉旗帜,影响巨大。中文版可见[英] 阿道斯・伦纳德・赫胥黎:《美妙的新世界》(中英对照),武汉出版社 2013 年版。

③ 王康:《基因权的私法规范》,中国法制出版社 2014 年版,第 35 页。

用风险难以预测、不可控制的特性，给立法机关颁布的法律和公共政策提出了新的论证对象和风险因素。这也使得社会在发展进程中的风险程度增加，给传统法规制社会风险提出了新的挑战。

在法治层面审视生命科技的发展带来的新问题具有鲜明的时代性，这是一项系统和迫切的社会工程。[①] 生命科技引发了伦理、风险社会、法治发展的时代议题。生命科技发展进程中风险因素的不确定性和传统法律规制之间的冲突尤为凸显。我们既承载着传统伦理、道德的思想寄托[②]，又要满怀希望地拥抱生命科技运用形成的“美丽新世界”。这是我们进行自然探知和社会治理方式探索的动因。

第一节　生命科技的崛起及其社会价值

当代社会生命科技的发展已经进入到快车道，公众、媒体、生命科学家、国家机关等社会主体都对其概念、发展和变迁展开了深入探讨。追根溯源，从探究现代以来的生命科技发展历程就能使我们愈加掌握生命科技推动社会发展的作用。生命科技之所以是一个新兴的学科就是因为它涉及医学、生物学、社会学、法学等诸多学科。它具有包容性的特征，并且它能够不断创造出许多以往人类历史上不能够达到的奇迹。它的飞速发展日益扩充了它的时代内涵，使其不断丰富拓展。以生命活动的现象和研究为基础，产生了种类繁多的生命科技活动。生命科技是人类在当代社会发展的标志性产物，它的发展对社会的发展有巨大的推动作用。生命科技以人的生命活动和生命发展为研究对象，是以生命研究和科学技术应用为内涵的统称。它属于人类科学技术发展的尖端领域，对人类社会未来发展具有导向性的推动作用。生命科技的内涵和外延是人类社会应当关注的，并且进一步开展法学研究的前提性条件。

一、生命科技的概念演进

生命科学技术的提法源远流长，在不同时代有着不同的表述，尽管它的名词有所不同，但核心含义却没有改变，并且它实质上代表着当时社会发展的水平和医学科技的前沿，在人类漫长的进化历史中不断向前迈进。“科学与技术的相互

---

① 这里的社会工程主要指的是通过立法方式增加生命科技应用技术风险的可预测性，可调控性。

② 周蓉、陈正良：《传统伦理道德的现代转变》，载《中共山西省委党校学报》2010 年第 4 期，第 96 页。

作用是现代社会进步的主要标志。因此，归根到底在于自然的方式中，现代科技以进步的方式开发自然。”①生命科技是一个历史发展的时代性概念，它是随着人类有意识的记载并加以总结、定义才有的概念。它也是人类社会生产力不断发展才孕育出的概念。它可以从内涵和外延两个方面进行解释。

（一）生命科技的内涵

当代生命科技与传统医学技术相区别。它是传统医学技术的继承和发展，也是医学科技发展的高级形式。② 它在形式和本质上都具有新颖性。

生命科技指的是，以人类基因技术、人体器官移植技术、人工辅助生殖技术，以及生命与公共健康技术为代表的当代医学技术的总称。随着人类社会生产力的不断发展和对生命科技的不断再认识，生命科技在现实社会生活中被日益广泛运用起来。这是生命科技自身从低级到高级，从美丽的神话到现实实践逐渐发展的结果。随着生命科技的日新月异，使得人们对生命科技的发展和变化更加明晰，从而使它的内涵不断得到扩充。

当代生命科技随着时代的发展而不断地得到拓展，它始终是与社会发展相伴随的事物，由于它的交叉性学科特点包含并触及多个领域，所以现有的通用表述通常有“生命科技”“医学科技”“生命科学”等名词。这其中最为突出的两个方面就是“生命”和“科学技术”。③ 可以将其结合起来就是“生命科技”。高桂云教授《生命与社会——生命技术的伦理和法律视角》著作中采用的是“生命技术”表述。④ 上海社会科学院法学研究所刘长秋研究员在他的著作《生命科技犯罪及现代刑事责任理论与制度研究》一书中的表述是“生命科技”。⑤ 熊永明教授的《现代生命科技犯罪及其刑法规制》也采用了“生命科技”的概念。⑥ 在当代背景下此表述能够表达这一方面事物的时代内涵，并且为它的外延留有足够的发展空间。从理论本质上看，这一领域主要是研究各种生命现象，最为重要的是人类生命现象。从狭义上讲，它只关注人类自身的生命现象和规律、奥秘，与人类医学发展紧密关联，不包括人类以外的其他生物的生命现象和规律。在此，“生命

① ［德］汉斯·约纳斯：《技术、医学与伦理学》，张荣译，上海译文出版社2008年版，第11页。
② 储静、丘子：《现代医学科技发展的伦理疑难及其解决》，载《自然辩证法研究》2016年第2期，第63页。
③ 刘长秋：《生命科技犯罪及现代刑事责任理论与制度研究》，上海世纪出版集团2011年版，第2页。
④ 高桂云、郭琦主编：《生命与社会——生命技术的伦理和法律视角》，中国社会科学出版社2009年版，第5页。
⑤ 刘长秋：《生命科技犯罪及现代刑事责任理论与制度研究》，上海世纪出版集团2011年版，第3页。
⑥ 熊永明：《现代生命科技犯罪及其刑法规制》，法律出版社2012年版，第3页。

科学(life science)是探索人类生命的起源、生殖细胞的受精、发育、成长、成熟、基因突变和人体衰老直至死亡的整个变化机理的生命过程的研究。"[①]人类生命活动规律的科学最为典型地体现在人类基因、人类胚胎干细胞、人类生殖、人类心理活动等方面。[②] 当然,随着这一领域整体的向前发展,它的内涵还会有一定程度的扩展,但它以人类生命为研究的核心不会改变。"科技"一词可以理解为科学和技术的统一体,科学意味着总是走在时代前沿的开创性学术研究,展示和包容了科学界对客观事物及其规律的新认识。技术是一个动态的概念,体现了一种实际应用,是辩证唯物主义中关于人的主观能动性的反映,体现了人们运用发展中的生产力去改造世界,研究生命周期发展规律、对规律进行调节,从而造福于人类自身的能动性活动。"科技"这一概念包含了科学理论与具体应用相结合,使人在这一领域的学术知识不再仅仅停留在抽象理论研究上,而是通过人的主观能动性实际应用于实践。

法学和医学的应用性本质属性,决定了这两门科学必须在理论探索中不断运用于实践。对于法学研究来讲,生命科技的发展极大地丰富和完善了法律的内容,扩充了法律调整社会关系的范围,发展了与生命科技应用相关的权利体系,也使法学研究方法取得了根本性的突破,使法律从定性分析向定量分析迈进。法律则对生命科技的应用有组织和管理作用,对它的发展有推动和促进作用,对生命科技成果的使用和推广有保障和促进作用。与此同时,立法工作对当代生命科学技术发展中产生的负面效应有抵制、防范和指引作用。法学只有掌握生命科技的内涵才能顺应生命科技发展现状,规范和调整人们的行为。对人们有损于社会发展的行为加以限制,减少生命科技的负面影响给社会带来的冲击。据此来发挥生命科技的积极作用,提高人类克服疾病的能力,提高人类的生活质量,减少社会发展中的风险给人类带来的侵害。

(二)生命科技的外延

现代生命科技以生命为支点进行研究,立足于对生命现象的观察研究和实验分析而逐步建立起来的庞大生命科学体系。它是对于基因技术、器官移植技术、人工辅助生殖技术[③]、生物制药技术、变性技术以及生物遗传与变异、生命与

① 刘长秋:《生命科技犯罪及现代刑事责任理论与制度研究》,上海世纪出版集团 2011 年版,第 2 页。

② 孙方圆:《人类胚胎干细胞研究的伦理思考》,载《医药卫生(全文版)》2016 年第 12 期,第 234 页。

③ 邵福忠:《从法律视角看人工辅助生殖技术的开展》,载《中国卫生事业管理》2009 年第 5 期,第 328 页。

环境、生命与公共健康、生物制药技术等的现代医学、生物学技术的总称。[①] 随着时代的发展，与生命科技概念表述为核心的概念外延正在不断地扩大，外延极其丰富。其中主要有所谓的“生物科技”（biotechnology）之表述。在 20 世纪 90 年代初，《联合国生物多样性公约》中表述的“生物技术”是关于生物技术以及生物体及其衍生物的相关技术应用的总称。它的主要目的是利用科学技术对于生物和植物的生命体进行改造的科学技术。例如，现代基因科学技术对于生物体进行精确地挑选和对比，选择出优良的基因，移植到另外一个物种，使得基因改造和优化以达到预期的效果。[②] 这其中的技术非常先进和复杂，包括基因重组，细胞的融合，对于生物的制造程序进行干预等先进技术手段。生物科学从一个不齐备的学科逐渐发展成为涵盖植物学、动物学、神经学、生理学、组织学等领域的综合性科学。它经过稳步的发展，逐步完善，最终形成了现代生物科学。现代生物科学通过对生物机体的分子结构、细胞生长等方面进行的技术改造操作实践，以达到对物种质量和生物大分子的改良，它是基因工程、细胞工程、酶工程、发酵工程在内的总称。

生命科技概念的外延还包括另外一个重要概念就是“生物医学”。它更进一步融合了生物工程学、医学、生物学等领域的理论研究和实践成果。通过综合性的研究和长期的综合性工程技术实践来解决生命科学问题，特别是当代医学上的难题。主要研究利用基因芯片、生物医学材料、医学影像技术造福于人类，紧密围绕着社会进步——生物医学——心理发展模式构建了现代生物医学。现代生物医学在 21 世纪的生命科技发展中所占的比重正在不断地上升，因为医学工作者和社会现代化建设都意识到此领域对于临床医学水平的提高和人类生命健康的维护都有密切的关联性。

就生命科技的外延而言，上述几个概念是相互交融的关系，彼此相互涵盖。生命科技研究的外延包括了基因工程与技术应用、生物科技制药、生物成分研发等子领域。“现代生命科学”主要的研究领域是生命的本质、生命的起源与进化、生命遗传学与基因变异等方面。其外延触及现代生命技术的应用，现代医学的临床应用、生命技术与环境、生命技术与海洋开发、生命技术与军事生物技术、生命技术与生物芯片技术等。“现代生物科学”主要是指微观上的生物分子、生物细胞、个体水平进行重新的设计、改观和调整，以达到人们所设想的预期效果。

---

① 熊永明：《现代生命科技犯罪及其刑法规制》，法律出版社 2012 年版，第 2 页。

② 胡朝阳、周旋：《基因科技发展的人权影响及其法律调整》，载《科技进步与对策》2010 年第 15 期，第 32 页。

根据对生命科技外延的理解，学界对人的繁衍生息提出了许多有益的创新思路，推动着医学事业的发展。这其中典型的代表就是“人工授精”“代孕母亲”“克隆”等，它是与自然生殖协调发展的人工生殖技术。[①] “以现代生命科技的发展成果逐步取代自然生殖中的某一个或者几个环节。”[②]在古代，人类就开始着手探索干预人类的生命遗传密码，实现种族素质的优化。[③] 在柏拉图的《理想国》、康帕内托的《太阳城》、亚里士多德的《政治学》中均有关于利用当时的人工科学手段来对生育环节进行优化，以提高国民人口素质的构想。这就说明古代对于当时的基因干预已经开始形成了系统化的有意识干预发展阶段。科学界逐步走上了避开某些自然规律对自身生存方式的限制的道路，通过生命科学技术来改善自身生活的方式。现代人类基因干预技术实现了一个从宏观到微观、从被动到主动、从间接控制到直接干预、从反馈控制到预先设计的变化过程，[④]形成了从“解释自然”到“改造自然”的态势。[⑤]

在社会生产力发展趋势的推动下，学界对生命科技的认识更加准确和全面，逐步增强了运用现有生命科技的客观条件去改造自然和接近自然的能力。而生命科技领域的最新成果可谓是社会生产力发展的一项集中体现，这与一个国家或者地域范围内的文化传统有着内在的关联性。这其中就包括了法治传统和理念、伦理、道德的长期积淀与生命科学技术的运用之间的关系。[⑥] 就我国而言，通过对文献的梳理，能够发现我国学界对于生命科技运用的态度可大体分为两种。一类是强调自然规律的基础性地位，从这个角度看待生命科技运用的观点是贬低性质的否定态度，认为生命科技的运用与自然规律之间是紧张的、对抗性的关系。生命科技被认为是“奇技淫巧”。另一类是对生命科技持肯定性的支持态度。这与希腊哲学中所表述的知识就是美德的理念相类似。他们强调生命科技运用和自然规律的紧密关联性和相互促进的关系，强调人类科学技术对自然

---

① 陈芬、纪金霞：《人工辅助生殖技术：从技术理性走向生命伦理》，载《中国医学伦理学》2014 年第 5 期，第 626 页。

② 姜柏生、杨芳：《高新生命技术的民法问题研究》，法律出版社 2010 年版，第 113 页。

③ 程国斌：《人类基因干预技术伦理研究》，中国社会科学出版社 2012 年版，第 13 页。

④ 本部分的生命科技发展论述是对于相关领域的著作文献进行研究而得出的，主要包括：黄丁全：《医事法新论》，法律出版社 2013 年版。张新庆：《基因治疗之伦理审视》，中国社会科学出版社 2014 年版。王康：《基因权的私法规范》，中国法制出版社 2014 年版。刘长秋：《生命科技法比较研究——以器官移植法与人工生殖法为视角》，法律出版社 2012 年版。邱格屏：《人类基因的权利研究》，法律出版社 2009 年版。刘长秋：《生命法学理论梳理与重构》，中国政法大学出版社 2015 年版。

⑤ 程国斌：《人类基因干预技术伦理研究》，中国社会科学出版社 2012 年版，第 13 页。

⑥ D. Degrazia. Common Morality, Coherence, and the Principles of Biomedical Ethics. Kennedy Institute of Ethics Journal, Vol. 13, 2003, pp. 219 - 221.

规律的把握，以及人类的理性对于自然运动逻辑规律的理解。在当代社会发展意义上讲，这就是对科学技术是第一生产力的再认识。

二、生命科技的主要特征

自从20世纪中叶以来科学技术在各个领域都取得了突飞猛进的进步，尤其是在21世纪的初叶，科学技术发展进入快车道，处于一个全新的发展时期。其中主要的一个增长极就是生命科技的发展，开拓了人类认知世界和自身的新领域，助推了社会的发展，使人类科学探索呈现出多样性和复杂性，给人类探索科技的领域提供了无穷的空间。它呈现出的特征包括：数字化、信息化、智能化与人的生命、健康直接关联性。

西方国家工业革命的根本目的与内在动力是提高和发展生产力，因此人类历史上科技进步主要集中在机械、电子、核能等物理科学的领域。这是因为此类科学技术适应了当时的社会发展需要而获得长足发展。此前人类较少关注自身的生命和健康质量，自从21世纪生命科技逐步运用推广，才改变了人类科学技术的时代格局。它极大地拓展了人类的科技视野，推动了人类社会的新变革。在生理层面上，生命科技在新时代具有与人的生命健康直接相关的特征。在伦理层面上，它涉及社会主体的尊严与价值。[①] 在新的时代中，这一领域进一步与信息技术和智能科技相结合，具备数字化、物信化和智能化等鲜明的时代特征。对人的现有的医学技术是一个质的超越，突破了人类医学的一些局限性，使医学上的"不可能"成为能够达到的现实。[②]

生命科技应用不同于医学领域理论研究与实践。在当代社会，它绝不是医学一个领域的事物，而是当代信息科技与尖端生命科学以及社会规范规制的研究与应用等诸多方面的综合性结构体。[③] 它是与传统医学相互交融的关系，它对传统医学进行了观念和行动上的革新，涵盖了医学中的尖端技术应用和有别于传统医学的治疗理念。生命科技具有很强的操作性和科学性。医学是生命科技支点应用的领域，医学作为一门技术性、实践性的科学，是生命科技应用最为广泛和体现其社会价值的领域。

在人类社会的新旧世纪交替的新时期，人类科学上的突出的成就都来自自

---

① B. Steinbock ed.. The Oxford Handbook of Bioethics, Oxford, 2007, p. 46.

② 王璞明、任红艳、李响、孟庆峰、郑永和、冯雪莲、杜生明：《推动生命科学发展的新技术新仪器研制的战略定位、发展趋势及重点资助方向》，载《中国科学基金》2016年第4期，第292－294页。

③ 彭少虎：《尖端制造技术与生命科学完美结合》，载《现代制造》2014年第22期，第7页。

身的生命科技领域：一是干细胞技术的应用，二是人类基因组计划草图初步完成。这两个里程碑意义的事件充分表明了生命科技在推动社会发展中的强大动力。生命科技的运用，关系到人的健康和人格尊严。如果对生命科技加以不当应用，则会侵害人的健康和人格尊严。①

生命科技与植物学虽然也有交合的关系，植物作为另一类有生命的物质也具有某种生命的特质与生长迹象，但是这与本书所研究的人类生命科技是两个不同的科学圈。人类之外的生命科技是指除了人类之外的动物、微生物、植物等生命发展与活动的科学技术，应当在本书之外开展研究。因为，人之外的生命科技并不直接涉及人的生命健康和整体素质。研究人类自身生命科技的法律规制才是解决社会发展中的复杂事物的主要矛盾的有效途径。在这一前提下折射出生命法学只研究人们寄予生命科技的运用而产生的社会关系，与其他动物或者植物没有直接的关联性。②

基于上述原因，生命科技具有针对性和尖端性的特点，从而使人类能够从这些科学现象得到启示，学界运用辩证的思维方式去考量它给社会发展带来的新问题。从这些方面，可以总结出当代生命科技呈现出以下主要特征：

第一，生命科技与人类的生命健康直接相关性。它是一个历史发展的时代概念。人们对于自身的生命健康和社会发展已经形成与日俱增的关注度。这是21世纪以来人类对于自身发展和未来的憧憬和探索共同作用的结果。当代人类比历史上任何时期都关注自身的健康和未来发展，因为无论从微观上还是从宏观上讲，它都是与社会生产力发展和人类自身健康息息相关的基石。随着生产力的不断发展和人类对生命科技的不断再认识，生命科技在现实社会生活中被日益广泛运用起来。这是生命科技自身从低级到高级，从美丽的神话到现实实践逐渐发展的结果。生命科技的日新月异地发展，使得人们对生命科技的发展和变化更加明晰，从而使它的内涵不断扩充，与此同时也反映了生命科技给人类的生命健康带来的巨大影响，改变了我们对生命世界和社会发展的认知。

第二，生命科技在统计方法和规划技术应用的推动下呈现出数字化的特征。生命科技与其他高新科技是在相邻时期或者同一时期出现的，这就排除了传统高新科技领域的单一性出现的情形。③ 这种复合化的出现体现了新时代的特

---

① ［意］恺撒·米拉拜利：《人身损害赔偿：从收益能力到人格尊严》，丁玫、李静译，载《中外法学》2007年第1期，第123页。

② 倪正茂、陆庆胜：《生命法学引论》，武汉大学出版社2005年版，第14页。

③ 彭彪：《传播新技术的社会风险及其治理》，武汉大学博士学位论文，2009年，第15－25页。

征。生命科技与其他科学技术结合起来是当代科学技术发展的必然。生命科技包括其他科技的技术支撑,其中重要的方面就是运用数字化的统计和规划方式去考量生命科技的运用和成果。依据数字化的技术模式能够有效避免传统意义上的不精确性和人脑思维运用的有限性,使得人们从繁琐的计算和统计中解放出来。这也使生命科技获得了能够支撑它发展的最有利平台,只有依据这样的平台才能够使生命科技迅速发展,获得长足的进步。“数字化将物质信息转化成便于统计和研究的数字信息”,①使信息的资源能够扩大到无穷。有了数字化的统筹模式就能与计算机和网络平台建立资源共享机制,达到探索更广阔的未知空间的目标。②

第三,生命科技具有物信一体化特征。物信一体化是指物质化和信息化,它是融合了物质化和信息化双重属性的新生事物。在人类发展的历史上,资源是一种支撑社会发展的必备条件,对于人类社会而言,谁占有更多的资源,谁就能在未来的发展竞争中取得优势地位。资源的含义十分丰富,其中包括石油资源、热力资源、核能资源、光能资源以及知识信息资源等。就生命科技中的基因科技而言,在分析人类基因的法律属性时,人们总要讨论它是属于物质还是属于信息,抑或是它们的复合体。

在现代对资源的理解上主要是指物质资源,以对物质资源的开发和消耗为代价进行探索和实践。在分析人类的基因法律属性时,人们倾向于传统的观点,认为基因应当归类于物质世界的事物。但也有与之不同的观点,其认为基因应当是属于信息层面的事物。③一些学者坚称基因的属性实质上是非物质的信息,“基因被看做包含着人类生命密码的复杂的信息包。”④人体只是一种物质载体,承载着大量的基因信息。这与认为基因属于物质的学派产生了截然不同的观点。最新的研究成果认为生命科技研究和应用客体——基因属于物质和信息相结合的事物,具有双重属性。此观点所指信息包括了流动数据、最新情报、生物信号、常规数据、信息分析等诸多方面。信息包括了物质和能量的大小和变化趋势,需要物质和能量作为其载体。⑤ 它与能量和物质共同构成了自然界的基

---

① 姜柏生、杨芳:《高新生命技术的民法问题研究》,法律出版社 2010 年版,第 5 页。

② 马宏昊、陈芬:《基于互联网技术的计算机软硬件资源共享机制的研究》,载《电脑与电信》2016 年第 5 期,第 28 页。

③ 王康:《基因权的私法规范》,中国法制出版社 2014 年版,第 120 页。

④ Lee m. Silver. The Meaning of Genes and Genetic Rights. Jurimetrics Journal, Vol. 40, 1999, pp. 9 - 22.

⑤ 王康:《基因权的私法规范》,中国法制出版社 2014 年版,第 121 页。

本结构，是人类认识自然、改造自然的基石。人类的基因作为一种信息和物质的复合体，源于自然，但其更多地体现在实际应用与宏观层面的社会经济发展和微观层面的家庭成员之间的关系上。

从法律层面去理解生命科技，只有对生命科技所涉及的客观事物准确界定才能对这一新兴社会事物进行法律上的规制。这也是本书第四章，对生命科技应用中的新兴权利进行研究的基础。对于包括基因技术在内的生命科技来讲，上述的物信化特征是当代人类理解生命科技的有效认知途径。生命科技涉及诸多的微观层面的事物，给人类认识自然以及认识自身都带来了神秘性和探究的动力。物质本身就是信息交换过程的一部分。物质可能在事物运动过程中减损或消灭，但是这仅仅是信息载体的减损和消灭，并不是信息本身发生变化。信息在传递过程中会发生扩张和压缩，生命科技信息可以发生重新的融合，进一步形成新型的生命科技信息。[①] 例如，人类基因信息的运用在一些专业文献中表现在概念上就存在混淆含糊的状态，没有对客观性基因信息和主观性信息进行区分。客观性就是指生命物质本身是一种组合，以自然界的排列方式排列，通过自生的物质力量和物质运动而存在，与客观物质运动紧密相关。主观信息就是能够以人类的文明方式去统计和标示，从物质变成了人类有意识的表述，也是演绎人类隐私权的重要途径。如果没有这样理解就会在认识基础条件上就产生了歧途，对后续的法学研究产生了不确定因素，使在这一领域的法学研究缓慢前进。由于生命科技突飞猛进地发展，法律关系的客体显得模糊不清，导致法律规制上的空白增多，[②]也致使法学的社会实施价值降低，使诸多有关于生命科技研发进程没有法律依据，处于调整的真空地带，造成了社会发展中的非稳定性因素增加，社会风险程度增加。对于社会风险因素的控制乏力带来的不良后果直接影响到社会的可持续发展和人类自身的繁衍生息。

生命科技的发展实现和促进了人类社会发展主要依靠物质资源消耗转变成信息资源为主，是知识经济对推动人类社会发展的比重逐步上升甚至超越物质经济的标志。知识经济已经逐步成为发展生产力的核心，科学知识不会因为使用和调整发生损耗问题，只会在运用中与时俱进地变化成为更加理性地推动社会发展的动力因素。因此，物质和信息一体化是生命科技的主要特征之一。

---

① 谢彩霞、刘小甫：《我国基因科技领域合作研究的计量分析》，载《科技进步与对策》2011 年第 5 期，第 124 页。

② 施姣姣、姜柏生、杨芳：《论人工生殖纠纷的类型、特征及处理原则》，载《南京医科大学学报(社会科学版)》2013 年第 6 期，第 509 - 511 页。

第四,生命科技具有智能化特征。它是指生命科技对于人类的脑力活动起到另一思考主体的替代作用。未来生命科技的发展趋势是"超级计算机在医疗决策中充当关键角色。"[①]生命科技来自人的智慧和科学研究,但是又在某种程度上超越了人类的思考能力。人类的一部分重要脑力活动已经被生命科技所完成,使人类从繁琐的脑力劳动中解放出来,人类的脑力和体力负荷大大减轻。此外物质资源会在推动社会发展中消耗,但是知识资源具有无穷尽的特征,自身具有对外拓展性和更新的基本属性,人类从繁琐的脑力、体力的重复性劳动中解放出来以后就能够从更加高的起点,发展更加先进的生命科技。

第五,生命科技具有自源化特征。它是指医学科技的进步,不再以药物治疗和医用器具治疗作为主导,而是运用生命科技的力量改造人类自身,修复人自身的缺陷和疾病。这些都是生命科技在微观层面对人类带来的潜移默化的影响。这种自源型特征还会引发公共卫生健康法律法规体系、政策的制定等方面一系列变革。

最后,生命科技的应用具有伦理属性。其关涉到人作为社会发展中的主体的尊严与价值。[②] 生命科技的运用增强了人们面对疾病的信心和技术条件。"生命科技的运用所产生的社会伦理问题促使着人类作为社会主体的理性反思。"[③]以基因组计划的进展而言,人类生命科技并不是"价值中立"的,而是与社会伦理问题交织在一起的科学技术;[④]并且也不可能只是"为了科学而科学",而是以人的生命健康和社会利益为价值目标。[⑤] 只有以伦理为指导和评价标准才能确保人类生命科技运用不会偏离有益于社会发展的正确轨道,沿着造福于人类社会的愿景发展。生命科技运用过程中总会与人们的隐私信息有密切的联系,对于生命科技有关联性的隐私信息的保存和对外公开牵涉到人类主体的尊严,这是人类社会发展进程中独特的、突出的时代性课题。

---

① [匈牙利]赫塔拉·麦斯可:《颠覆性医疗革命:未来科技与医疗的无缝对接》,大数据文摘翻译组译,中国人民大学出版社 2016 年版,第 3 页。

② Tom L. Beauchamp & James F. Childress, Principles of Biomedical Ethics, 6th ed.. Oxford University Press, 2009, pp. 27 - 29.

③ 高桂云、郭琦:《生命与社会——生命技术的伦理与法律视角》,中国社会科学出版社 2009 年版,第 84 页。

④ 杜严勇、胡春风:《人工生命技术引发的哲学思考——全国人工生命技术的哲学思考研讨会综述》,载《哲学分析》2011 年第 3 期,第 172 页。

⑤ 高桂云、郭琦:《生命与社会——生命技术的伦理与法律视角》,中国社会科学出版社 2009 年版,第 85 页。

三、生命科技对社会发展的作用

生命科技的发展对社会发展的作用大体可分为两个方面。一个方面，生命科技的发展使治愈疾病的概率大大提高，提高了民众的生命、健康的质量，缓解了民众日益增长的医疗救治需求与医疗条件滞后之间的矛盾。另一方面，生命科学的发展促进了法律制度的变革。后者是生命科技对社会发展的作用中更加重要的方面。

（一）纾解社会矛盾

20 世纪中叶以来，生命科学技术发展成果大量应用于临床医学等领域。生命科学技术具有传统医学技术不具有的优点，其被广泛地应用于诊断、治疗、预防领域，并且受到广大公众的欢迎。这对于医疗资源相对匮乏，医疗手段较人类疾病落后之困境的克服是一条可行的途径，从而极大地纾解了医疗资源与患者需求之间的矛盾。

首先，生命科技研究和应用是社会发展与进步的新的支点，它的不断发展增进了人类的福祉。人的生命问题关系到人类的自身发展，自古以来的人类就在不断探索如何能够使自身更加健康、生活质量更加提高的生存途径。当代人类社会对于生命问题的关注和探索较之前辈而言，范围和深度都超越了人类社会以往的任何时代。人们对于生命健康和生命质量的关注是生命科技研究和应用的核心。[①] 生命科技也必然应用于研究生命发展过程中的新疑难问题，以造福于人类。自 20 世纪以来，全球化发展速度加快，人类科学研究的转化利用率逐渐上升，涵盖面逐步扩大，向着社会发展各个领域渗透。其中有很大一部分可能会转化成生命科学技术，并应用于医学领域。生命科技发挥了传统医学不具备的优势和特征，其主要价值正在被医学界所肯定。它被广泛应用于临床医学的诸多领域，并且已经取得了丰硕的临床治愈治疗疾病的成果，促进了医学研究和实践的探索，使医学能够在新世纪快速全面地进步。

其次，生命科技使人类认知世界、维护生命安全和发展生命的能力有极大的提高。在医学中生命科技发挥着举足轻重的作用，医学进入到有史以来发展的最快时期。人类应用生命科技使得几代人梦寐以求的医学梦想最终成为现实。在诊断领域方面，成像技术从 X 光成像到更加先进的 CT 二维断层解析成像，再到 MRI 三维组织中特定粒子 H＋功能分布成像，从直观上看就是诊断依据的更

① 王卫华、卢祖洵：《生命质量研究的现状与趋势》，载《医学与社会》2005 年第 7 期，第 9 页。

加全面与准确。从实质上讲，就是人们对于系统组织的病理生理结构与功能的研究有了质的提高。2016 年，抗癌疫苗的应用在我国有了突破性的进展，使医学领域最新发展成果对于社会发展和人们的健康呈现出促进作用。① 在抗癌药物的广阔需求市场中，广大社会公众对于生命科技研究的成果转化有着迫切的需求。生命科技的应用使大范围的疾病流行得到预防和有效的控制。② 生命科技主导下的医疗设备的运用，使得病患的痛苦降到最低，同时它也提高了医疗的效率，减少了手术的风险，减轻了医务人员的劳动强度③，治愈疾病的概率大大提高，纾解了目前社会发展阶段所产生的医患之间的矛盾，并且在一定程度上也消除了社会经济发展中的有效需求与阶段性供给不足的矛盾。④ 医务工作者及科研人员在客观上有了更多的时间和精力投身于生命科技科学研究，使生命科技的研究与运用形成良性的发展态势。生命科技带给人们的福祉除了宏观上的表现之外，还有体现在微观上的成就，这其中包括基因技术的发展与成熟、人工生殖技术的应用、分子生物医学技术的探索，生命科技的不断拓展，使得人类有望实现对于基因疾病以及遗传性质的疾病治愈的目标。生命科技引领着医学发展的道路和方向，预示着医学的未来走向，随着社会生产力的不断发展，生命科技有关新的方法、材料与技术会不断地涌现并且在应用中走向成熟，是社会发展的强大推动力量，显示了巨大的社会价值。

（二）促进法律制度的变革

法律是调整社会关系的手段，生命科技发展环境下的法律制度突出地体现了此项功能。生命科技的大步向前，产生了全新的医学发展成果，推动了了新兴社会关系的产生，并且衍生出新型的、复杂的法律关系，这些须由法律加以规制，

---

① 人民网：《宫颈癌疫苗在我国批准上市》，http://society.people.com.cn/n1/2016/0719/c1008-28564983.html（访问时间：2016 年 7 月 19 日）。我国的新药审评审批制度与欧美有一定的差异，根据我国相关法律规定，进口药企在中国申请新药注册，应当先进行符合技术要求的中国本土人群的临床试验等环节。

② 覃遵红：《试论基层公共卫生体系在突发公共卫生事件应急处置中的体现》，载《医药卫生（文摘版）》2016 年第 03 期 17 卷，第 89 页。

③ 陈晶：《基于社会支持理论的医护人员职业耗竭风险模型研究》，华中科技大学博士学位论文，2008 年，第 3 - 18 页。

④ 此外，随着生命科技的不断发展和社会接受度的提高，生命科技产业正在世界范围内迅速发展，且已成为许多主要国家新的经济增长点。在宏观调控政策等多种因素的共同作用下，内需结构的持续改善，有效需求的持续增加，将成为宏观经济发展的突出亮点。据预测，到 2020 年世界将进入生命经济时代，成为全球经济发展的主导产业。关于扩大生命科技应用市场需求的政策措施，主要有加大立法支持、税收减免、财政补贴等一系列政府杠杆的运用。参见《习近平关于科技创新论述摘编》，中央文献出版社 2016 年版，第 89 - 106 页。

以明确当事人之间的权利和义务。例如，在人体器官移植过程中，涉及供体和受体的权利和义务关系，活体器官移植中双方的权利和义务关系。器官移植过程中，在器官提供数量远远小于需求数量的情况下，对各方权利主张怎样进行分配，何者享有移植优先权，以及器官权是人格权还是所有权的问题都要依靠法律制度设计和实施来完成。人工生殖技术的应用使血统父母这一唯一的传统生育主体地位被动摇，生育主体的范围扩大到卵子提供者、精子提供者以及子宫提供者。[①] 这导致能够进行生育行为的父母数量迅速上升。父母概念不但包括了生物学上的父母，而且还包括了社会学意义上的父母。法律制度应当明确他们之间的权利和义务关系，以及他们的法律地位。法律如何规定公民的生育权、人工生殖子女的知情权、代孕母的堕胎权等权利及相应的义务关系，这是生命科技法律规制的前沿问题。[②] 人工生殖技术的大量应用导致权利诉求快速膨胀并且呈现对抗的态势。例如，妇女的堕胎权与胎儿的生命权之间的对抗关系。公民对于自身的生命信息享有的隐私权、利益分享权与科研机构、商业机构的知情权、收益权之间的斗争以及保持自己人格权利与克隆人享有的“同等人权”之间的斗争，都是生命科技研发和应用以后出现的新兴权利之间的激烈冲突。[③]

随着生命科技的进步，医学对于生命奥秘的探索不断深化，人的身体奥秘逐步被当代人类所掌握。生命科技的这种发展态势致使人们可以按照自己的意志掌控后代的相貌、性别、性格、体格。目前已经实现的是美国科学家利用特制的仪器筛选精子，控制后代的性别。美国科学家首次利用精密仪器筛选精子，为全球近 200 对夫妇成功选择了婴儿的性别，生男和生女的“准确率”分别高达 72% 和 92%。全球已经有许多夫妇通过此项生命科技成功选择了后代的性别。令社会担忧的是，如果婴儿性别选择技术应用在全社会铺开，那么“女儿国”或“男儿国”等诸多科幻情节便不是科幻小说的杜撰了，这种情景终将会到来。[④] 如果在日常生活中，一个公民周围皆是男性朋友或女性朋友，甚至相貌也一致，那将

① B. K. Rothman. Wombs in Labor: Transnational Commercial Surrogacy in, India by Amrita Pande. American Journal of Sociology, Vol. 37, 2015, pp. 52 - 54.

② Paul G. Arshagouni. Be Fruitful and Multiply, by Other Means, if Necessary: The Time Has Come to Recognize and Enforce Gestational Surrogacy Agreements. DePaul Law Review, Vol. 61, 2012, pp. 699 - 724.

③ 韩大元：《论克隆人技术的宪法界限》，载《学习与探索》2008 年第 2 期，第 93 - 94 页。

④ [匈牙利]赫塔拉 · 麦斯可：《颠覆性医疗革命：未来科技与医疗的无缝对接》，大数据文摘翻译组译，中国人民大学出版社 2016 年版，第 4 页。

是非常恐怖的一件事。[①] 目前还在加紧研究和实验阶段的美国两名科学家正在研究开发一种用于人类受精和胚胎发育过程的芯片。由于这种芯片控制方式比人工授精还要高级和实用，并且能够一次培育多个胚胎。所以，这种人类胚胎培育手段被科学家们形象地称作“胚胎加工厂”。在未来50年到100年，此项生命科技的应用将极有可能彻底颠覆人类婴儿的出生方式。如果生命科技应用能达到这一步，就会使部分或全部的怀孕过程由生命科技设备来完成，也就是说未来的婴儿们犹如产品一样从一条条生产线中诞生！[②] 当人的生命过程和生命特征都能够借助生命科技进行加工、改造、定做来实现。那么，人的生命进程的自然规律就会被淡化或者忽视，生命本身将会降格为客观事物，个体之间的特征差异就会消亡。生命客体化就会成为一种主导性趋势，最终导致生命产品化。[③] 当科学技术无所不能的时候，也可能会导致人类社会走向消亡。现有法律制度对自然人的人格权、身份权的调整机制将会因此而失灵。生命体犹如产品被物质化。通过自然规律繁衍的自然人转变为依靠技术规范“制造”出来的“人造人”。[④] 对此，法律制度对“人造人”建立起来的新型法律关系如何定性和调整，关系到生命科技应用主体权利的切实维护。

除了上述情形外，还有媒体和医疗机构联合炒作的“博士精子库”“影星卵子库”“子宫租赁”的“对外经营”业务，致使人体所属的细胞或器官成为可出售、可出租的合同标的。[⑤] 但是，人作为社会属性的高等生物是具有人格尊严的权利主体，身体器官和细胞是人格利益的载体，它们一旦成为工具或者商品，公民的人格权利将得不到有效保护，生命科技应用相关权利体系建设也会受到阻碍。这些新的生命科技的运用昭示着现行法律制度亟待变革。

第二节 生命科技带来新的社会问题

人类应用生命科技提高了自身的生命质量，同时也推动了社会的发展，无论

---

① 人民网：《美造出性别选择机器 生男生女任你挑》，http://www.people.com.cn/GB/guoji/25/95/20010709/507358.html（访问时间：2016年7月23日）。

② 人民网：《未来50年到100年——婴儿可批量“生产”?》，http://www.people.com.cn/GB/guoji/25/95/20010606/483349.html（访问时间：2016年7月23日）。

③ 陈红：《面向生命技术的伦理研究》，载《科技风》2011年第15期，第235页。

④ D. Deomampo. Gendered Geographies of Reproductive Tourism. Gender & Society, Vol. 27, 2013, pp. 514 - 537.

⑤ Rene Almeiling. Sex Cell: The Medical Market for Eggs and Sperm. University of California Press, 2011, pp.15 - 21.

是从宏观方面还是从微观方面都反映出生命科技应用的强大生命力。在生命科技发展为人类造福的同时,我们也不应忽视相关的伦理问题,以避免或者尽量减少危害人类的社会事件的发生,保证生命科技为人类生存和发展服务。[①] 这样才能使其显示出巨大的社会价值和推动社会发展的强大作用。但是,生命科技的发展也带来了一系列新的社会问题。它的高速发展背后是社会秩序危机、激发新兴权益冲突和悖离生命伦理等诸多问题。[②]

一、社会秩序危机

从总体上讲,人类生命科技的发展历程是医学理想逐渐由非理性转向理性,由宏观发展至微观的过程,最终演进为当代医学实践与生命科技应用。社会生产力的发展对于医学的进步带来了无穷的动力,生命科技是医学发展中的重要一极。它关注的是人类的生命发展和健康质量,解决生命发展过程中的疑难问题。当代医学借助于生命科技的发展得到了长足的发展。生命科技超越了常规医学技术,让传统医学技术不能够解决的医学难题得以有效解决,积蓄了医学发展中的宝贵科研财富,发挥了其推动人类的生命发展的优势,造福于全人类。但是,生命科技发展给阶层分化、利益冲突、矛盾多样的当代社会加剧了风险。我们针对生命科技的发展和社会影响,应当分别从其取得的成就和其带来的巨大负面效应来看。生命科技高速发展背后却隐含着秩序的危机。这种巨大的危机源自其脱离法律规制而高速发展。

首先,从生命科技发展成就方面而言,它对社会发展的影响力急剧扩大。关于人从何处来和生命起源的问题在古代是最大的谜团之一。在古代的东方和西方,基于宗教和神话,包括人在内的万物生灵,都被认为是由神创造。而且,“从神创造他们时起他们的性状(即形态特征和生理特点)就再未改变。”[③]一直到1871年科学家达尔文发表了《人类的由来及其性选择》,描述了人类进化的过程。他的结论是:“人类和其他物种同是某一种古老、低级、早已灭绝了的生物类型的同时并存的子孙。”[④]我国的传统医学在世界上处于领先地位,例如,曾经有

---

① 杜振吉:《生命科技发展中的伦理困惑与道德论争》,载《河南师范大学学报》(哲学社会科学版)2014年第6期,第37页。

② J. H. Evan. Playing God? Human genetic engineering and the rationalization of publish bioethical debate, The University of Chicago Press, 2002, pp. 56-58.

③ 郑艳秋、朱幼文等:《基因科学简史——生命的秘密》,上海科学技术文献出版2009年版,第3页。

④ [英]达尔文:《人类的由来及其性选择》,叶笃庄、杨习之译,北京大学出版社2009年版,第13-25页。

扁鹊为病患成功“换心”的记载。[①] 公元10世纪，我国医学工作者就研制出预防天花的活疫苗。到了明朝天花疫苗已经广泛地在民间应用。[②] 从世界范围来看，埃及人很早就对心脏的运动机理进行过系统性的研究，以此为中心，研究身体各个器官的活动规律。[③] 人们总有凭借现有的生产力去开启新兴领域之门的无穷欲望。

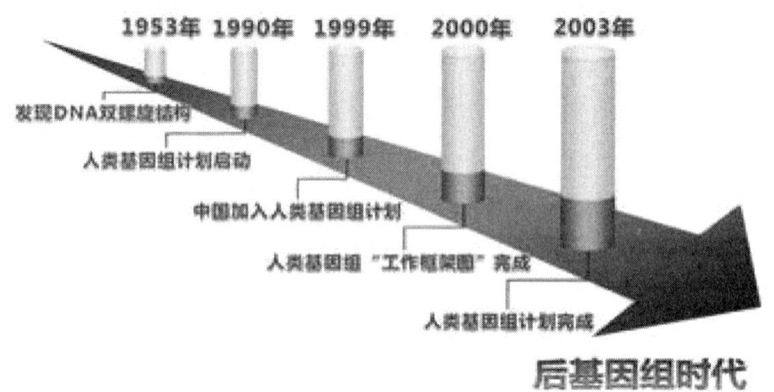

图1-1 现代基因科技加速发展的历程示意图[④]

生命科技发展最快的还是近现代以来的阶段。达尔文提出的进化论得到了辩证唯物主义的革命导师卡尔·马克思的高度评价，马克思将它与能量守恒和

---

① 典故出自《列子·汤问》，原文记载，鲁公扈、赵齐婴二人有疾，同请扁鹊求治。扁鹊治之，既同愈。谓公扈、齐婴曰：“汝曩之所疾，自外而于府藏者，固药石之所已。今有偕生之疾，与体偕长，今为汝攻之，何如？”二人曰：“愿先闻其验。”扁鹊谓公扈曰：“汝志强而气弱，故足于谋而寡于断。齐婴志弱而气强，故少于虑而伤于专。若换汝之心，则均于善矣。”扁鹊遂饮二人毒酒，迷死三日，剖胸探心，易而置之，投以神药，既悟如初。二人辞归。”意思是：鲁公扈和赵齐婴两人有病，一同到扁鹊那里请求医治。扁鹊为他们看了病，不久就一起治愈了。扁鹊对公扈和齐婴说：“你们以前所害的病，是从外面侵入腑藏的，用药草和针砭就能治好。现在你们有生下来就有的病，和身体一同增长，现在为你们治疗，怎么样？”他二人说：“希望先说说我们病的症状。”扁鹊对公扈说：“你的心志刚强但气魄柔弱，所以计谋太多而缺乏果断。齐婴心志柔弱但气魄刚强，所以计谋太少而十分专横。如果把你们的心交换一下，那就都会很好了。”扁鹊于是叫两人喝了毒酒，让他们昏迷了三天，剖开胸膛，取出心脏，交换以后又放了进去，给他们吃了神药，醒来以后一切和原来一样。两人告辞回家。

② 刘长秋：《生命科技法比较研究——以器官移植法与人工生殖法为视角》，法律出版社2012年版，第3页。

③ 春平：《古埃及医学——魔法与现实的双重治愈》，载《文明》2016年第1期，第42页。

④ 资料来源：http://pic.sogou.com/ris? query=http://health.shenchuang.com/images/1a11381528b02（访问日期：2015年6月18日）。

转化定律、细胞学说并列为19世纪的三大自然科学发现。[①] 在19世纪60年代奥地利生物学家孟德尔在达尔文的理论基础上进一步提出了一种假说:生物的遗传性状是通过被他称为"遗传因子"的物质进行传递的,[②]并且提出了基因自由组合规律。[③] 20世纪50年代以后DNA双螺旋结构被人类发现,这在学术界产生了极大的震动,启发了人们的思想,开拓了人类的生命科学视野。[④] "基因被定义为一个编码蛋白质功能单位,它携带了生物所需全部蛋白质的遗传信息,不仅通过复制将遗传信息传递给下一代,还可以使遗传信息得到表达。"[⑤]从此,人类即以基因遗传因子为中心开展了大量的分子生物学的研究。[⑥]

2010年5月美国宣布,美国科学家已经率先创造出人造的人类细胞,这是人类创造的基因控制的单细胞,标志着人工合成生命又向前迈进了坚实的一步。2015年8月英国《经济学人》报道,一项被称为CRISPR-Cas9系统的生命科技能够使科学家们操控新生儿的基因信息,这让父母实现改变有缺陷新生儿的基因以及订制"完美婴儿"成为可能。[⑦] 此项新兴科技可以精准地对任何有机体的遗传信息进行编辑,技术含量远超同类技术。它同时还可以进行人体试验和推广,治疗癌症、帕金森病和艾滋病,也为肿瘤学的研究提供了新途径。[⑧] 由此可见,人类每迈进的一步都是越来越接近生命的本原。这也印证了生命科技的自源化特征的本质属性和发展优势路径的正确性。当然,生命科技应用的发展历程与伦理准则和法律规制不无关系。[⑨] "创造生命的理念付诸实践,为人们探索生命起源提供了一项科学技术的可能性,这是对生命形成之谜的回答。"[⑩]2016年2月,我国西安的一位高龄产妇借助冻融胚胎技术,在第四军医大学附属某医院生下一个健康的婴儿。这一胎是12年前医院为其实施试管婴儿技术时冷冻

---

① 郑艳秋、朱幼文等:《基因科学简史——生命的秘密》,上海科学技术文献出版社2009年版,第5页。

② 郑艳秋、朱幼文等:《基因科学简史——生命的秘密》,上海科学技术文献出版社2009年版,第7页。

③ 徐治立:《论基因科技的二重性》,载《系统辩证学学报》2002年第3期,第43页。

④ 王康:《基因权的私法规范》,中国法制出版社2014年版,第36-37页。

⑤ 王康:《基因权的私法规范》,中国法制出版社2014年版,第37页。

⑥ 人民教育出版社网:《DNA的发现》,来源:http://www.pep.com.cn/kcs/alyj/gz/201008/t20100825_741120.html(访问日期:2015年5月8日)。

⑦ 何珊珊:《由"定制婴儿"论基因科技发展》,载《科技创业月刊》2014年第2期,第171页。

⑧ 人民网:《基因技术新发展:可创造完美婴儿》,http://sn.people.com.cn/n/2015/0822/c190218-26079906.html(访问日期:2015年9月23日)。

⑨ 杜振吉:《生命科技发展中的伦理困惑与道德论争》,载《河南师范大学学报(哲学社会科学版)》2014年第6期,第37页。

⑩ 段栋峡、张笑扬:《科技助产术与人性辩证法——"创造生命"技术伦理困惑的哲学探微》,载《昆明理工大学学报》(社会科学版)2011年第3期,第15页。

保存的胚胎,经过生命科技解冻复苏后成功孕育而生。这也是目前我国冷冻保存时间最长的冻融胚胎试管婴儿。①

但值得我们注意的是,生命科技应用带来的社会福祉,其实与社会秩序危机并存,易造成社会的失序状态。"人类社会是以法律秩序为重要纽带而依存和发展的。"②法律秩序是由法所确立且维护的,以一定社会主体的权利和义务为主要内容的,表现出确定性、一致性、连续性的,具有特殊强制力的一种社会状态。法律秩序为社会主体提供安全保障,为社会关系提供依循的界限和规则,使社会能据以稳定、繁荣和可持续发展。生命科技的内涵极其丰富,新的医学技术、新的医疗方法、新的医疗手段的运用都被引入其中,形成了难以估量的社会价值。③ 这些社会价值其实就是生命科技应用对社会的影响力。生命科技的应用最主要的影响是对当代法治实践带来了相当严重的秩序危机。法治发展过程中如果不加强对这一领域行为的规制就会产生负面的累积效应,对人类社会造成巨大的混乱状态。"秩序的存在是人类所有活动的必要条件。"④秩序是由法律来创造的,虽然它首先表现在形式上。⑤ "法律是秩序的象征,同时它也是建立和维护秩序的手段。"⑥法律在很大程度上肩负着调整国家和社会所有重要发展领域的重任。⑦ "法律是社会统制的手段。当代社会统制意指维护社会秩序之安定、融洽和均衡,使剧烈变革中的社会得以持续发展。"⑧在人类社会发展的进程中,法律总体上一直维护人类社会秩序的稳定和消除社会的混乱,在这些方面它发挥着举足轻重的作用。⑨ 法律是人类社会秩序的控制阀。在生命科技研发和应用的当代社会,大量的此类科学技术被不当使用,与此同时又存在法律制度的相对滞后,缺乏法律对其进行有效规制,导致了人类社会风险因素剧增,因而"法律维护社会安定性和稳定性的作用"⑩未能得到有效发挥。随着社会中的科学技术和经济的飞速发展,人类社会已经进入风险社会。技术风险则是风险社

---

① 新华网:《我国冷冻保存时间最长冻融胚胎试管婴儿西安出生》,http://www.sn.xinhuanet.com/news1/2016-02/25/c_1118161708.html(访问日期:2016年2月25日)。

② 周旺生:《论法律的秩序价值》,载《法学家》2003年第5期,第33页。

③ 姜柏生、杨芳:《高新生命技术的民法问题研究》,法律出版社2010年版,第6页。

④ 张文显主编:《马克思主义法理学——理论、方法和前沿》,高等教育出版社2003年版,第226页。

⑤ [德]伯恩·魏德士:《法理学》,丁小春、吴越译,法律出版社2003年版,第41页。

⑥ 张文显主编:《马克思主义法理学——理论、方法和前沿》,高等教育出版社2003年版,第226页。

⑦ [德]伯恩·魏德士:《法理学》,丁小春、吴越译,法律出版社2003年版,第41页。

⑧ 邱聪智:《从侵权行为规则原理之变动论危险责任之构成》,中国人民大学出版社2006年版,第2-3页。

⑨ [英]马尔科姆·N.肖:《国际法学(上)》,北京大学出版社2005年版,第2页。

⑩ [德]莱茵荷德·齐佩利乌斯:《法哲学》,金振豹译,北京大学出版社2013年版,第79页。

会中人们应当面对的最为尖锐的挑战。“只有法定的利益才能获得法律的保障，并且得到更强的回应和避免社会秩序的混乱。”[①]现有的生命科技法治的境况已经凸显出法律制度对该领域的权益保护乏力，出现社会秩序混乱的问题。虽然生命科技应用增进了社会福祉，增进了民众的生命健康，但是也为社会的秩序带来隐患。[②] 生命科技应用的社会影响力巨大，它可以加速社会的发展，也能加剧社会的混乱无序状态。这种无序状态如果得不到有效的法律规制，最终将影响公众个体的权益和人类社会整体利益。

导致社会秩序危机的推动因素在于法律规制失利。我国在法治建设中非常重视生命科技的立法工作。生命科技立法作为一个新兴的立法领域正在逐步发展过程中。我国已经制定了针对某个领域关于生命科技的法律、法规、条例，这为调整当代风险社会中的生命科技应用相关权利奠定了坚实的基础。但是，我国法律对新生的生命技术应用事物方面又表现出规制严重不足的局面，主要表现在：

第一，大量“法律调整的真空”，使社会秩序出现混乱。有些方面不能适应现实的迫切需要。法律是社会需求的产物，立法就是应社会发展变迁需要而创制法律的活动。[③] 所以，立法解决的是目前社会发展中的现实问题。我国的生命科技立法，较之于生命科技应用过程中出现的新生事物，总是显示出滞后的状态。[④] 这与生命科技发展中的现实需求相距较远。例如，在代孕产业链条中，对代孕行为起到主要作用的是代孕中介和从事代孕的女性，但是他们并不在某些相关规范性法律文件的涵盖范围内。我国2001年颁布的《人类辅助生殖技术管理办法》等规章，对医疗机构及其工作人员实施代孕行为进行了禁止性的规定，但是代孕中介和从事代孕的女性并不在这些规范性文件的调整范围内。根据法律理论权利本位中的权利推定规则，“在法治社会中，凡是法律没有禁止的，公民就有权利去做。凡是法律中没有明确授权的，政府就不能主动干预。”[⑤]因此，“政府依法对代孕行为主体进行处罚，则只能处罚医疗机构及其医务工作人员，

---

① 宋君、范炳良：《和谐社会构建中公共危机管理对策的内在逻辑》，载《科技管理研究》2010年第20期，第19页。

② G. M. Lockwood, Social Egg Freezing: the Prospect of Reproductive “Immortality” or a Dangerous Delusion?, Reproductive Biomedicine Online, Vol. 23, 2011, pp. 334 - 340.

③ 沈秀芹：《人体基因科技立法规制研究》，山东大学博士学位论文，2010年，第3-6页。

④ 刘长秋：《生命法学理论梳理与重构》，中国政法大学出版社2015年版，第290页。

⑤ 刘长秋：《代孕规制的法律问题研究》，上海社会科学院出版社2016年版，第40页。

而对代孕中介和代孕女性进行的处罚欠缺相关法律依据。”[①]在法律规范的规定处罚医疗机构和相关医务人员方面，现行规定的处罚力度也不足，与医疗机构和相关医务人员获得的经济收益而言，相差较大。这种法律规制的不足境况导致代孕在我国产业化。另一方面，科技界已经熟练掌握了代孕技术，在技术层面上已经到达较高的水平。而这种技术的实施我国的现行立法采取的是“一刀切”式的全盘禁止。这也就是说，在目前的立法中，禁止一切代孕科技的应用。立法者作这样的立法选择肯定具有其理由。但这样的立法规制模式没有反映出不同类别的代孕需求。这就很可能导致代孕交易从“公开”转为“私密”，这就会加剧社会问题隐藏现象，其所滋生的社会问题将会比所避免的问题更加严重。[②]

同样的法律规制失利的境况也出现在人体器官移植和基因科技应用等生命科技应用领域。尽管我国的第一例器官移植手术在 20 世纪 60 年代就已经开展，到了 21 世纪，我国的人体器官移植手术数量和开展这种技术的机构都有大幅度地增长，但是就目前而言，我国还没有制定统一的《器官移植法》。人体器官移植法律规制落后于现实的需要。例如，规范性法律文件将器官捐献者的范围局限在完全民事行为能力人。[③] 此规定是确保器官移植决定的作出，能够具有最周全的考虑。虽然立法者在法律中作出此规定具有积极的一面，但是没有作出特殊情况下的规定。假如限制民事行为能力人作出捐献的行为符合最佳利益，没有必要一概禁止。[④] 我国现阶段正在编纂的《中华人民共和国民法总则（草案）》，也拟将限制民事行为能力人的年龄调低到 8 周岁，[⑤]这也体现出法律对限制民事行为能力人在其认知范围内实施民事行为结果的保护。这是一个法治发展的大趋势，也必将反映在生命科技相关领域的立法中。为此，最佳的解决途径是加快完善法律规范中的不周全之处，针对不同的情况作出不同的具体规定。我们应当在立法中避免制定“一刀切”式的规则。否则，非但不能发挥法律

---

① 刘长秋：《论生命科技立法的理念与原则》，载《法商研究》2007 年第 4 期，第 56 页。

② 杨芳、吴秀云：《代孕人工生殖立法简论》，倪正茂、刘长秋主编：《生命法学论要》，黑龙江人民出版社 2008 年版，第 351－352 页。

③ 中华人民共和国国务院令（第 491 号）——人体器官移植条例第八条：“捐献人体器官的公民应当具有完全民事行为能力。公民捐献其人体器官应当有书面形式的捐献意愿，对已经表示捐献其人体器官的意愿，有权予以撤销。”

④ David. Price, Legal and Ethical Aspect of Organ Transplantation. Cambridge University Press, 2002, p. 343.

⑤ 全国人民代表大会网：《民法总则草案作 126 处修改，拟将限制民事行为能力人年龄下限改为八岁》 http://www.npc.gov.cn/npc/xinwen/lfgz/lfdt/2017-03/13/content_2017000.htm（访问时间：2017 年 3 月 13 日）。

规制应有的效力，反而形成了法律规制难以触及的“私下”领域。这对社会健康发展不利。“一刀切”式的禁止代孕的规定，反而不利于弱势群体利益的保护，悖离生命科学立法的宗旨，没有达到立法预期的效果。[①]

基因科技立法方面也同样出现了法律规制缺位的问题。我国自20世纪70年代以来就已经开展DNA重组工作，有几种基因工程药品已经进入中试阶段。但是，我国在该领域的立法还处于停滞不前的状态，缺乏相应的法律、法规进行调整，或者是相关法律规定具有片面性，没有达到平衡权益的目标。[②] 并且，尚未建立安全监督法律制度，导致重组DNA工作和应用中的安全问题，实际上处于一个落后的法律规制状态。[③]

第二，就目前而言，我国生命科技应用的法律法规尚未形成体系，[④]缺乏生命科技基本法；并且立法效力等级较低影响了生命科技法的可靠性和权威性，影响了生命科技相关权利的实现，内容上也难以全面满足权利的需求，这种状况亟待改善。西方发达国家在世界上率先立法，对于生命科技权利予以调整。德国在1990年颁布了世界上第一部《基因技术法》。[⑤] 在21世纪初还相继颁布了《基因检测法》《胚胎植入前诊断法》等生命科技的法律。在法国，经过21世纪初的几次修订而成的法国民法典，在第一编第三章增加了“基因权”的规定。法国议会还在20世纪90年代颁布了《生物伦理法》，规定了基因检测的严格途径和禁止人的克隆行为。在美国，从联邦到各州大多数都有关于生命科技权利保护的法律。相比较而言，我国在生命科技法方面才属于刚起步的阶段，我国对生命科技相关法律的研究与颁布都显得比较欠缺。其中既缺乏较高层次法律规范，也没有法律规范的完整体系。就法律规范来讲，国家卫生部先后颁布了关于人工生殖、人的胚胎干细胞、人的生物学、医务人员医德等方面的办法和部门规章。它们在生命科技的准确实施和运用上均有指导性的实践价值。“但是这些文件的效力级别比较低，而且内容比较粗略，使人们理解起来就显得比较模糊，并且以意见、条例和办法的形式出现的法律文件不是司法判案必须遵守的规范，只能

① 周平：《有限开放代孕之法理分析与制度构建》，《甘肃社会科学》2011年第3期，第132页。

② President's Commission, Splicing Life: the Social and Ethical Issues of Genetic Engineering with Human Beings. Washington, D.C. U.S. Government Printing Office, 1983, pp. 25 - 29.

③ 刘长秋：《生命法学理论梳理与重构》，中国政法大学出版社2015年版，第290页。

④ 沈秀芹：《人性尊严：基因科技立法的核心理念》，载《新视野》2010年第5期，第69页。

⑤ German Genetic Engineering Act (Gesetz zur Regelung der Gentechnik)，《德国基因技术法》共有7部分，42节，经过多次修订于2008年1月1日生效。在20世纪90年代，奥地利、瑞典、俄罗斯也相继颁布了《基因技术法》，在各自规定的范围内作出相应的规制。

作为判案的参考。"[①]立法主体呈现多元化的特点，各立法部门各自就某些生命科技应用领域进行立法，没有一个统一的标准，导致各部法律出现效力上的冲突和内容上的冲突。此外，在关系到人的生命质量和健康的问题上将其放置于较低的立法等级势必难以对生命科技应用引起的权利冲突进行全面的化解，难以有效制约生命科技应用过程中的违法行为。当然，这与我国目前对于生命科技应用存在的问题认识程度以及如何治理的法治途径有关。

我们可以从上述生命科技应用法律规制现状看出，由于生命科技应用愈加频繁，从客观上讲，它在被应用过程中带来的社会问题已经逐渐显现出来。由于在基因科技应用方面、人工生殖技术应用方面、人体器官移植方面法律规制不力，导致生命科技危害广大公众权益的案件时有发生。从长远来看，法律规制失缺既危害生命科技自身的长足发展，也影响我国法治环境，阻碍社会的可持续发展。我们应当意识到，法治已经成为当代中国社会发展的主旋律。特别是党的十八大以来，党和政府将"法治中国"战略提高到一个新的高度。[②] 中共十八届四中全会还通过了《中共中央关于全面推进依法治国若干重大问题的决定》，更是将"依法治国，建设中国特色的社会主义法治国家"确立在极其重要的地位。[③]但是，生命科技法治的现状表明，我们在现阶段还有很多关于生命科技应用领域的法律规制、法治发展任务需要完成。

显而易见，包括代孕在内的诸多生命科技应用领域的问题可以通过缜密的法律制度设计加以解决。但目前的立法现状不能充分体现这一领域的社会发展需要，没有达到预期的法律规制效果，造成了社会秩序的混乱，阻滞了社会的健康发展。我国的法律制度还远未做好应对生命科技挑战的准备，这就意味着在法律规制生命科技发展和保护当事人的权益方面必须加快发展。

二、悖离生命伦理

在当代生命科技发展过程中，以人体器官移植技术的运用、人工生殖技术的应用、基因技术的应用为代表的新科技领域日新月异。它们的宗旨就是改善人类的生活质量和延长人的生命，从而衍生出人类生活方式的改进、观念的改变，无形中也影响着人类的社会秩序。博登海默认为，法治所要达到的目标是给予

---

① 张燕玲：《人工生殖法律问题研究》，法律出版社2006年版，第227页。

② 汪习根：《论法治中国的科学含义》，载《中国法学》2014年第2期，第108页。

③ 新华网：《中共中央关于全面推进依法治国若干重大问题的决定》http://news.xinhuanet.com/politics/2014-10/28/c_1113015330.htm（访问时间：2016年7月3日）。

混乱无序的人类社会活动一定的范式和结构。[①] 这一论断在当代法治社会中是社会和谐和社会秩序良好的理论源泉。法律所追求的良好的社会治理状态就是通过法律规则的调整机能发挥作用，阻止社会出现混乱的无秩序状态。"伦理、道德因素融入法律规则中能使生命科技有关的法律规范经过正当性论证，提高了生命科技法律规则的可接受性。"[②]

伦理问题研究在生命科技发展中往往被忽视，导致生命科学技术应用悖离生命伦理情况的发生。生命科技的根本宗旨就是为人类的生命健康造福，使人的健康能够再上一个新的起点，提高人的社会价值和生活质量。生命科技本身的合法性也需要伦理加以论证。技术本身是中性的，它可以在应用过程中偏向"善"，也可以偏向"恶"。基因技术的运用、胚胎技术的应用亦然，其初衷是造福于人类，但倘若在技术发展过程中不加以限制，便可能有意或者无意地悖离原本造福人类健康的方向，最终给人类社会带来灾难。[③] "生命科学技术的快速发展必将显现与伦理之间的矛盾。"[④]伦理性问题常常引起争议，也即生命科技的临床运用扩张性较强，社会影响力巨大，单纯的法律规则针对不断涌现的生命科技进行规制的作用非常有限，还有待于考究之后才能够作出有针对性的调整，这就很可能出现法律的漏洞。无论是预防性质的法律原则，还是专门针对生命科技的法律规则，都需要一个国家在现有的科学发展水平基础上，结合该国的发展阶段、文化的积淀、传统习惯、伦理风尚来制定相应的法律规则并赋予实施，从而对生命科技研发和应用加以规制。

当代法治理念如果秉持"弃恶扬善"精神，融合伦理性的法律治理，将会有效防范伦理风险，发挥生命科技中的向善的一面，避免生命科技的滥用给社会成员带来的灾难。伦理融入法治，成为法治的一个要素，它是法治走向昌盛的必要条件，使得法律治理社会的根基更加巩固，治理的效果将更加持久。例如，基因隐私权的保护就是生命科技发展进程中出现的家庭成员之间的微观层面和社会经济宏观层面的信息获取和使用的法律问题。

生命科技法律规制涉及最多的是民事法律领域，民法是伦理化的法律制度。生命科技法律制度依赖于伦理准则。虽然生命科技法律制度与伦理规范在内容

① 吕世伦、文正邦：《法哲学论》，中国人民大学出版社 1999 年版，第 565－576 页。

② 邱仁宗：《高新生命技术的伦理问题》，载《自然辩证法研究》2001 年第 5 期，第 21 页。

③ Allen E. Buchanan, Dan W. Brock, Norman Daniels, Daniel Wikler. From Chance to Choice: Genetic and Justice. Cambridge University Press, 2001, pp. 28－30.

④ 张翮：《人造生命技术及其伦理学讨论综述》，载《科教文汇》2011 年第 8 期，第 3 页。

上有重合，但二者在概念、正当性来源和功能上互相区别，并不互相等同。在生命科学技术应用中，经常出现悖离生命伦理的情况。① 生命科技法律、法规依据伦理准则而形成，法律原则与规则均依赖于伦理的认同。例如，就隐私权的保护而言，生命科技背景下就有了基因隐私权的问题发生，对于掌握基因信息的检测机构和医务人员就应当采取诚实的、保守秘密的义务。但是，在医务实践中，基因检测的结果往往通过各种渠道被泄露出去，严重侵害了当事人的基因隐私权。

另外，在实施安乐死问题上缺乏伦理规范的支撑，反对安乐死的观点也是主要从伦理上来考虑。所以我国安乐死还没有被民事法律制度所允许，违反相关法律的行为将受到刑事法律的制裁。② “我国应当对安乐死的操作条件作出严格的规定。”③“因为在医生运用生命科技出现错误时会使没有身患绝症的病人死亡，导致提前用安乐死的方式结束生命，这不符合伦理的要求。”④科技发展的历史性和偶然性的特征，使得技术突破难以预测。这为安乐死这一伦理难题增加了一个考量科技发展的维度。即使患者真正患有绝症，如果他们可以等一段时间，或许会有比较有效的生命技术问世，来挽救他们的生命，给还未结束生命的患者一丝生存的希望，使他们重新扬起生命风帆。所以，在此之间提前结束生命是不符合生命伦理的。⑤

在人工授精科技运用方面，学界对于此项科技的运用也存在伦理上的争议。支持该项运用的群体认为这种科技使人们能够对生育实现人工控制，是人类生产力发展的标志。同时实现了未来人类延续后代的愿望。但是反对者基于伦理对人工授精科技的运用进行批判，认为这种生育方式分裂了生育的统一意义。⑥人工授精技术应用程序上的失误可能导致亲子关系的混乱，违背了生命伦理。最新的、代表性的案件是，荷兰乌得勒支市大学医疗中心 UMC（University Medical Center in Utrecht）是荷兰颇有成就的提供人工辅助生殖技术的医疗机

---

① 徐明：《论生命科技的挑战与立法应对》，载《科技进步与对策》2013 年第 5 期，第 107 页。

② 刘长秋：《生命科技犯罪及其刑事责任制度比较研究》，载《甘肃政法学院学报》2009 年第 6 期，第 112 页。

③ 刘长秋、韩建军：《安乐死操作中的刑事责任——一个立足于生命科技犯罪学的分析》，载《山西警官高等专科学校学报》2008 年第 4 期，第 14 页。

④ ［美］罗纳德 · M.德沃金：《生命的自主权——堕胎、安乐死与个人自由的论辩》，郭贞伶、陈雅汝译，中国政法大学出版社 2013 年版，第 230 - 231 页。

⑤ ［美］罗纳德 · M.德沃金：《生命的自主权——堕胎、安乐死与个人自由的论辩》，郭贞伶、陈雅汝译，中国政法大学出版社 2013 年版，第 231 页。

⑥ ［美］罗纳德 · 蒙森：《干预与反思：医学伦理学基本问题》，林侠译，首都师范大学出版社 2010 年版，第 104 页。

构,该机构每年要做700例以上的试管婴儿手术。2017年初,这家提供体外人工授精的服务中心发现,2016年12月在该中心接受体外受精的客户中,有26对客户的精子来自同一个男人。也就是说,由于该中心的一个"程序上的错误",导致26名进行体外受精的女性的卵子和错误的精子结合。这26位客户生下来的孩子的"父亲"都不是自己的亲生父亲。[①] 此外,还有利用人工生殖科技可能会出现掌握此项科技的人员培育人兽混合胚胎进行科学研究的情形,这种情形也是伦理、道德所不容的,这将严重影响到人类社会的可持续发展。[②]

由此可以看出,在生命科技法治问题上,应当将伦理因素融入"从规范到事实"的整个过程中,使伦理准则能够在生命科技运用中起到医治行为的导向性作用。在法治社会中,人与人之间具有紧密关联性,全体社会共同形成了一个规模庞大的社会。社会中的伦理存在具有多样性。法治过程中必须考量伦理问题。[③] 普通伦理层面和具体伦理层面都是学界应当考量的方面。普通的伦理层面的内容不明晰,无具体准则,因而它可以跨越不同的社会共同体,对全体社会成员的行为进行评判。但对于生命科技医事行为而言,我们则不能仅仅用普通的伦理层面来解决问题,针对患者的处理标准具有模糊性。在生命科技领域的医务人员与病患之间必须运用伦理准则来解决双方之间的权利冲突。对于患者来说有利于维护自己的合法权利。例如,病患可以自主决定是否接受生命科技的治疗,而且能够决定何时进行治疗。这种伦理体系是生命伦理体系,应当是由法治作为保障的伦理体系,因为具体的伦理共同体是一种临时限制的伦理共同体,它不同于世俗的熟人社会伦理共同体。具体的伦理共同体是包括医患之间在内的社会关系(包括法律关系)形成的伦理共同体。[④] 这种关系在法治层面的要求是不同的,医生与患者之间不是世俗伦理共同体的关系,而是具体伦理共同体的关系。医患之间的关系具有潜在的不对称性的特征,潜藏着伦理上的冲突。因为包含不可能对于疾病作出充分、周全的判断。[⑤] 医生与患者之间是道德上的"异乡人"。[⑥] 病患权利的实现需要医生的帮助。[⑦] 病患的医疗知识掌握程度

---

① 东方网:《天上飞来一顶绿帽人工授精程序出错致26名妇女怀错娃》,http://mini.eastday.com/a/n170124061641390.html(访问时间:2017年1月24日)。

② 侯瑞雪:《基因科技发展与人的"类权利"》,载《学术交流》2013年第3期,第85页。

③ Eric Blyth, Ruth Landau. Third Party Assisted Conception across Cultures: Social, Legal and Ethical Perspectives. Jessica Kingsley Publishers, 2003, p. 9.

④ 陈军:《浅析生命科技、生命伦理的人文价值》,载《湖南行政学院学报》2005年第5期,第77页。

⑤ 王康:《基因权的私法规范》,中国法制出版社2014年版,第61页。

⑥ 王康:《基因权的私法规范》,中国法制出版社2014年版,第61页。

⑦ 万慧进:《生命伦理学与生命法学》,浙江大学出版社2005年版,第337页。

参差不齐，病患行使本人权利的本身就带有风险性。[①] 病患离开医疗条件谈生命科技权利是脱离实际的空想。例如，对于堕胎，医生具有指导患者的决定权，因为患者不可能依据专业知识作出判断。这种做法在伦理上是被否定的。[②]

在具体伦理判断问题上，人们应当通过商谈的方式共同选择生命科技的发展方向，并且"在法律上营造一种理性对话的机制萃取社会成员对于发展生命科技的共识"。[③] 这种社会关系是以利益为纽带的特殊关系，将其放置在法治的大环境中，这就必须要通过法律的手段来调整。医生可能出于某种利益的考虑，对某种违背伦理和利益的医事行为作出倾向性判断，并且医生作出决定的过程是一种潜移默化的过程，给法律的调整带来了困境，所以法治环境下如果要真正达到法律的有效规制就必须要有生命伦理、道德的介入。[④] 研究生命科技发展中的生命伦理问题是当代法律治理的应有之义。

三、新兴权益冲突

利益的分化、多样化甚至冲突，促进了法治进程中的权利和义务之间的制度设计的变化。这一演变过程也催生了生命科技应用相关的新兴权利的生成。社会关系主体的利益冲突和不平衡导致了多元权益的诉求。权利兴起的根本动因是社会关系主体对利益的主张。社会生活中的各种利益将不会达到平衡，致使社会秩序发生混乱，不利于社会的稳定。欲达到社会关系中的各种利益的切实实现状态就必须确立与之相关联的权利之正当性。

（一）促进新兴权利的兴起

生命科技应用相关权利作为一类新兴权利，它们能够迅速兴起的原因在于多方面因素的共同作用。

首先，在任何一种社会形态中，法律权利的增加或者减少，以及发生变化，都是因社会发展变迁的结果。社会发展是法律制度变迁的动因。从宏观角度讲，法律制度作为上层建筑，受到经济基础的影响，并且在社会经济结构的框架范围内发展和变革。从微观上讲，法律权利的变迁和拓展是因社会变迁而变化的。

---

① 万慧进：《生命伦理学与生命法学》，浙江大学出版社 2005 年版，第 337 页。

② R. M. Veatch. Hippocratic, Religious, and Secular Ethics: The Points of Conflict. Theoretical Medicine and Bioethics, Vol.33, 2012, pp.33 - 43.

③ 罗胜华：《基因隐私权的法律保护》，科学出版社 2010 年版，第 368 页。

④ F. Theodore. Principles of Biomedical Ethics. Journal of the American Medical Association, 2002, pp. 1582 - 1583.

社会结构和发展形势的变化导致社会发展中的利益主体之间的利益关系也跟随于此而发生变化。利益的分化、多样化甚至冲突，促进了法治进程中的权利和义务之间的制度设计的变化。在这一过程中也催生了生命科技应用相关的新兴权利的生成，它是生命科技相关权利产生的根本动因。在社会关系变迁中容易转变成权利冲突。

社会关系主体的利益冲突和不平衡导致了多元权利的诉求和矛盾。究其原因，是代孕、克隆、冷冻精子和卵子以及人兽生命体试验等生命科技践行方法对法治提出了新的权益主张。[①] 这些权益诉求在法律规制层面上是相对较新的领域，超出了原有法律规制的领域，给法律规制提出了新的议题。

其次，当代中国全面建成小康社会的大环境，为权利的生长提供了深厚的物质基础和意识基础，推动着权利的发展。我国在权利的发展上取得了举世瞩目的成就，现有的权利体系正在不断地完善中。但是与法治化程度较高的发达国家还有一定的差距，例如，日本在 1958 年制定了《关于角膜移植的法律》，后因肾脏移植领域蓬勃发展，日本将角膜移植和肾脏移植的领域立法工作合并在一起，于 1979 年颁布了《关于角膜及肾脏移植的法律》。美国一些州在 20 世纪 50 - 60 年代也制定了角膜移植的法律。在西欧，英国在 20 世纪 60 年代初制定了《人体组织法》。法国在 1976 年颁布了《关于器官摘取的法律》。在北欧，丹麦于 1967 年颁布了《关于人体组织摘取法》。欧洲许多国家在此期间，也制定了关于活体尸体器官的摘取法律。相比较而言，"我国人体器官移植技术应用中，对其进行规制的法律规范还很匮乏，相关权利设定不能适用器官移植技术发展的需要，完善相关法律体系（包括刑法打击器官移植犯罪）还有很长的道路要走。"[②]我国刑法修正案（八）增设了"组织他人出卖人体器官罪"，除此之外，我国刑法中鲜有打击器官移植犯罪的规定，许多生命科技相关法益也认定为不受刑法的保护。[③] 因此，立法者应当对此类新型犯罪，加快立法步伐。人体器官移植方面最早的立法是上海市人大常委会在 2000 年 12 月 15 日通过的《上海市遗体捐赠条例》，并且内容比较宽泛，这与前述立法先进的国家有相当大的差距。2007 年国务院第

---

① G. J. López, M. A. Aparisi. An Approach to the Legal and Ethical Problem of Surrogate Motherhood. Cuadernos De Bioetica Revista Oficial De La As, Vol.23, 2012, pp. 253 - 267.

② 刘长秋、谭家宝：《浅论生命科技犯罪的刑事责任》，载《北京人民警察学院学报》2004 年第 4 期，第 45 页。

③ 熊永明：《论现代生命科技发展对我国刑法基础理论的冲击》，载《河南财经政法大学学报》2012 年第 1 期，第 139 页。

171 次常务会议颁布了《人体器官移植条例》。[①] 发达国家在生命科技法治方面对我国具有示范的作用，有助于我国在生命科技法治领域的借鉴和完善。根据我国国情，发展权利体系，借鉴人类法治文明进行权利制度设计，特别是生命科技应用的相关权利制度设计是今后生命科技相关权利发展的必然趋势。

（二）权利正当性主张的社会普遍接受

权利兴起的根本动因是对利益的主张。权利主张的前提是法治社会发展进程对于权利主体的确认。这在权利角度上讲，就是权利主张的主体具有社会性和制度化的身份。[②] 符合上述条件才能具有真正的法律权利。特别是对于生命科技研发和应用中的权利而言，必须要获得社会上的认同和足够的社会认知度，并且这种权利还必须具有政治上的无侵害性，甚至是助益性。生命科技应用的权利诉求首先是在实验室和临床应用中产生，这是在局部范围内的权利主张，而这种权利意识和权利主张会随着生命科技成果应用过程逐步扩展开来，成为所有利益相关人的各种权利主张。[③] 随着生命科技应用为人类社会带来的影响力，这种趋势必将会扩展到整个法治社会的权利制度建设。从权利意识到权利主张以及权利制度建设上看，最为有利的是建立充分的沟通和协调的回应型立法机制路径，才能达到权利体系的科学性构建，才能充分满足有关生命科技相关权利的诉求。这种权利的主张是以利益为基础的价值和原则的集中体现。著名法学家庞德把法律框架体系在社会中的地位看得非常重要。他认为法律框架体系的建立和法律施行是现代自由社会的基本架构。[④] 他在观察和分析法律的发展进程方面提出了法律的叙述性的历史，并且指出，现代法律发展的趋向是越来越注重公民个体的权利并且真正承认人类需求的多样性，权利主张的复杂性。法律的发展和实践是一项综合性的工程。当代人对历史证据的考证结果充分表明，法律各项事业获得突破和成功是因为它的调整社会关系的职能获得了有效的发展进步，适应了社会的更加广大的需求、要求、权利主张、权力规制，预示着社会的不断发展进步。[⑤] 树立法律制度的权威，从公民个人和国家法律制度互

---

① 我国颁布的人体器官规范性法律文件可见本书第四章第四节《器官移植科技应用的相关权利保护和法律规制》有关内容。

② 姚建宗：《新兴权利研究》，中国人民大学出版社 2011 年版，第 15 页。

③ Sheila Jasanoff. Introduction: Rewriting Life, Reframing Rights, Sheila Jasanoff ed., Reframing Rights: Bioconstitutionalism in the Genetic Age. MIT Press, 2011, pp. 46 – 49.

④ ［英］韦恩・莫里森：《法理学：从古希腊到后现代》，李桂林等译，武汉大学出版社 2003 年版，第 18 页。

⑤ 中国新闻网：《中国政治体制改革逻辑：权力规制与权威重建并举》，http://www.chinanews.com/gn/2014/11-12/6767356.shtml（访问时间：2016 年 8 月 3 日）。

动的关系角度来讲，法律的运行切实维护了日益增长的公民各项权利诉求。例如，法律的运行使现代语境下的“生活”和“活着”有了有效明确的界分。通过对社会事务有意义的要求和对生活定性概念标准的追求来相应地提升人的社会本质属性。无论从个人角度还是国家制度角度都是由于法治的发展和完善才使这个理念根深蒂固。

权利保护所反映的是社会治理中的基本原理，即“该社会相信它的所有成员生而平等，他们的权利受到平等的关心和尊重”。[①] 基于利益的权利主张，就是每个社会成员对于自身社会政治地位的积极的利益表达。利益主体进行利益表达的目的就是为了满足自身的利益要求，保护和增进自身的利益。“利益表达是当代社会公民必须享有的权利。”[②]根据利益的范围大小，利益可分为个人利益，群体利益、社会利益、人类利益，这些利益的平衡与实现都和法律意义上的国家治理有关。如果在法治层面不能够有效规制生命科技研发和应用行为，则社会生活中的各种利益将不会达到平衡，致使社会秩序发生混乱，不利于社会的稳定。我们欲达到社会关系中的各种利益的切实实现状态，就必须确立与之相关联的权利之正当性。这种正当性的根基是全体社会成员对某种行为的价值评价。如果社会成员对此行为的态度是正面性的、赞成的评价，它就会演变成一种权利。反之，社会成员对此行为做反对性的评价则不能够成为权利。“在法律上确定行为的正当性就是助益于各个种类利益实现的行为，至少是不会给社会和他人的利益造成损害的行为。”[③]

（三）风险社会中多元利益的冲突

生命科技研发和应用形成的利益结构是多维的。生命科技研发和应用不仅涉及研发者的利益，而且还涉及受用者、医疗机构和社会的利益。他们之间的关系或松散或紧密，从种类上而言，还分为人格利益、财产利益、生命健康利益。这些利益之间由于生命科技发展对社会造成影响的不确定性而变得多元化和复杂化，显现出风险社会的特征。社会的发展也对技术的创新具有推动作用。[④] 社会交往关系是一个作为整体的社会分析形式的现代社会系统。社会已经形成一个系统化发展的框架，它被看做具有许多变量行为的指导架构，这其中就包括利

---

① ［美］罗纳德·德沃金：《认真对待权利》，信春鹰、吴玉章译，中国大百科全书出版社 1998 年版，第 16 页。

② 张惟英、姚望：《当代中国利益表达机制构建研究》，载《科学社会主义》2007 年第 6 期，第 73 页。

③ 张恒山：《法律要论》，北京大学出版社 2002 年版，第 375－380 页。

④ 肖峰：《论技术的社会形成》，载《中国社会科学》2002 年第 6 期，第 68－71 页。

益的变动。多元主体所包含的多元利益以及由利益主张演化成的权利诉求的竞争和冲突,在基于主体的占有、处分、获益而进行的权利斗争中,应当转化成现实的法定权利。[①] 这种转化中以生命科技研发和应用过程中的新兴权利诉求和发展最为突出。

生命科技发展优点和负面影响的不确定性,致使风险社会的风险因素也随之增加。一方面有发展机遇和利益的获得,另一方面有技术风险、法律风险、伦理风险。每一种风险都牵涉到复杂的社会关系。[②] 例如,技术的应用会产生不可逆转的后果,人们不可能都准确预测,或者预测到后果,也不一定能够有效克服。法律风险涉及法律规范缺位时如何构建法律规则系统,进行利益衡量和价值判断、事实判断。伦理风险涉及患者、医疗机构、研发机构与整个社会之间的利益分配问题,伦理风险的张力影响到法律规制,它们之间是交织在一起的相互作用的关系。

在风险社会状态下,涵盖着每一个社会群体和个体对生命科技研发和应用的各种利益的斗争,这些利益往往都处于一种可能被侵害的状态。这些风险社会中的多元利益冲突需要法律规范加以规制。在法律规制生命科技应用方面,首先要进行风险的评估和研究,提出规制的架构和具体条款,这是生命科技风险社会给法治工作者提出的艰巨任务。因为在法律规制的路径上,我们尚未有成熟的经验可供直接借鉴。与此同时,还必须考量高新生命科学技术应用风险情境下的伦理与法律规制如何紧密结合,以达到法律效果和社会效果的统一。在风险因素不断增加的社会中,我们应当将法律规制作为生命科技研发和应用的长效措施,才能为生命科技的长足发展提供制度化的保障。[③] 生命科技研发和应用产生的风险关系有效控制最终依赖于法律规范最低程度的介入,并促进权利之间的最大合作和利益的实现。[④] 这是因为生命科技风险社会与传统概念上的风险社会是不同的,其原因因素与结果因素的关联性上比较难把握,也不能简单地以时间推移来计算风险的后果,以及在空间范围上由于其难掌控性也不能简单计算。传统法与伦理并不能有效针对生命科技研发和应用相关利益诉求加以精确调整,我们只有运用新的法律制度体系对其进行规制,才能解决当代风险社会形成的新问题。

---

① 姚建宗:《新兴权利研究》,中国人民大学出版社 2011 年版,第 13 - 14 页。

② Lisa Oliver. Consdering Surrogacy. Createspace. 2012, p. 11.

③ 戴宇鑫:《我国经济法律规范中的法律责任分析》,载《文摘版:经济管理》2015 年第 6 期,第 294 页。

④ 王康:《基因权的私法规范》,中国法制出版社 2014 年版,第 66 页。

第二章

生命科技应用风险及法律在风险防控中的作用

本书第一章研究的生命科技兴起及其衍生的社会秩序危机问题、悖离生命伦理问题和新兴权益冲突问题，表明了生命科技的兴起对社会发展具有推动作用，但也给社会发展增添了各种风险因素，加速了风险社会的形成。这势必对社会中的各种利益主体的权益造成侵害。法学界也必须针对于此探索出生命科技应用风险防控的有效手段。全球一体化速度的加快，使风险社会的共性也在当前时期的中国体现出来。西方社会率先提出风险社会理论，这给我国法学界提供了理论先导和研究范式。科学技术是第一生产力，科技革命如火如荼，生命科技所创造的奇迹使人类目不暇接。[①] 当代的世界总体处于和平时期，世界各国借助于有利的国际环境，加快自身的建设，这其中也借助于科技发展进步的推动力。生命科技的发展已经不是仅仅停留在成果的现象之上，而是在实质上影响着我们社会关系的一种发展共生物，这就是生命科技发展使得社会各领域发生深刻变化的结果。“这些变化正裹挟着人类的命运。”[②]科技发展不仅使社会财富急剧增长，而且也在社会治理上留下了时代的累累创伤。人类社会的风险因素正在加剧，增加了人类社会发展的不确定性和无力感。面对这种形势，贝克把风险进行了阶段性的划分，即“前现代风险”“工业时代的风险”和“晚工业时代体现在大规模灾难中的不可计算的不安全”。而人类社会目前正处在上述三段划分中的最后一个阶段，它是由大规模的生态、化学、生命科技应用过程中所产生的风险。[③] 人类社会在发展中正在面临着其他时代未曾经历的巨大冲击。所以随着时代的发展，生命科技的概念也在与时俱进地不断变革。

---

① Francis Collins. Has the Revolution Arrived? Nature, Vol. 464, 2010, pp. 674 - 675.

② 何跃军：《风险社会立法机制研究》，中国社会科学出版社 2013 年版，第 2 页。

③ U. Beck. Ecological Politics in an Age of Risk. Polity Press, 1995, p. 77.

第一节　生命科技应用的风险综述

随着中国国际地位的日益提高，中国应当在构建人类命运共同体方面走在世界前列，完善自身的社会治理方式和途径，解决本国生命科技发展中出现的阶段性问题，为世界各国在社会治理特别是法律治理方面作出表率作用和贡献。生命科技是现代科技的最重要组成部分之一，它的本质属性属于科技异化的一种。[①] 科技的异化体现的仍然是人与人之间的社会关系，尤其是指生产关系、社会关系和社会治理方式的变革皆与科技异化紧密相关。[②] 科学技术由萌芽、成熟再到广泛运用的过程中，科学技术所产生的成果可能会偏离人类原本的初衷，偏离正确的轨道，给人类社会产生巨大的负面的影响，甚至走向社会发展的对立面。这也印证了马克思论述时代变迁时，强调每一种事物都有自己的反面。[③]

一、生命科技滥用的社会风险

技术发展对社会影响程度的加大，加速了人类进入风险社会的步伐。“科学在当代以一个接一个新的深度和规模使人们吃惊。”[④]风险分为自然风险和社会风险。人类的活动及其产物，成为最重要的风险源。正是在这种意义上讲，我们可以尽量地防范和控制风险，减少或减轻技术发展及其应用对人类社会伤害的风险，这是人的理性的体现。社会风险与日常所说的危险是不同的概念，风险是指在建设和生活中对人的伤害和客观事物或社会秩序破坏的一种可能性。[⑤]“风险”一词本身对于当代的公民来说并不是一个生僻的词汇。在各种汉语词典中均能够轻易地找到它。根据艾瓦尔德(F. Ewald)的权威考证，“风险”一词来源于意大利语 riscare，在早期的用法中，主要是指自然灾害以及航海事故等不良客观事件，以此扩张到现代保险专业词汇，并且由法学理论加以界定和完善。根据尼克拉斯·卢曼的研究，具有现代意义上的“风险”一词的书面刊印出现在 16

---

① 马克思主义哲学认为，异化是社会产品和生产反过来统治人的一种社会现象。在异化中社会分工是其最终根源。在异化中，人的能动性逐渐消失，人得不到全面而自由的发展，只能片面甚至畸形发展。

② 梁斌：《马克思主义公正观视阈下的科技异化》，载《社会科学(全文版)》2016 年第 02 期 09 卷，第 215 页。

③ 高桂云、郭琦主编：《生命与社会——生命技术的伦理和法律视角》，中国社会科学出版社 2009 年版，第 2 页。

④ [德]汉斯·约纳斯：《技术、医学与伦理学》，张荣译，上海译文出版社 2008 年版，第 11 页。

⑤ 《辞海》，上海辞书出版社 2002 年版，第 462 页。

世纪的德国，到了 17 世纪才得以通过意大利语等欧洲国家的语言流传到英国，并且其含义进一步深化和扩展，解释为“毁灭或者丧失的危险和可能性”。[①] 英美国家对风险的研究中，给“风险”一词下的定义是：“The possibility that something bad or dangerous may happen.”[②]“Put something in a situation in which it could be lost destroyed ,or harmed. ”[③]国内外的专业词汇研究也说明，风险与危险是不同的概念，它们存在着区别。危险是造成某种破坏的局域性和确定性，是指这种破坏必然发生。二者比较而言，风险只是一种可能性，如果风险因素不加以控制就会导致广泛性危害结果的发生，而如果对其加以有效地规制防范就会避免社会灾难。生命科技的不当使用有可能导致社会发展风险因素的增加，这与它在社会进程中的地位是成正比例关系的。

就作为社会成员的公众而言，公众对它的切身认识和感受是来自社会发展中出现的灾难性或突发性事件。这些事件在没有到来之时往往并未受到公众的重视，忧患意识缺失在公民中普遍存在。当前我国在自身发展过程中也融入世界一体化的新格局中，所以当代世界中潜在的风险因素在客观上也在我国同样存在。“风险是生活中的常态，它与人类的生存和发展密不可分。”[④]风险有自然造成和人为造成之分，后者则包括诸多风险因素，例如基因技术滥用、人工生殖技术的滥用、核技术的不当运用等都属于此范畴。[⑤] 本书所论及之生命科技研发和应用风险，亦在此列。例如，基因技术滥用的风险、人工生殖技术滥用的风险以及人体器官移植技术应用的风险。这些风险潜移默化地存在于社会发展过程中，或隐蔽或突出，或大或小，距离人们的生活或近或远。但无论处于什么发展阶段，从政府到社会团体，再到公民个人都要有风险的忧患意识。特别是政府等公权力主体应当根据发展中出现的风险新问题适时出台和调整政策以及法律

---

① Piet Strodom Buckingham. Risk, Environment and Society. Buckingham: Open University Press, 2002, p. 75.

② 《朗文当代高级英语辞典》，外语教学与研究出版社 2014 年版，第 2176 页。

③ 《朗文当代高级英语辞典》，外语教学与研究出版社 2014 年版，第 2177 页。

④ 何跃军：《风险社会立法机制研究》，中国社会科学出版社 2013 年版，第 3 页。

⑤ 凤凰网：《切尔诺贝利事故何以导致苏联解体?》，戈尔巴乔夫曾经语出惊人地说：“切尔诺贝利核事故可能成为 5 年之后苏联解体的真正原因，其重要程度甚至要超过我所开启的改革事业。”切尔诺贝利事故的恶劣影响，以及天文数字般的善后费用，都给了苏联沉重的打击。http://news.ifeng.com/history/shijieshi/special/ltssqenblwsmdzsljt/（访问时间：2016 年 6 月 13 日）。此外，日本福岛核电站在 2011 年的东日本大地震中发生爆炸，此事件虽然已过去将近 6 年，但是，据英国《卫报》2017 年 2 月 3 日报道，地震引起的福岛核电站核泄漏远未得到缓解，辐射量反而达到 2011 年以来的历史最高值。据悉，在这一高强度的辐射量下数十秒即可致人死亡。可参见中华网：http://news.china.com/international/1000/20170204/30228349.html（访问时间：2017 年 2 月 7 日）。

的规定，以应对风险社会的新挑战。①

社会生产力的发展会帮助人类提升改造自然的能力，但是科技发展成果被不合理使用，会使人类成为现代科技的奴隶。辩证唯物主义认为，每一件事物都有它的对立面，事物在对立和统一中不断改进和发展。人类智慧的结晶会使外界事物产生人工合成的生命，而这些人工生命发展到一定的阶段有可能会使人类成为物质化的力量。人类始终致力于改善自身和周围环境的事业之中，致力于先进与落后、富足与贫瘠、科学与愚昧的斗争中。人类社会需要发展，而这种对抗是不可回避和胜于雄辩的。当代科技日新月异，更新速度较之于一百年或几十年以前，有明显加速的迹象。科技的异化现象非但没有消失，反而有加剧扩散的态势，它一旦达到一定程度就会严重威胁到人类自身的健康和生存。生命科技中的人类基因工程成果的应用、人工生殖技术应用、人体器官移植技术应用、艾滋病治疗技术、环境恶化应对技术等都涉及许多风险问题，对整个法治体系的建设提出了严峻的挑战。②

风险社会指的是社会演进中充满着风险，核心落脚点是“社会”。③ 风险社会不是人类社会产生之初就形成的，而是在工业社会之后的特定时代才逐渐形成的。到了现代社会风险因素的急剧增加，从而形成了一种社会普遍的危机状态。吉登斯指出，自然与传统的终结预示着风险社会的肇始。“在风险社会中，风险具有全球性、人为性、难以预见和难以估量。”④风险社会主要源自社会资本驱动下的现代科技应用的扭曲，主要是指生命科技等对社会影响力巨大的人造风险。从社会风险因素的增加过渡到风险社会是一个从量变到质变的过程。如果生命科技的非理性应用处于失控境地，就会使社会风险的因素不断叠加，不断激化，从而加深危害程度，使整个社会出现危机，结果就是风险社会的到来。⑤风险社会一旦形成，对人类的生命健康造成的危害是灾难性和毁灭性的，长期或永久不可逆转。“风险社会要求人们从简单的风险应对方式转向复合的风险应对方式。”⑥

当代风险语意侧重于揭示社会问题，对抽象的事物进行研究。风险的发生

---

① G. Davies. The Sacred and the Profane: Biotechnology, Rationality, and Public Debate. Environment and Planning A , Vol.38, 2006, pp. 423 - 443.

② 曹丽荣:《现代生命科技发展带来的法律问题》，载《科技与法律》2008 年第 4 期，第 52 页。

③ 钟君:《社会之霾》，中国社会科学出版社 2015 年版，第 27 页。

④ 夏和国:《吉登斯风险社会理论研究》，首都师范大学博士学位论文，2014 年，第 3 - 4 页。

⑤ 钟君:《社会之霾》，中国社会科学出版社 2015 年版，第 28 页。

⑥ 庄友刚:《风险社会与反思现代性》，载《江海学刊》2004 年第 6 期，第 38 页。

与人的行为和决断关系密切。风险社会的风险是潜在的、可能发生的事物。依靠人类社会的制度化建设能够把风险因素降到最低程度。康德从哲学的角度证实了人的主体作用。他指出，人的主体作用的发挥使自然界变得不是那么神秘，也就是人的主观能动性发挥着重要的积极作用。[①] 现代社会语境下去理解人类的风险应当从违反主体的必然性去展开。如果是违背主体的目的必然性就会产生风险，可以说，人们对于风险的认识从传统社会的自然灾难等不可抗力因素的理解上有了新转变，展示出新时代的特色和新的思维范式。[②] “风险更加明显地反映了现代法治需要治理的方向和深层次的社会矛盾冲突问题。”[③]在当代风险社会中的风险不再是传统意义上理解的不可抗力等自然灾害的风险，而是以人的社会活动为主要因素而引起的不确定的破坏性因素。

人为所造成的风险与自然界所造成的风险不同，前者更多的是表现出人类在社会活动中随之产生的风险因素。社会发展在一定程度上是通过社会风险因素的发生和发展才能发现前进中的问题。因为风险因素的不确定性使人们意识到社会治理制度的不足，具有可调整和重构的空间。所以人们会针对问题主动进行革新，以防范将来可能出现的风险，防止社会出现混乱状态。对于防范和规制风险因素的机制建设就是推动社会问题解决的动力机制。这对于生命科技所引发的社会风险因素亦同样需要法治的途径和方式来进行调整，因为其产生的风险因素是生命科技运用中的常态，我们只有积极地应对而不能加以回避。如果对生命科技运用过程中产生的社会风险因素不加以有效遏制，将会逐步形成风险社会。风险社会就是对社会风险的破坏性、位阶、作用作系统性概括的社会形态。

我们对风险社会可以从不同的角度去理解。第一，风险社会的提出是为了区分传统工业社会和当代信息、技术社会风险的不同，强调当代社会风险的集聚效应和放大效应。可见，当代风险社会的风险已经由传统的社会风险发生了本质上的变异，从与自然有关转变到与人为因素有密切关联。风险的破坏性也从局部区域范围发展到全社会。依据贝克的理论，风险社会是在现代特定的发展阶段通过运用特定的手段对风险因素进行的评估而得出的结论。这是人类积极

---

① 刘东丽、吴学飞：《论康德认识论的主体性思想》，载《河北大学成人教育学院学报》2008 年第 3 期，第 97 页。

② 杜舒娟：《科学发展观与思维范式的创新》，载《河北理工大学学报：社会科学版》2009 年第 2 期，第 26 页。

③ 林丹：《乌尔希里·贝克——风险社会理论及其对中国的影响》，人民出版社 2013 年版，第 44 页。

运用相关机制以及与机制相关的配套制度建设去积极应对社会风险的状态，是对社会风险问题的一种警觉。

第二，社会风险已经成为高新科技飞速发展下引起的常态内容，而不是突发的应急性内容，特别是生命科技的异军突起，使得社会原有的理念和格局发生深刻变迁，导致了社会整体性的灾难发生概率急剧上升。“从影响的地域范围而言，风险已经没有地域范围的限制，已经具有全球性。”[①]在目前的形势面前就越加要在应对当代生命科技引发的风险上进行制度设计，并加以完善。

第三，社会风险因素的积累形成的风险社会是与人的社会活动密切相关的结果，这与社会风险的不确定性是起因和结果的关系。并且它的持续时间和影响力都比较难以确定，对人的生存和发展产生严重的威胁。

第四，当代风险社会是融合了主观和客观因素的社会状态，风险本身不是一个具体的事物，而是一种通过人的认知去进行估测的判断，含有较强的主观因素。也即客观的具体事物在主观意识中，指导行为的发展，才可能成为风险。[②]这种风险状态是需要被评估机制进行评估的，否则就极有可能出现风险被夸大的情形，进而误导了以法律规制为主导的社会治理。

第五，当代社会风险具有外源型和内生型的因素。风险的外源因素是指除了人类活动外的自然变化对人带来的风险状态，这种状态主要发生于自然界，所以是一种客观事物的发展和变化对人类社会形成的某种威胁因素和阻碍因素。例如雾霾、水流污染等现象的增多，导致了恶性肿瘤发病率的提高，使人们面临社会风险。对于内生型因素而言，这是人的社会行为导致的人类发展的阻滞因素，因阻滞因素的大小而形成的风险之大小也不相同。当代的内生型风险与人们的决策行为、科技水平、市场健康状况、科技的运用方式有密切关联性。但问题是社会已经发展到当代，人们凭借超过以往任何社会的生产力来利用和改造自然，人们还会依据自身所建立起来的法律制度等社会治理制度和决策机制去影响社会的进程。[③] 从这个角度讲，客观事物方面极少有人触及不到。那么，人的行为和决策所引起的社会风险本身就会产生风险。可以说，社会风险其实是人自身行为造成的结果，并且伴随着人类的科技水平的不断提高，社会发展中的“人化”程度增高，社会风险的内生型特点会不断增强。在这其中生命科技运用所带来的社会风险因素所占整个社会风险因素的总比重也正在进一步上升。正

---

① ［德］乌尔里希·贝克等：《自由与资本主义》，路国林译，浙江人民出版社，2001 年版，第 129 页。

② 林丹：《乌尔希里·贝克——风险社会理论及其对中国的影响》，人民出版社 2013 年版，第 52 页。

③ 潘加军、蔡小慎：《社会治理制度创新的恰适性路径探析》，载《理论探讨》2014 年第 4 期，第 175 页。

如路易·阿尔都塞所言："我们周围的生物和环境都受到人们某种干预方式的影响。"[①]这种态势应当引起法治层面的高度重视，必须加紧构建当代生命科技法律治理机制，努力把风险降到最低程度。[②] 否则，"今后的风险社会很可能会演变成为一个无法保险的社会。"[③]

二、生命科技应用的风险分类

现代生命科学技术是顺应世界发展潮流大趋势的一部分，就功利主义而言，技术风险的大小是评判生命科技之"效用"大小的参考标准之一。此外还有人伦风险和安全风险，都应当作为评价生命科技应用效用的衡量标尺。生命科技是科学技术的一个重要分支，所以它也无例外会产生异化。科学技术的异化会带来社会关系的变化，从而影响人的社会交往和社会结构，也会带来法律规制上的一系列问题。技术与社会关系之间的影响不是单向的，而是辩证的。以社会科学为指导，推动和保障科学技术的健康发展，造福于国家现代化建设和人民生命健康是生命科技法理学研究的根本立足点和归宿。生命科技所包含的种类繁多，在科学研究中会不断地演化，其本身是中性的，不会因人们思想意志变化而改变，但是如果人们应用不当就会加剧社会风险的形成，走向人类社会健康发展的反面。

当生命科技的不当应用使社会风险因素急剧增加，形成一种社会状态，这就是风险社会。社会风险由于构成社会整体系统中的人文、环境、经济、政治等子系统相互之间的矛盾或者是各个子系统内部所产生的矛盾的具体形式和类别不同而不同。[④] 社会风险自人类社会产生以来就一直伴随着社会的发展变迁。人类的社会属性决定了其社会活动的复杂性和多样性，诱发社会风险的因素无处不在，在当代更是日趋凸显，法学界应当对上述的技术风险、人伦风险、安全风险三大类进行综合性深入地分析。

（一）技术风险

法学界对生命科技滥用行为及时进行法律规范和伦理上的研究，可以有效遏制危害结果的发生。但是，目前的法律规制生命科技运用的能力却未达到理

---

① ［法］路易·阿尔都塞：《保卫马克思》，顾良译，商务印书馆有限公司2016年版，第200-201页。

② 冯利花：《浅析风险社会理论及其现实意义》，载《西安社会科学》2010年第3期，第19页。

③ ［德］乌尔里希·贝克：《从工业社会到风险社会（上篇）——关于人类生存、社会结构和生态启蒙等问题的思考》，王武龙译，载《马克思主义与现实》2003年第3期，第28页。

④ 钟君：《社会之霾》，中国社会科学出版社2015年版，第26页。

想目标。生命科技是科学界探索和改造自然的最新标志。科技本身是客观的，是在自然科学理论与实践基础上不断探索而得出的结果，也是科学界从“解释自然”到“改造自然”的过程。在生命科技的运用中，当代医学已经将人的个体差异进一步降低，“在生理层面上，越来越将人体基本上等同于一个生理和生化的过程。”[①]将人体比喻成一部机器是最恰当不过了。这种对人的趋同化的理解推动了医学理念的变革，推动了医学科技的进步，但是其引发的负面影响就是“唯科技论”去除人类的个体差异，形成医学同化的状态。例如，基因同化。基因技术可能无意或有意地威胁和破坏基因的多样性，是人体机械化和医学科技化的现实例证。基因重组技术可以做到将不同来源的生物基因在生物体外或者体内进行重新地组合，然后把重组的 DNA 分子注入生物受体，使其重新复制和表达，并将这一结果传递给后代，以此来达到运用生理载体把生物的优良性状稳定地传递给后代的目的。[②] “社会风险的原因包括现代化本身所致。”[③]当代人类已经经历过社会和自身自然属性的变迁，人类应用已经掌握的生命科技针对基因进行改造会破坏生命结构的自然属性，严重干扰基因的多样性。诸如上述各种生命科技的大肆应用行为还有很多，在社会发展中形成了对公民的基因隐私权、基因平等权、基因公开权等权利的侵害。[④]

在基因同化之外还有基因技术的滥用所带来的其他技术风险。“基因增强”技术将人类所认为的长寿基因、高智商基因等“优势基因”通过生命科技的应用转移到人体特定的组织细胞并表达蛋白质，从而在人们现有的身体状况基础上按照预想的规划来设计临床实践路径和对目标进行干预。按照自己的意念设计后代，使其能够进一步在综合素质上超越上一代人类。基因增强就是实现人类对于提高生命质量的古老设想。但是在实践此项基因技术的同时，它的反面效应也是不容忽视的。基因增强与基因治疗有着紧密的联系，基因增强总是以基

---

① 许志伟、朱晓红编：《生命伦理：对当代生命科技的道德评估》，中国社会科学出版社 2006 年版，第 242 页。

② Francis S. Collins. The Language of Life: DNA and the Revolution in Personalized Medicine. Harper Perennial, 2011, pp. 57 - 58.

③ 申霞：《从对抗到合作：冲突社会下的风险治理》，中央民族大学博士学位论文，2013 年，第 3 页。

④ 王康：《基因公开权：对人类基因的商业利用与利益分享》，载《安徽大学学报（哲学社会科学版）》2014 年第 2 期，第 131 页。

因治疗为名义，也即基于对活细胞遗传物质而进行的医学干预。[①] 应用生命科学技术可以对人体细胞进行体外修饰，随后将经过修饰的细胞注入患者的体内；或者是应用生命科技直接将外源性的细胞注入患者的体内，以达到对细胞进行遗传学改变的目的。[②] 其最终的目标是缓解人类的疾病，或者彻底治愈某些疑难杂症。但是，随着基因增强技术的不断深入发展和涉及面的扩张，其在自然意义上的风险也正逐渐显露出来，越来越被认为是自然风险的根源之一，对于社会发展产生了阻滞效果。[③] 有社会成员认为，基因增强的主要目的不是治愈某些疾病，而是根据行为人的个人偏好和主观意念来干预人的性状和能力。这种凭借主观意念的人工干预会导致人类遗传多样性的“趋同化”，使得基因多样性的特征不复存在，不利于社会主体的个体差异性的培养。如果学界不审慎考量基因增强的利与弊，就会导致没有利用基因增强技术改造基因的社会群体处于相对弱势的地位，产生歧视的社会后果。[④] 这也极有可能助长新的种族主义思潮的发展，以及对社会已经形成的稳固的伦理体系产生冲击。

此外，与基因技术滥用有关的其他行为还包括盗窃、非法转让遗传资源，以及非法买卖公民身体信息的行为。虽然这些行为不属于基因技术滥用的行为，但是却为他人滥用此类技术危害人类社会提供了便利条件。[⑤] 长此以往，基因滥用从某种意义而言，是对基因所有者的不尊重，对人的权利也是一种亵渎。如果我们针对此趋势不进行法律规范、伦理准则的深入研究，不进行早期治理，则会出现法律调整和伦理准则调整缺位的情况，这样进行后期治理所消耗的社会治理成本就会更大，生命科技滥用所带来的问题就会愈加严重。但是，就目前社

---

① 生物谷（医学）网：基因治疗（gene therapy）就是用正常或野生型（wild type）基因矫正或置换致病基因的一种治疗方法。1993 年美国食品药品监督管理局（FDA）给出了“基因治疗”的定义即：“基于修饰活细胞遗传物质而进行的医学干预。中国国家食品药品监督管理局（SFDA）颁布的《人基因治疗研究和制剂质量控制技术指导原则》（2003 年 3 月 20 日）将基因治疗定义为：基因治疗是指改变细胞遗传物质为基础的医学治疗。中外的定义含义无不同。即细胞可以体外修饰，随后再注入患者体内；或将基因治疗产品直接注入患者体内，使细胞内发生遗传学改变。这种遗传学操纵的目的是预防、治疗、治愈、诊断或缓解人类疾病”。因此，在实质上“基因治疗”就是一种以预防和治疗疾病为目的的人类基因转移技术，是以改变人的遗传物质为基础的生物医学治疗。http://www.bioon.com/Article/Class425/17120.shtml（访问日期：2016 年 5 月 20 日）。

② 邱格屏、刘建：《基因科技与犯罪研究》，载《犯罪研究》2002 年第 2 期，第 8 页。

③ 徐莎、苏振兴：《医学目的与非医学目的基因增强产生的伦理问题辨析》，载《中国医学伦理学》2016 年第 2 期，第 266 页。

④ 陈伯礼、张富利：《人类基因增强之禁止的伦理剖释》，载《道德与文明》2015 年第 3 期，第 88 页。

⑤ T. L. Beauchamp and J. F. Childress, Principles of Biomedical Ethics, 6th ed. Oxford University Press, 2009, pp.12 - 14.

会治理而言,当代生命科技的应用正处于积极探索期和快速发展期,为了能够早日享受到生命科技给人类带来的福祉,各国均对于生命科技的探索与实践采取了宽松鼓励的法律制度,给生命科技发展预留出必要的制度空间。这也给生命科技的应用形成了一个比较模糊的探索与实践的境地,如果不合理或者没有实质有效的约束措施,很可能会使生命科技的负面影响逐渐放大,形成技术风险。

在现代的社会意识形态中,人们越来越认为“此时此地”是客观自然事物唯一的本质。人们的健康和高度发达的医学是人类社会最重要的愿景。最为得到公众普遍认可的是由科学技术创造的完美社会。[①] 社会成员的生命质量体现在现代医学所带来的自然状态下的健康中,当代人对于医学技术的崇尚和发展的期盼已经达到了历史上比较高的高度,人们期待设想的生命预期都能够在生命科技的支撑下变成现实。生命科技的神话不仅解释了人类对于健康和医疗科技的热衷,而且也证明了人类社会的共同理想是无限地扩大自身的探索能力而否认自身的有限性。[②] 所以,人们有必要严肃地、细致地重新评估它给人类社会发展带来的诸如技术风险及其他风险的新变化。

(二)人伦风险

人们对于所处时代的观察和思考是基于时代发展的特点而做出的分析和展望。在《双城记》中,狄更斯描述了这样一种时代生活的境况:“这是最好的时代,也是最坏的时代;这是智慧的时代,也是愚蠢的时代;这是信任的年代,也是怀疑的年代;这是一个充满希望的纪元,也是一个令人绝望的纪元;我们的前途无量,同时又感到希望渺茫;我们一齐奔向天堂,我们全都走向另一个方向……”[③]《双城记》的内容主要是描述社会剧烈变革时在政治与市民生活上同时存在着的巨大的机遇与风险,这能够被类比到技术剧烈变革时的人类科技应用与伦理准则之间的冲突。狄更斯对于双城记中的社会描述对于今日的科学技术支撑的世界

---

① 任怀玉:《社会学视野中的社会建设与社会管理》,载《经济》2016年第10期03卷,第249页。

② 许志伟著、朱晓红编:《生命伦理:对当代生命科技的道德评估》,中国社会科学出版社2006年版,第243页。

③ [英]查尔斯·狄更斯(Charles Dickens):《双城记》(中英对照),世界图书出版公司2012年版,第2页。原英文内容是:“It was the best of times, it was the worst of times, it was the age of wisdom, it was the age of foolishness, it was the epoch of belief, it was the epoch of incredulity, it was the season of light, it was the season of darkness, it was the spring of hope, it was the winter of despair, we had everything before us, we had nothing before us, we were all going direct to heaven, we were all going direct the other way—in short, the period was so far like the present period, that some of its noisiest authorities insisted on its being received, for good or for evil, in the superlative degree of comparison only.”本书在中文翻译中做了一定的修改。

是最为贴切的表述。在技术进步浪潮中,人类在经历技术革新与伦理困境存在的严重紧张关系之后,愈加应当重视技术革命会带来伦理风险。人类技术就当代而言已经展示出巨大的发展前景,取得了举世瞩目的成就,推动着社会发展的同时也使自身进一步革新,这种高速发展状态下的技术应用避免不了产生伦理风险的情形。人类在科学技术的道路上已经高速地前进,但在伦理上已经逐渐形成了一定的风险,如果处理不当就会成为风险社会的来源之一,对此必须予以警惕。

人伦关系,是指人类社会在长期的发展进程中所积淀下来的、比较稳固的人与人之间的伦理关系。各种社会关系中往往都会存在或强或弱的伦理因素。人伦关系分为纵向与横向、同代与代际间人伦关系。其中,亲子关系是体现人伦关系的代表性的关系。父母与子女的关系是家庭关系的核心,家庭关系作为社会关系最基本的细胞,维护着社会稳定的坚实的作用。它是最重要的社会关系。在亲子关系中最为普遍的就是基于自然出生的子女与有血缘关系的亲生父母之间的关系。我国的婚姻法还将一定的社会关系也拟制成与血缘关系亲子关系同等法律效力的子女与父母之间的法律关系。[①] 例如,养父母与子女的法律关系和形成抚养关系的继父母与子女的法律关系。这是我国目前在法治实践中所规定的几大类亲子法律关系。最为普遍的是具有血缘关系的亲子法律关系,是判断的首要标准。这种法律关系在长期的法治实践和日常社会关系中运行是很平稳的,存在的争议也比较少。但是随着生命科技的不断高速发展,由其在发展进程中产生的社会关系却也引发了各种争议,形成的人伦风险是比较突出的领域。

在生命科技整体发展的大环境下,人工辅助生殖技术的应用对于培养新的生命细胞起到了推动作用。在当代,人工辅助生殖技术逐渐走向成熟,此技术可以应用在代孕行为上,它使传统的自然生殖的血缘与怀胎之间的关联度大为降低。[②] 不孕症患者可以利用捐献者所捐献的精子或者卵子来孕育下一代,也有民间通过代孕母(这其中含有医疗机构提供技术支撑的情形)代为孕育子女的行为发生。[③] 这种社会关系延续下去就会产生复杂的父母与子女的法律关系,而

① [德] 妮娜·德特洛夫:《21世纪的亲子关系法——法律比较与未来展望》,樊丽君译,载《比较法研究》2011年第6期,第148-150页。

② 李惠:《论代孕的分类与法律涵义》,载《医学与法学》2014年第4期,第1页。

③ Galbraith, Mhairi, H. V. Mclachlan, and J. K. Swales. Commercial Agencies and Surrogate Motherhood: A Transaction Cost Approach. Health Care Analysis, Vol. 13, 2005, pp. 11-31.

且此类社会现象有急剧增长的大趋势。[①] 这对现阶段的法律制度的规制能力提出了新的挑战。人工辅助生殖技术的应用过程中,如果所使用的精子或者卵子是来源于夫妻自身的,只是通过现代辅助生殖技术来实现自然生育的目的,这种情形与自然生殖所形成的亲子关系是相同的。但是除此情形之外人工辅助生殖技术与丈夫以外的第三人供精或者妻子以外的第三人供卵,以及精卵皆为夫妻以外的他人提供甚至"借腹生子"的情形,[②]就会造成血缘上的父母与法律上的亲子关系相互分离的情形发生。[③] 就父母和子女之间的法律关系而言,法律规定包括生父母、养父母、继父母三大类。利用人工辅助生殖技术所列举出的第三方供体的情况并不在传统法律规定中,加之社会关系中对于此种行为的契约性的约定可能出现的瑕疵,会发生影响力巨大的人伦风险。我国在法律规定上明令禁止商业代孕,也是出于伦理考量进行的法律制度设计。如果代孕技术得以滥用,就会导致传统的亲子之间的人伦关系被打破,从而加剧人与人之间关系的危机,进而造成人类社会关系的混乱。[④]

(三)安全风险

"安全就是客观上不存在威胁,主观上不存在恐惧。"[⑤]安全在学者马斯洛阐述的人所需求的金字塔结构中处于较高的位置。[⑥] 这种层次的划分使得公众发现,如果法治中的安全因素不能得到保障,要想实现人的价值和社会利益的目标是很难达到的。法律与安全因素有着必然的联系,特别是在反映国情和民情的良法善治的法治环境中,[⑦]安全是利益主体的一种心理需求和客观需求的结合,是对现有利益的稳定性的追求。安全环境能维护统治阶级的利益,实现社会的长治久安。

当代人类在社会发展的进程中,对于科学技术推动社会发展和变革的作用

---

① 百度文库:中国中央电视台(CCTV)报道:"30 年:10 倍,不孕不育人数激增"http://wenku.baidu.com/link? url = iGZCwpQn7g _ UyBJS0IcFERPBBzTHXf66wvMLnwGECfqqOO4j1jkbqOItD _ NMISzdYcgpx7dz9yOVfjn2bQHpoAU6LyaZlc, NpTr_ls6SFtIK(访问时间:2016 年 6 月 23 日)。

② T. Viloria, N. Garrido, F. Minaya, et al.. Report of Results Obtained in 2,934 Women Using Donor Sperm: Donor Insemination Versus in Vitro Fertilization According to Indication. Fertility & Sterility, Vol.96, 2011, pp.7 - 19.

③ B. Stabile. Review of Sex Cells: The Medical Market for Eggs and Sperm. World Medical & Health Policy, Vol.4, 2012, pp. 1 - 2.

④ Lawrence O. Gostin, Surrogate Motherhood: Politics and Privacy. Indiana University Press, 1990, pp. 31.

⑤ 逸舟:《全球化时代的国际安全》,上海人民出版社 1999 年版,第 36 页。

⑥ 何跃军:《风险社会立法机制研究》,中国社会科学出版社 2013 年版,第 132 页。

⑦ 王利明:《法治:良法与善治》,载《中国人民大学学报》2015 年第 2 期,第 116 页。

是深信不疑的。从总体上看，生命科技的确是沿着人类当初设想的技术应用，增进了人类社会自身的福祉。“生物技术时代”像工业革命和“信息时代”一样会带给人类福祉。但是，由于科技的发展并不必然带动伦理、道德水平的提升，也即科学技术发展与伦理、道德水平之间并不存在正比例因果关系。相反有些伦理性的问题会随着生命科技的发展变得更加突出，对历史沿革中形成的伦理体系有较大的冲击。当今社会整体上已经形成了唯科技论的倾向。那么，这种倾向如果得不到扭转，将导致其毫无节制地被滥用，势必对人类整体的安全构成威胁。例如，“法学家认为对人体器官的摘取并商品化可能会导致难以控制的社会风险。这种行为不仅不能促进社会福利，而且还会减损国家的竞争力，导致控制成本上升，甚至还会增加盗窃器官的犯罪率。”[①]从理论上讲，生命科技应用的安全性问题包括在正常医学理论与临床实践中是安全的。只要严格进行监督防范侵害社会利益的行为就能实现安全利用的目标。

但是，对于人类来说，最具风险性的行为就是生命科技可能会被应用于恐怖活动和用于制造大规模杀伤性武器。人类在相互敌对的状况下，会利用生命科技来研制出生物武器。任何一项生命科技成果研制出来都会加紧应用于社会生产和生活的各个领域。在军事领域，应用生物武器的情况比较多。基因技术在军事领域中的应用就说明，如果对于生命科技的应用不加以严格的监督，就会导致人类灾难的发生。“基因武器是利用基因工程研制出的新型战剂”。[②] 它是在基因工程的基础上，利用当代生命科技对基因进行重组，结合遗传改造技术的应用，将特别的致病基因注入微生物体内，使其产生活性，从而制造出新一代的生物武器。就生物武器来看，基因武器属于第三代生物战剂，技术经验逐步成熟。早在 20 世纪 70 年代，联合国就通过了《禁止生物武器公约》，此公约的签署标志着人类在发展生命科技的过程中，也意识到它可能会对人类自身所形成的风险。由于该公约的约束和监督作用，生物武器的研制都严格受制于被约束的范围。但是由于该公约自身存在一些漏洞，实质性的监察机构的缺失，使得规制类似行为的执行力大幅度被削弱，以致《禁止生物武器公约》难以对基因武器的研究、生产和使用做出有效地限制。再者，对于整个人类来讲，仅仅凭借相关及类似性质

---

① 黄有光、桑本谦：《人体器官可否合法买卖？——一次经济学家和法学家的对话》，载《学习与探索》2016 年第 3 期，第 60 页。

② 姜柏生、杨芳：《高新生命技术的民法问题研究》，法律出版社 2010 年版，第 196 页。

的《公约》来规制研发生物武器的行为也就显得杯水车薪。[①]

由于科学技术的可复制性，倘若生命科技中的生物武器的研制技术通过各种路径为一些不法组织所复制和利用，进行秘密研发，其成果很可能会运用到恐怖活动和大规模的毁灭活动，破坏力难以估量。"对此国际社会除了强烈谴责之外还没有十分有效的遏制机制。"[②]生物武器的特点就是产量高，破坏力广，杀伤力强。据《生物技术武器与人类》一书中的介绍，只要把几小罐子的炭疽杆菌孢子撒向一座大型城市，那么该城市的数百万居民将因感染病毒而丧命。此外，它的毁灭精确度高。生命科技被不法利用过程中会针对特定的攻击目标，毁灭其基因结构使其被击垮，并且它的运用途径和领域呈现出多样性。生物武器可以用来改变已有的病原体，使之更具有致病能力，就像在研究烈性传染病毒时无意中已发生的那样；从合成材料中制造新病毒，使用来自互联网的处方和使用来自邮购方式买卖的供货者的基因片段；在未来可能还会研制出针对特定民族或种族的生物制剂。"开发能攻击农业的或工业的基础设施的生物制剂。即使不打算使用此类制剂，也对自然环境具有潜在无法控制的、尚未知晓的影响。开发能够影响人类基因构成的生物制剂。此类制剂一直影响数代人，对人类自身进化产生负面作用。"[③]生物武器的保密性极强，难治难防。生物武器之所以能够在短时间内具有极强的破坏力，是因为它的研制基本上都是出于秘密研制状态。通过研制者的秘密研制获取致病密码，短时间内是不可能破译此类密码的。所以从撒布到出现症状没有较长的时间差，并且难以检测，难以及时制定有针对性的抢救措施，使受体处于不能克服的状态。相较于核武器的可见杀伤力，生物武器具有悄无声息的、不确定的破坏力，所以其使用后果不亚于使用核武器的破坏力。

社会发展中的风险因素给社会形成的客观阻力就是灾难随时可能发生，利益得不到有效的维护，这使得当代人对风险控制的目的——安全的追求比以往任何时期都迫切。英国法理学家边沁（Jeremy Bentham）认为安全在法律中是

---

① 红十字国际委员会网：该组织呼吁所有相关者在为时未晚之前承担其在这一领域的责任。我们必须重申已在不同文化里相传了数代的戒律——反对在战争中使用导致瘟疫的和有毒的物质。从古希腊和古罗马到印度的《摩奴法典》中的战争法规，以及从萨拉森人《古兰经》中汲取的指导战争的规则，都禁止使用有毒物质和毒素武器。美国内战时期的1863年《利伯守则》，1899年《海牙宣言》（《禁止使用专用于散布窒息性或有毒性气体的投射物的宣言》），1907年《海牙公约》第四公约的附件，它们都将这一禁令法典化。http://www.icrc.org/chi/resources/documents/misc/5eamtt.htm（访问时间：2016年3月18日）。

② 张强：《生物技术给人类社会带来的负面影响》，载《经济研究参考》2003年第67期，第29页。

③ 红十字国际委员会网：《关于生物技术、武器和人道的呼吁》，http://www.icrc.org/chi/resources/documents/misc/5eamtt.htm（访问时间：2016年3月19日）。

重要的对象。托马斯·霍布斯(Thomas Hobbes)的理论也把安全价值放在特别重要的地位。根据他的理论,安全应当被视为最高的法律。“人的安全是最高的法律,保护生活和契约的安全是法律有序化的最为重要的使命。”[①]风险社会中应当对群体问题倍加重视,无论是公权力主体还是社会公众都是为了维护社会利益和自认利益为出发点而去行为的。安全要素必须在立法体系中处于基础性的位置。博登海默认为:“如果法律体现不出安全的价值就不能称其为良法或者就根本不是法律”。[②] 可见,安全对于社会发展和稳定的重要性。

三、生命科技应用的风险特征

从哲学上讲,风险是人类社会存在的一种衍生状态,它与社会中的各种利益关系密切。人类历史的发展和变迁也是由风险出现和变化而引起。风险对于现代人类来说是巨大的挑战,但风险的产生往往是自然界带给人类的,也表现出局部性的特征。自人类社会进入到工业社会以后,人类面临的风险仍然是巨大的,人们活动的空间范围较之以往均有不同程度的扩展。人们活动造成的风险在这一时期占据主导地位。科学技术作为人与自然相抗争的工具,正在渗透到社会的各个领域和层面。技术化程度越高越能为社会带来便利和福祉。但是,技术被不正当利用出现的后果也是需要考虑的因素。这就意味着风险概率的升高。而风险也像人们跨地区的活动轨迹一样,对人类的破坏也具有连锁反应。所以在科技领域研发与应用中必须谨慎。

(一)非估量性

工业社会催生新型的风险因素,当这些因素随着人类生产力的提高而扩大的时候就由局部的风险转变成全面的风险,使得工业社会向风险社会过渡。这种转变的推动力来源于高新科学技术的应用,它带来不同于以往的传统风险。科技价值的实现中,不一定其正面价值就固化地超越负面影响,后者在局部空间或时间范围内有超越正面价值的可能性。[③] 科学技术的发展和运用会导致人类社会全面加速进入风险社会,而且引发社会的更加深刻的变革。风险社会的风险主要来源于科学技术的发展。[④] 因此,从根本上说风险社会中的风险因素其

---

① Thomas Hobbes, Device, ed.. S. P. Lanpreche, 1949, part13, B2.

② [美]E·博登海默:《法理学:法律哲学及其方法》,邓正来译,中国政法大学出版社1999年版,第197页。

③ 刘长秋:《当代基因科技发展的负面效应与我国基因科技法的基本制度——兼论我国基因科技立法应遵循的基本原则》,载《科技进步与对策》2008年第2期,第2-4页。

④ 米丹:《风险社会与反思性科技价值体系》,中国社会科学出版社2013年版,第125页。

中就包括基因研发和应用、人工生殖技术、人体器官移植等一系列生命科技。在当代社会环境中，风险发生的概率比以往任何社会都有所提高，风险发生后所产生的危害比以往任何时期的社会都更加具有破坏力。高新科技社会能够在表象上给人类社会带来物质财富的激增，但是科技所带来的潜在的威胁也伴随着物质财富的发展而增多。

高新科技应用导致了风险社会的来临，在认识当代风险社会时，我们应当注意到当代社会风险与以往时代的社会风险的性质有很大的不同。原因在于早期人类社会的风险具有相对可预测性的特征，也即人类可以预测到风险的具体因素、种类和后果大小程度，并且还能够用一套统计学的方法为基础来预防和应对风险所带来的损失，建立相关的赔偿体系。以此可以采用契约的形式将风险的后果减低到最小的危害程度。例如，人们签订保险合同就是对未来风险的一种以可推测的经济损失为基础建立起来的契约。然而，当代社会的风险因素与以往不同，有基因科技造成，也有生态环境破坏造成或核能造成等。这些都不是建立在以精确的可量化的基础之上，这些人类活动所造成的危害结果是不能够预测的，不确定性是当代风险社会的主要特征之一。新的科技领域出现以后，经过调试，投入到应用中，随之就有产生风险的可能性，在其后的科技发展中又进行自我完善和发展，减少风险因素，出现科学技术螺旋上升的态势。特别是生命科技的研发和应用，也会是上述的演化路径，因为它牵涉到的社会关系面是非常广泛的，单一的因果关系远不能够清楚地认识事物的发展变化。生命科技在当代应用概率还处于比较低的水平，但它所造成的后果是相当巨大的。当代科学家也无法推测运用基因等生命科技会给人类造成何种影响，民众也不愿意去推测看似离自己还非常遥远的事物，更不会去为了生命科技的运用去买一份人身保险。传统的社会关系正面临着新的问题和挑战。生命科技“事故”可能有始无终，在时间和空间上的延续不可预测，并且难以量化。

（二）隐蔽性

自工业社会形成以后，人类社会加速向前发展的同时，也产生诸多灾难，“在后工业时代发展中，社会正在变得相当的复杂和相当的不确定。”[①]从核泄漏到粉尘污染、空气质量的恶化再到水流的污染，人们可以从这些现象感知和预测他们会对自身的身体和周围环境造成的影响，切身感知风险因素的种类和存在。然而在当代风险社会中，风险就已经改变了原来的常规状态，呈不规则状态变

① 刘柯：《后工业社会合作治理中的服务型政府建设》，载《长春师范大学学报》2016年第5期，第37页。

化，使普通民众甚至科学家都难以通过现有的科学知识和测评手段去探知危险因素和结果的存在。人们不能感知危害的存在，它是一种“社会之霾”，它遮掩了我们的视角，潜移默化地改变着我们现有的社会。虽然风险社会中风险因素更加隐蔽，但并不代表它对人类社会发展的危害就不大。恰恰相反，正是它的隐蔽性的特征，使人们对它可能发生的危害不会引起足够的重视，缺乏有效的预防和规避措施，因而会使负面后果相当严重。如果说21世纪初中国发生的非典型性肺炎是自然事件的话，那么人类生命科技发展过程中所产生的灾难就是人类自身所造成的。人造风险的推动力是人类自己的现代科技的运用以及社会化手段规制的缺失。针对当代风险社会的风险更具隐蔽性的特征，我们不能够仅仅停留在对既存的事实的理解和把握上，而是要在它发展过程中逐步揭示它，从这个意义上来讲，必然具有建构性。[①] 要考虑到风险所涉及的社会关系较以往更加复杂多变，这些建构性的制度措施必须具有前瞻性。

（三）社会普遍性

当代科技特别是生命科学技术给人类带来的惊喜和灾难在未来可以说是相提并论的社会现实问题。与传统社会局部性、阶段性风险不同的是，当代风险社会的风险是具有普遍性的、持续性的社会问题。无论从微观层面的公众视角还是宏观层面的社会视角都体现了风险的兴起，在法律规制的场域内体现的就是权利的冲突。[②] 科技的两面性同时对社会发展的各个方面产生重要的影响。这种普遍性的态势影响着人类的生存、发展、价值理念和认识自身的意义。由于生命科技自身的特点，造就了它不同于纯粹的科学技术本身，它的潜在能量可能会超越人类自身或者人类能想象的境遇，所以它会对人类自身造成挑战和威胁。例如，人脑医学技术的研究和应用会对自然人脑进行模仿，研制出人脑的替代产品。所以，自然人脑和人工智能会在当代智力对抗中不分上下。人类在探索自身的奥秘中获得新的发展。[③] 近年来，世界范围内的生命科技研究蓬勃开展，深入研究它的各领域，对医学事业发展起到推动的作用。例如，国际人类基因组项目（HVP）在中国区顺利推进。中国的科研工作者加紧科研，取得了令世界赞叹的成果。中国基因科技的发展是世界基因科技发展的缩影。人类进入21世纪以来，科技发展可谓是日新月异，其中基因科技是人类对人类的文明与自身进化最为有影响的一部分，也是其中的典型代表。学界通过基因的研究来探索自身

---

① 米丹：《风险社会与反思性科技价值体系》，中国社会科学出版社2013年版，第129页。

② 邱格屏：《人类基因权利的冲突与协调》，载《社会科学家》2008年第11期，第12页。

③ 郑艳秋、朱幼文等：《基因科学简史——生命的秘密》，上海科学技术文献出版社2009年版，第3页。

的奥秘,医学领域的逐步进展使人振奋。但与此同时又牵涉到许多法律问题,例如,宏观角度的法律规制问题,个体角度的基因隐私权、知情权问题,以及基因歧视问题,种种问题相互叠加,增强了生命科技危害的社会普遍性特征。这也是人们在生命科技领域内值得思考的价值性问题。这些问题是人类科技发展过程中须共同面对的问题,并且也牵涉到宏观层面和微观层面的普遍问题。

第二节 生命科技应用的具体风险

生命科技在促进人的生命健康方面具有重大影响。同时,如果不加合理地调整,它也会带来前所未有的损害。这种损害涉及面是广泛性的,既包括对人类整体的损害风险,也包括对人作为社会成员个体的损害的风险以及对社会公共利益的威胁。以控制风险为目的的立法取向,是生命科技法治发展的大趋势。①

一、对公民个体权益的侵害

生命科技应用对公民个体权益的侵害主要表现在,其对公民生命健康权益的威胁和对个体隐私权益的威胁。在现代社会发展过程中,对于生命科技的应用,人们越来越感叹它的神奇力量,许多历史上憧憬的医学事物在当代逐步变为了现实。各个国家都积极地在条件具备时应用先进的生命科技来提高国民人口素质。前书中所论述到的基因检查和人工辅助生殖,以及基因手术的应用都反映了这股热潮。但它在个体层面上,也会对民众个体形成生命健康、隐私等方面的威胁。这些威胁其实就是对公民的各种权益的侵害。

(一)对个体生命健康权益的威胁

人类基因图谱测序的绘制完成以及基因工程的推进是医学史上乃至社会发展进程中的大事件。2000 年 6 月 26 日,英国首相布莱尔与美国总统克林顿通过卫星联合宣布,人类有史以来第一个基因组图谱已经绘制完成,与此同时,中、法、日等国科学家也宣布了这一消息,最后的基因图已于 2003 年向世人公布。绘制人类基因组图谱最终的目标是编译出全部人类基因及其编码的蛋白清单,使之成为生物医学研究的元素周期表。人类基因组计划为医学进步带来空前机遇,对医学将产生不可估量的、深远的影响,将导致疾病的分子机制的阐明,进而根据这些机制,设计出诊断与治疗的方法。人类基因组图谱最重要的应用之一,

---

① 邱格屏:《基因科技管制:目的、原则与模式》,载《社会科学家》2009 年第 8 期,第 8 页。

就是将许多生物化学功能未知的疾病基因定位。人体 23 对染色体由约 30 亿个碱基对组成,包含数万个基因。找出 30 亿个碱基对在 DNA 链上的准确位置,进而识别分析出各种基因及其功能,将使人类最终征服癌症、心脏病、阿尔茨海默氏症等多种顽疾。一些社会和人文学家则担心人类会扭曲地利用基因技术,如为达到培育完美后代的目的,进行婴儿改造,导致堕胎率大幅度上升,身体有缺陷的残疾人将有可能在就业、保险和医疗等方面遭受更多的歧视等。法律专家呼吁尽快制定有关基因的法律条款,对基因技术进行规范和限制。因此,基因技术的利用要小心谨慎,趋利避害。生命科技推动着社会不断进步,也改变和影响着人的生命健康状况。当代人的寿命不断地延长,有了生命科技作为武器,人们抵御各种疾病的能力正在加强,减少了人类被病痛侵扰的痛苦。人类个体的生命健康状况是社会健康有序发展的前提条件,从这个角度上讲,民众预防和抵御社会风险的能力大为提高。

但是,如同所有方兴未艾的科学技术一样,安全性的验证,需要经过一个漫长的过程。而生命科技涉及民众的生命和健康,对其潜在的危险控制需要更加高的标准。目前,医学界还未达到完全对生命科技有关的医学手段临床应用的安全性予以掌控的水平。例如,从疫苗的接种来讲,医学界还不能绝对保证疫苗的安全性,不能完全估量新疫苗对人体生命健康带来的危害。例如,2016 年 7 月,上海市一新生儿在宝山区中西医结合医院接种新生儿疫苗后,先后出现发热、抽搐等症状。患儿被立即转至新华医院就诊,后经抢救无效死亡。7 月 29 日,上海市疾病预防控制中心随即派相关专家,联合区卫计委、区市场监管局、区疾控中心人员开展调查。①

对于器官移植来讲,器官移植的成功率是没有一个定数的,也就是供体和受体的匹配程度以及术后恢复情况是没有确定性的标准的。再者,器官移植的供体如果已经感染某些传染性的病毒,例如眼角膜移植中,供者的眼角膜感染狂犬病毒就会传染给受移植的个人。大型器官移植中,如果供体已经感染乙型肝炎病毒,或者艾滋病病毒,那么被移植器官的患者也将有可能会感染此类疾病。

再以代孕问题为例。代孕是为了他人实现拥有后代的目的而怀孕,并且生

① 新浪网上海频道:初步调查显示当天该院卡介苗接种门诊接种人员持有预防接种培训合格证,按照卫生部《预防接种工作规范》要求进行预检,未发现该患儿有接种禁忌症,家长签署知情同意书后,按规范要求进行接种。该区卫计委表示,将根据调查结果,依法依规做出处置。http://sh.sina.com.cn/news/s/2016-08-05/detail-ifxutfpc4546097.shtml(访问时间:2016 年 8 月 7 日)。

产的过程。[①] 代孕这一术语最早被提到是在《旧约圣经》中。[②] 虽然目前的中国法律禁止代孕,[③]但是,人们还是想通过这一方式获得借腹生子的利益。“通过生命科技手段代孕的行为其实就是代孕母冒着生命健康受损害的风险,为委托人怀孕生子,并且在分娩以后,将婴儿送给委托人的过程。”[④]在这一过程中,首先伤害的是代孕母的妊娠反应、流产等自身的生命健康,直接损害代孕母的生命权、健康权。[⑤] 虽然这一技术比较成熟,但是它对代孕母亲的生命和健康的负面作用没有受到足够的重视。[⑥] 例如,对孕妇实施剖腹产很可能影响其再次受孕;地下医疗的卫生状况难以保证,倘若造成感染,后果难以控制。此外,它更违背了人类社会伦理准则、法律规则和人类社会公共利益。[⑦] 因为人类社会的行为规则首先是维护人的生命健康安全,破坏了这个利益结构就破坏了人类社会的整体利益。生命科技法关注和保障社会利益,个人利益与社会利益具有很强的关联性,个人利益的实现在很大程度上与社会利益有关。前者是后者实现的基本要素。“所以生命科技的应用目标应当同时考虑人类的整体利益而不单纯是个别人的利益诉求。”[⑧]从这个角度来讲,“生命科技彰显出生命法的社会法本质的属性。”[⑨]因为上述借腹生子的代孕行为体现了其违背伦理准则的本质,“而且此技术在应用过程中涉及社会公平问题,确实应当严加规制。”[⑩]借腹生子的商业代孕利益诉求违背了人的天性,违背了人类社会的基本价值体系,侵害了社会整体利益,也侵害了人的生命健康利益。基于此,法律制度只能对代孕加以完全

---

① Bryan A. Garner, Black's Law Dictionary, Thomson West, 2007, p. 4529.

② Peter R. Brinsden, Gestational Surrogacy, Human Reproduction, Vol.9, 2003, pp. 483 - 491.

③ 新浪网法院频道:在现行人口与计划生育法的基础上,人口与计划生育法修正案草案新增规定:“禁止买卖精子、卵子、受精卵和胚胎;禁止以任何形式实施代孕。”http://finance.sina.com.cn/sf/news/2016-01-26/104318564.html(访问时间:2016 年 8 月 7 日)。

④ 刘长秋:《生命法学理论梳理与重构》,中国政法大学出版社 2015 年版,第 165 页。

⑤ S. Imrie, V. Jadva. The Long-term Experiences of Surrogates: Relationships and Contact with Surrogacy Families in Genetic and Gestational Surrogacy Arrangements, Reproductive Biomedicine Online, Vol.29, 2014, pp.424 - 435.

⑥ Olga Van den Akker. Genetic and Gestational Surrogate Mothers' Experience of Surrogacy. Journal of Reproductive and Infant Psychology, Vol.21, 2003, pp. 145 - 148.

⑦ D. V. Jadva. A Follow-up Study of the Experiences and Psychological Health of Surrogate Mothers and Their Families, 2011. http://www.childhealthresearch.eu/research/add-knowledge/a-follow-up-study-of-the-experiences-and-psychological-health-of-surrogate-mothers-and-their-families, Jan. 15, 2017.

⑧ 刘长秋:《生命法学理论梳理与重构》,中国政法大学出版社 2015 年版,第 164 - 165 页。

⑨ 谈大正:《公正与和谐:生命法的价值取向和立法原则》,载《生命法学论要——2007 年“生命科技发展与法制建设”国际研讨会论文集》,黑龙江人民出版社 2008 年版,第 51 页。

⑩ 刘昌松:《认真对待权力与权利》,法律出版社 2014 年版,第 200 页。

禁止或者对其严加限制，不宜设定授权性规则，更不能开放商业代孕市场，这样才能维护社会的利益。[①] 从社会整体角度来探究生命科技对民众个体健康的威胁会更加具有现实意义。基于生命科技对于人体生命健康威胁的考虑，从目前的全球范围来看，法国、德国、挪威、瑞士、意大利、中国、新加坡、日本等国家的法律均禁止代孕，[②]并且对人类精子、卵子交易和活体器官的买卖均颁布法律严加管控。[③]

（二）对个体隐私权益的威胁

我们在对生命科技应用领域开展研究过程中，应当注意到，随着社会生产力的发展，科学界认知世界和探知世界的能力取得了突飞猛进的进展，可谓是今非昔比。人们不断地想获得更多重要的信息并进行技术性处理以形成一定的科学依据来满足其自身发展的需求，从而推动社会的可持续发展。在此情势下个人作为社会属性的生命个体可能会被列为信息调查、收集和分析的对象。例如，现在有不少生命科学研究机构，包括国内一些知名大学分子人类学实验室在内，已经开始向社会公众提供基因测序服务，经测寄送一张口腔黏膜试纸，就能给出详尽的检测结果，甚至包括致病风险、性能力这样特别私密的信息。“这是公民参与社会分工所形成的必然性结果。”[④]这部分信息的私密性如何得到保障，就是一个大问题。“个人信息权利是社会一项基本权利，已经成为大多数国家和地区的共识。”[⑤]如果不加以保护或者保护不当就会对公民个人的隐私权构成严重的威胁。

在后基因组时代，随着基因技术的向前迈进，社会对个人信息存在着多方面的需求。每个公民作为与外界交往的社会个体，在从社会获得一些资源的同时也必须向社会输送一些关于自身的信息，以共同构筑社会发展所需资讯的动力。在生产力发达的当代，人类对凭借生产力发展改造世界的需求比以往更加突出，这种联系的纽带就是包括基因信息在内的个体信息交流、统筹和利用。[⑥] 探索

---

① E. Holwell, J. Keehn, C. S. Leu, et al.. Egg Donation Brokers: an Analysis of Agency Versus in Vitro Fertilization Clinic Websites. Journal of Reproductive Medicine, Vol.59, 2013, pp. 34－55.

② 汪丽青：《人类辅助生殖私法调整机制研究》，法律出版社 2016 年版，第 117 页。

③ R. Almeling. Sex Cells: The Medical Market for Eggs and Sperm. University of California Press, 2011, p. 379.

④ 罗胜华：《基因隐私权的法律保护》，科学出版社 2010 年版，第 118 页。

⑤ 孙平：《系统构筑个人信息保护立法的基本权利模式》，载《法学》2016 年第 4 期，第 68 页。

⑥ Heather Widdows, Caroline Mullen. The Governance of Genetic Information. Cambridge University Press, Vol.18, 2009, pp. 263－273.

基因隐私权的保护方法也应当根据公民基因信息为基础的利益纠葛领域进行解析。[①]

当代基因权利冲突具有社会普遍性,基因信息权利中的基因隐私权属于公民权利体系的一个重要组成部分。[②] 当包括基因隐私在内的公民权利之间产生冲突之时,就要依靠人类社会逐步建构形成的各项制度去解决。[③] 但是由于生命科技的快速发展,社会治理方式对其形成的社会影响力尚不足以全面地估量和全面地把握。法律规范的发展相对于技术与社会关系的变化有滞后性,致使公民的个人信息被不当获得和利用的情形时有发生,对公民的隐私权利构成威胁。

具体而言,人类基因组计划中的一个重要任务就是绘制人类遗传连锁图。遗传连锁图的绘制完成标志着人类对于遗传信息的获知。对于某些家族而言,可能包括关于遗传信息的预警信号,该家族对于某些遗传疾病具有易感性,并且罹患该遗传疾病的概率是多少。[④] 因为假如某个家庭成员的基因检测结果被揭示出存在基因缺陷,那么其他家庭成员罹患相关疾病的概率也大大增加。在现阶段医学技术可以证明的有四种癌症,即肝癌、乳腺癌、肠癌、胃癌的发病机理与自然人的家族基因息息相关。[⑤] 一个精细胞和一个卵细胞就能把父母的全部性状信息传给下一代。据分析这些基因所携带的信息比全世界人类所记载的信息还要多。染色体的主要化学成分是由盘踞得很紧密的双螺旋的脱氧核糖核酸分子构成,它是组成基因的材料。[⑥] 参照这些变异基因的遗传规律可以推测出家庭成员的健康风险。也就是说,在生命科技应用领域,几个细胞就能使家族成员的遗传信息得到全面掌握。在信息化社会的当代,个人信息暴露和利用是对个人隐私的威胁,是对隐私权利的一种侵犯。公民个人有理由主张对于自己的遗传信息不被公开、不被利用等,这是公民隐私权的体现。个人的基因组因为有差异而各自具有自身的特点。每个人的基因组或多或少含有脆弱和变异的基因。

---

① J. Mark, Taylor & Dabid Townend. Issues in Protecting Privacy in Medical Research Using Genetic Information and Biobanking. Medical Law International, Vol.10, 2010, pp. 253－268.

② 牛乐:《基因科技发展的人权影响》,载《太原大学学报》2010 年第 1 期,第 105 页。

③ 罗胜华:《基因隐私权的法律保护》,科学出版社 2010 年版,第 116 页。

④ 高桂云、郭琦主编:《生命与社会——生命技术的伦理和法律视角》,中国社会科学出版社 2009 年版,第 84 页。

⑤ 新华网:《哪些生活小细节与癌症息息相关》,来源:http://news.xinhuanet.com/local/2014-10/28/c_1112999041.htm(访问时间:2015 年 6 月 2 日)。

⑥ 闵银龙:《法医学》,中国法制出版社 2010 年版,第 294 页。

如果公民个人的基因组信息被暴露，将会对他们的个人生活空间和利益产生巨大的影响。例如，基因检测出怀孕妇女的某种遗传性疾病，那么医生该如何处置？对于该种遗传疾病是告知其本人还是近亲属？这种近亲属的范围是比照民法上的近亲属范围还是另有特殊的范围？对此，虽然在我国民法理论中认为，在一般情况下，假如该隐私事关社会利益，则合理披露它不属于侵犯隐私权的行为，[①]但是，这在法律的明确规定上还不常见。因而，基因检测技术的应用有可能对民众的基因信息隐私构成威胁。在现有的权利体系中，诸种人格权之间具有相互关联的特征。因而，一旦个人隐私权被侵犯，往往也会影响公民个人对其他权利的享有与实现。[②]

随着人的社会属性的对外拓展，基因信息也随着社会经济发展的需求而走向市场经济运行的广阔市场。[③] 在这其中保险市场和劳动关系市场是具有普遍代表性的典型领域，有深远的研究价值。保险因而成为人类以集体行动降低风险威胁的重要社会制度之一。

保险合同设立的初衷是为了在风险社会中应对未来未知风险。“从哲学角度而言，风险是人的一种存在状态，只要有人类生活，就必然有风险。”[④]人类社会以自身的理性构建了社会秩序，通过理性的作用，人类创造了各种制度以实现和维护秩序，这种秩序建基于人类社会的合作基础上。[⑤] “保险合同是一种射幸合同，合同当事人一方支付的代价所获得的只是一个机会，人们所预设的事故只是一种偶然性的事件。”[⑥]它是针对社会发展进程中，社会主体遇到的不可预测的损害而求助于社会保险机构对其进行经济上的补偿的一种社会制度。它是人类以组织化的方式共同抵御外来风险的一种解决机制。保险合同预设事物的不确定是某些客观因素所引起的，这些客观因素在万物变迁中又成为一种概率性的客观存在。这给人们对客观实在的把握带来了近似模糊的认知境界，特别是在生命科技发展推动下的生命科学领域的研究，更让学界对由其带来的社会性问题难以确定。在不可预见的前提下，各种社会活动就是亟待解决信息的收集

---

① 具体还可见本书第三章中“社会利益与个人利益”的相关内容。

② 孙平：《系统构筑个人信息保护立法的基本权利模式》，载《法学》2016年第4期，第71页。

③ H. L. Harrell, M. A. Rothstein, Biobanking Research and Privacy Laws in the United States. The Journal of Law, Medicine & Ethics, 2016, Vol.44, p. 106.

④ 庄友刚：《跨越风险社会——风险的历史唯物主义研究》，人民出版社2008年版，第14页。

⑤ 何跃军：《风险社会立法机制研究》，中国社会科学出版社2013年版，第136页。

⑥ 《法国民法典》第1104条第2款定义射幸合同：“在契约等价是指各方当事人依据某种不确定的事件，均有获得利益或损失之可能时，此种契约为射幸契约。”

和利用问题，以便有效应对可能发生的变故。此举在保险合同中尤为重要，因为保险合同的内容和功能牵涉到风险社会的内部运行特质。它起到了转移风险、均摊风险的作用。所以，签订保险合同的重要依据因素就是个人信息的披露，主要表现为投保人的如实告知义务。“保险法律制度要求投保人在订立保险合同期间，应当如实地向保险公司披露保险标的的风险状态，禁止虚报和隐瞒相关事实。”[①]《德国保险契约法》规定，“在被保险人未履行如实告知义务的情况下，保险公司有权利解除保险合同。”[②]保险公司会想方设法获取投保人的“健康档案”，根据投保人所携带的致病基因信息，要求其支付额外的附加保险费。这在一定程度上是对投保人隐私信息的获取。就我国而言，此类问题主要存在于立法理论研究的探讨阶段，是否构成对公民隐私信息的非法获取，应当根据有关法律规定的界限范围加以辨别。

上述情况同样出现在职场劳资双方关系中。劳资双方的关系在市场经济环境下也是另一种比较重要并且具有普遍意义的社会关系。劳资关系与国民经济和公民生产生活都有密切的联系，它也是社会稳固的基石。目前的医学科技目前已经能够达到基因检测的硬件水平。它的运用可以为职场领域提供重要的参考信息，为用人单位所青睐。

职场基因信息筛选原本的意义在于建立劳动关系前和建立后发现劳动者的患遗传性疾病的概率以及特殊的基因变异，向用人单位提供雇员的健康监测数据，这种综合性信息库的建立对于单位的行政管理和生产管理是极具价值的资料。用人单位通过全面掌握员工的基因信息，就能够发挥职工各自的优势，结合单位自身的劳动生产条件共同推动市场经济的发展。职工个人的心理、性格上的固执程度、耐压力程度、兴奋程度、机敏程度无不与基因特质有关。但是，用人单位在获知有缺陷基因携带者的生命信息之后，在没有充分医学证据证明某种

① 中华人民共和国保险法(2015 年修正)第 16 条规定:“订立保险合同，保险人就保险标的或者被保险人的有关情况提出询问的，投保人应当如实告知。投保人故意或者因重大过失未履行前款规定的如实告知义务，足以影响保险人决定是否同意承保或者提高保险费率的，保险人有权解除合同。前款规定的合同解除权，自保险人知道有解除事由之日起，超过三十日不行使而消灭。自合同成立之日起超过二年的，保险人不得解除合同;发生保险事故的，保险人应当承担赔偿或者给付保险金的责任。投保人故意不履行如实告知义务的，保险人对于合同解除前发生的保险事故，不承担赔偿或者给付保险金的责任，并不退还保险费。投保人因重大过失未履行如实告知义务，对保险事故的发生有严重影响的，保险人对于合同解除前发生的保险事故，不承担赔偿或者给付保险金的责任，但应当退还保险费。”

② 《德国保险契约法》第 16 条规定:“投保人所知悉的并且对于风险承担属于重要的事实，应当订立契约时告知保险人。”

缺陷基因会直接对劳动效益产生不利影响的情况下，有可能会径行提前解雇劳动者。这是对劳动者隐私权和劳动权的一种侵犯，也是不利于社会的稳定的。在2010年我国基因歧视第一案中，就是因为3名公务员被拟录取者血检（经过复查一次）结果显示三原告携带地中海贫血致病基因，被佛山市人力资源与社会保障局以轻型的地中海贫血属于血液病为由不予录用。当事人向法院起诉，一审判决原告败诉，二审法院维持原判。[①] 自此事件发生以来，就一直争议不断。[②] 其实，医学研究表明，此基因携带者并不表现出疾病症状，可以和普通人一样工作和生活。如此的处理和判决结果是对此类（地贫）基因携带者的社会歧视。

由此可以看出，各种生命科技的应用给公众个体的生命权、健康权、基因隐私权、基因平等权等诸多权利都构成了威胁。“权利之间的冲突根源在于社会关系主体之间的利益冲突。”[③]权利冲突并不仅仅存在于规范上，更表现在具体实务中的冲突，从而形成了行动中的权益冲突。每一个具体生命权利冲突都充满了价值判断，行动中的生命权利冲突包含了伦理、习俗等重要因素。[④] 值得我们关注的是，权利之间的冲突与权利的滥用存在区别。权利的冲突是在权利边界范围内发生作用，只是因为不同的权利主张交叠在一起，呈现出重合的部分，每一方所主张的权利都有来自相对方的权利相抵冲。[⑤] 权利滥用则超出了权利的边界，而侵入到他人权利的空间，直接对他人的利益造成了损害，属于侵权行为。在上述一系列实例中，就体现出权利之间的冲突，甚至出现权利滥用的倾向，构成了生命科技应用对人类个体的损害风险。如果这种损害形成叠加效应，则会构成对社会公共利益的威胁。

---

① 参见佛山市禅城区人民法院（2010）佛禅法行初字第42号判决书、佛山市中级人民法院（2010）佛中法行终字第381号判决书。

② 值得注意的是，佛山中院在判决三考生败诉的同时，向佛山市人力资源与社会保障局发出司法建议。在建议中，佛山市中级人民法院认为，公务员体检是一项长期的工作，“基因案”中出现的问题在今后亦有可能再次出现。为妥善处理该类纠纷，积极回应民众的关切和专业争议，建议佛山市人力资源与社会保障局对没有明显临床症状的地中海贫血患者能否进入公务员序列等问题进行调研，并上报相关主管部门。

③ 任广浩、叶立周：《论权利冲突——以利益冲突为线索的考察》，载《河北法学》2004年第8期，第71页。

④ Byrd, D. Gary, P. Winkelstein. A Comparative Analysis of Moral Principles and Behavioral Norms in Eight Ethical Codes Relevant to Health Sciences Librarianship, Medical Informatics, and the Health Professions. Journal of the Medical Library Association: JMLA, Vol.102, 2014, p. 247 - 256.

⑤ 王利明：《人格权法研究》，中国人民大学出版社2005年版，第208页。

二、对社会公共利益的威胁

生命科技应用对人类社会发展带来了新的契机，它富含先进性、实用性和拓展性等技术特征，为人类社会带来了巨大的收益。然而，我们需要高度注意的是，它的发展会冲击社会伦理观念、异化社会结构，以及影响社会稳定。我们必须对生命科技应用带来的威胁保持警惕。否则，其破坏力是难以估量的，将会使社会的发展陷入规划上和治理上的双重困境。

（一）冲击社会伦理观念

随着生命科技的不断深化，其涉及面日益广泛，会对社会伦理观念形成很大的冲击，从而威胁着社会公共利益。现代生命科技已经具备对人脸进行更换的技术条件，人脑组织的替换技术也在蓬勃发展，技术条件趋向成熟。在社会发展进程中，个体间建立起来的多种多样的社会关系，最终构成了整体意义上的社会。人脸和指纹等生理性身份识别信息的重要性日趋提高，一些产品已经综合了包括指纹、面部特征、虹膜等多种识别技术，在当代社会中广泛地应用。[①]

在日常生活中，人们区分个人的最为直观的方法就是对面部特征加以识别。人脸具有世界上独一无二的特性，这是人们通过人脸的外部特征而进一步理解他人的本质的纽带。然而，当科学技术的应用与社会关系的发展、演化过程发生交集时，难免要引发一定程度上的紧张关系。在生命科技应用中，我们是要保留长期文化和社会治理制度积淀下来的伦理道德，还是在伦理道德与生命科技发展产生矛盾时，抛弃伦理道德转而鼓励生命科技继续前行？[②] 在科学技术的不断创新和突破的情况下，上述问题是一个人们尚未来得及斟酌的问题。通过换脸手术或者换脑手术，使接受手术者重新开始新的生活和社会交往，那么他的外观已经发生了改变，或许只有他本人才意识到自己还是原来的自我，他人无从谈起有这种意识，而总是通过人脸的外部特征与他的本质联系起来。[③] 相比之下，人脑的器官移植从技术条件的要求上更加复杂，它带来的伦理问题也更加复杂。人的大脑不但管理着人的日常行为，而且人的思想修养、智力水平和性格品质等都与人的大脑活动有关。这些因素综合起来就能够把人与人之间的特质区分开来。人脑移植产生的社会问题是“复合人”的出现，导致人与人之间身份识别的

---

① 三星公司的 Galaxy Note 7 及之后的产品就已经综合了包括指纹、面部特征、虹膜等多种识别技术。

② 钟凯：《徘徊在伦理与法律之间的“换脸手术”》，载《律师与法制》2006 年第 2 期，第 68 页。

③ 杨既福、杨军：《对“换脸手术”的法律思考》，载《重庆交通大学学报：社会科学版》2007 年第 4 期，第 31 页。

困境，它的应用是对社会伦理道德的一种威胁。[①] 这种做法形成了一个人的外观，却有另一个人的想法和观念。如果发生在不同的性别和年龄的人之间还可能导致身份的错位。在器官移植过程中如果对供体和受体不加以严格、审慎的选择，必将引起社会成员之间关系的混乱。因为这些已经有自身特质的民众在移植他人的肾脏、肢体、心脏或者大脑以后是否还能称之为以前的社会主体，是一个需要重新确认的新问题。

在生命科技应用的现代临床医学中，人们把人工辅助生殖技术作为一项重要的帮助不孕不育夫妇获得生育后代和实现不孕夫妇拥有完整家庭梦想的生命科学技术。[②] 它是当代生命科技发展并适应社会需求的产物。与此同时，它也对几千年来传统生殖和人类伦理学、道德发起了挑战，甚至是完全颠覆性的科技革命。它对自然生殖的伦理观念和做法以及对于法律等社会规范提出了新的问题，形成了法律规制的空白。从社会伦理角度来看，代孕行为不利于家庭结构的稳定。当代家庭成员的数量规模已经日趋缩小，在这个狭小范围中，任何格局的变化都会影响到家庭结构的稳定。当代孕契约签订以后，委托母亲与代孕母亲的监护权、探望权、抚养权发生冲突时，会对委托夫妇和后代建立起来的家庭结构产生破坏，影响家庭关系的和谐，对子女的权益造成侵害，不利于子女的健康成长。[③] 特别是在法律规制处于缺失状态时，则不能对子女的权利进行有效保护。除上述情况将会出现之外，代孕行为对社会伦理观念的威胁还表现为其可能会导致传统家庭模式的破坏。如果代孕行为不是以既有的夫妻婚姻关系为前提，而是超出了法律意义婚姻框架去寻求代孕服务，则悖离了传统家庭伦理观。[④] 这种需求主要出现在单身人士群体或者一部分同性恋家庭。[⑤] 随着社会中的此种代孕需求数量越来越多，势必会对依据社会伦理长期积淀形成的家庭模式构成挑战。再者，代孕会导致家庭伦理关系的混乱。代孕科技的应用使受孕、分娩和抚养子女的主体能够分离，形成错综复杂关系的综合体，导致在法律

---

① 姜柏生、刘虹、李勇：《高新生命技术背景下民法问题的法哲学审视》，载《医学与哲学》（人文社会医学版）2009 年第 9 期，第 54 页。

② R. Tong, Surrogate Parenting, Internet Encyclopedia of Philosophy, 2011, p. 371.

③ S. Imrie, V. Jadva. The Long-term Experiences of Surrogates: Relationships and Contact with Surrogacy Families in Genetic and Gestational Surrogacy Arrangements. Reproductive Biomedicine Online, Vol.29, 2014, p.424.

④ Lawrence O. Gostin, Surrogate Motherhood: Politics and Privacy. Indiana University Press, 1990, pp. 36 - 39.

⑤ Norton W., Hudson N., Culley L.. Gay Men Seeking Surrogacy to Achieve Parenthood, Reproductive Biomedicine Online, Vol.27, 2013, pp. 271 - 279.

规制上和伦理评判上都会出现困境。[①] 例如,日常生活中出现母亲为女儿代孕、姐妹之间的代孕,使得传统意义上的社会伦理观念遭到动摇。这不利于社会的良性发展。

(二)异化社会结构

就现代社会而言,社会结构包括诸多的方面,包括家庭结构、消费结构、就业结构等方面。[②] 这些结构都是受制于社会资源分配和占有的客观状况,随社会资源分配制度的变迁而发生演化。这是与市场经济发展方式符合的客观存在形态。生命科技成果的滥用和以社会财富的多少来占有生命科技资源势必会对整个社会结构形成威胁,动摇社会结构平衡发展的基础,影响社会公平正义的实现。[③]

生命科技发展到今天在有些领域已经日趋成熟,例如,基因科技、人类干细胞科技以及人工生殖科技等领域都有突飞猛进的跨越式发展,对人的生命活动起到了调节的作用。生命科技代表着人类社会的发展最前沿,时刻闪耀着理性的光芒。科学技术与大社会之间的关系问题,哲学家和社会科学家已经提出过。当代社会结构的演化其实是通过法律制度和民主制度的设计加以体现和推动的。"英国著名经济学家、法学家哈耶克经过深入研究西方法律及社会制度,提出了建构理性主义(constructive rationalism)和进化理性主义(evolutionary rationalism)的分类。"[④]以霍布斯、卢梭和边沁等人为代表的建构理性主义认为,人的理性具有巨大的潜在力量,通过理性的设计,人类社会可以设计出完善的制度。以亚当·斯密、大卫·休谟、托克维尔等人为代表的进化理性主义认为,人

① 薛现林:《生命科技发展与法律的回应》,载《河北师范大学学报》(哲学社会科学版)2004 年第 4 期,第 53 页。

② 从广义地讲,社会结构可以指经济、政治、社会等各个领域多方面的结构状况,狭义地讲,在社会学中主要是指社会阶层结构。社会结构(social structure)是指一个国家或地区占有一定资源、机会的社会成员的组成方式及其关系格局,包含人口结构、家庭结构、社会组织结构、城乡结构、区域结构、就业结构、收入分配结构、消费结构、社会阶层结构等若干重要子结构,其中社会阶层结构是核心。社会结构具有复杂性、整体性、层次性、相对稳定性等重要特点。一个理想的现代社会结构,应具有公正性、合理性、开放性的重要特征。社会结构的内容实际上是社会的主体——人及其生存活动——社会活动和社会关系的存在方式,一般表现为:①人口结构;②人群组合结构;③人的活动位置结构(在社会中所从属的集团阶层);④人的生存地域空间结构;⑤生活方式结构;⑥以及社会经济、政治、法律、文化等各方面各领域的构成及相互关系等。

③ 李路路:《社会结构阶层化和利益关系市场化——中国社会管理面临的新挑战》,载《社会学研究》2012 年第 2 期,第 2-3 页。

④ 学术堂网:《对建构理性主义与进化理性主义的认识与启示》,http://www.lunwenstudy.com/lishishehui/33796.html(访问时间:2016 年 1 月 3 日)。

的理性是非常有限的，理性在人类事务中起着相当渺小的作用。例如，法律制度等各种现实的制度设计，并不是人类预先设计的产物，而是偏注重传统与惯例，以一种累积的方式自由演化而来。在当代，法律和政策的制定者与普通公民面对生命健康和生命科技应用的争论，应采取上述哪一个理性主义作为指导思想进行建构的问题重新得以热议。① 基因技术、人工生殖技术和人体器官移植等技术的应用与当代法治发展之间的关系都属于此范畴。这些新兴事物在快速发展中，潜移默化地冲击着整个社会的结构。因而，生命科技研发和应用的法律制度设计是需要审慎斟酌的事务。对于理性，我们应当有清晰的认识，防止理性主义的自大与风险。在生命科技应用法律制度的设计过程中，我们不可片面坚持建构理性主义所鼓吹的人类知识的无穷潜力，也不得片面地认为进化理性主义的法律制度建构模式需要依据以往的惯例和传统，经过漫长的演化和完善才能达到对生命科技研发和应用的有效规制目标。如果这样进行法律制度的安排会导致当前法律制度在高速发展的生命科技面前处于规制不能的境地，更加凸显出法律制度较之社会快速发展而显露出的滞后性弊端。目前，我们宜采取进化理性主义和建构理性主义融合的优化路径，兼采二者的合理成分，发挥建构理性主义的思路，积极推进生命科技应用法律制度的构建。同时兼顾进化理性主义所坚持的遵循法律制度的传统和惯例，推动生命科技法律制度的发展进步。经过沟通，才能实现更高层次的法律制度创新和维护生命科技发展中的相关权利，从而防止生命科技成果的滥用。规制社会资源的不合理的分配方式，使生命科技成果被更加广大范围的民众所共享，从而消除威胁社会结构的因素，维护社会结构的稳定，维护社会秩序，实现社会公平正义。

由于生命科技的应用可以提高人的寿命、治病救人，进而提高人们的生活质量，使人类千百年以来的梦想变为现实。但是，在社会上出现的大量生命科技不合理使用，甚至滥用，给人类带来的灾难是难以估量的。例如，“克隆人的出现标志着后生命科学时代的到来。”②一些科研机构借助新科技实施的行为实施克隆人的计划，“这违背了基因的自然选择并且随机自合的本质。”③此行为不符合当代社会人口结构，也不符合法律规则的内容，并且违反了法律制度中所要求的行

① ［英］彼得·泰勒—顾柏、［德］詹斯·O·金：《社会科学中的风险研究》，黄觉译，中国劳动社会保障出版社2010年版，第85页。

② 孙慕义：《上帝之手——高道德风险的生命技术何以从伦理学与神学获得辩护》，载《医学与哲学》2002年第9期，第19页。

③ 赵俊：《基因科技：寻求理性与跨越——对克隆人的再思考》，载《南京医科大学学报》（社会科学版）2005年第4期，第313页。

为主体作出具体行为时须符合公序良俗原则的立法精神。我们通过法定程序，对现有的法律规范做出解释或者修改，把这一部分我们无法容忍的行为视为是违法的，甚至是犯罪的。上述违法、犯罪行为使生命科技应用的宗旨被打破，“与社会人文价值相冲突，不符合社会公平正义的价值追求。”[①]在充分肯定生命科技整体发展面向正义性的“善”的同时，还要关注上文已经阐述的生命科技应用所涉及的社会公平正义问题。

我国出现过富人阶层可以通过支付高额医疗费用的方式得到产下多胞胎的机会的案例。例如，2010 年广州番禺区一对富商夫妇久婚不孕，借助试管婴儿技术成功孕育 8 个胚胎。通过支付高额医疗费用，借助人工辅助生殖技术向妻子自身植入 3 个胚胎，又雇佣两位代孕母，私下签订代孕协议，通过人工生殖技术植入另外 5 个胚胎，最终全部孕育成功，诞生 4 男 4 女“八胞胎”。这一案件引起国内媒体广泛报道，也引起了国内的立法和执法机构的关注。广东省卫生、公安、计生等部门对此专门开展了联合调查。2012 年广东省卫生监督所向社会公布了“富商生八胞胎”事件的调查和处理结果，判定富商夫妇借试管婴儿和代孕母亲生下八胞胎中的五胎为超生，决定征收富商夫妇巨额社会抚养费。[②] 但是，执法机构针对“八胞胎”案至今尚未查出违规操作的人工辅助生殖机构，只能通过计生部门对富商夫妇进行罚款处理。[③] 代孕行为的合法性问题至今尚存争论，法律规范在此领域也存在空白。就其社会属性的争论来说，一方支持者认为通过代孕等人工辅助生殖方式可以为人类创造出更多的生育机会和途径，实现公民的生育权利。而反对者则主张通过高消费等金钱交换性质的人工辅助生殖违反了社会公平正义，形成社会资源的不规则使用，形成公众受益相差悬殊的状态。[④] 通过社会阶层经济结构分析可知，只有经济状况在社会成员中处于中上水平的民众才有可能享受到生命科技发展的成果，而数量庞大的处于经济状况低下水平的民众则不能够在生命科技发展中受益。“这极易使造福人类的医学

---

① 刘长秋：《生命科技刑事责任根据研究》，载《山西警官高等专科学校学报》2011 年第 2 期，第 5 页。

② 新华网：《富商借试管婴儿代孕生八胞胎 计生部门判定五胎为超生》，http://news.xinhuanet.com/legal/2012-12/14/c_114032400.htm(访问时间：2016 年 10 月 2 日)。

③ 西陆网：《广东富商“八胞胎”案尚未查出违规生殖机构》，http://shizheng.xilu.com/20121214/news_863_297353.html(访问时间：2016 年 10 月 3 日)。

④ H. Konečná, J. Kocourková, B. Burcin, et al.. Can a Magic Wand Plausibly be Used in Serious Psychological Research? The Complications of Researching the Ideal Age at Which to be a Parent through the Eyes of the Child. Human Affairs, Vol.24, 2014, pp. 354 - 362.

事业成为拜金主义的温床,不符合社会正义。"[①]研究的结果也证明只有少数社会成员能够在经济上负担此生命科技的应用行为,新兴技术并未成为被人类所共享的"公共益品"(common good),并未形成社会普遍性的福祉。

前述的案件材料也说明,生命科技的应用会影响就业结构和市场经济运行结构。如果在合同订立期间或履行过程中,合同当事人在违背当事人真实意愿的情况下,要求合同相对人进行基因医学检测,如果检测到身体素质不良的信息就很可能会出现对公民产生歧视的效果,形成基因歧视。在劳动合同履行过程中就会导致失业群体人数的增加、保险合同无法订立或者宣告撤销,使潜在的市场经济运行主体地位丧失。这些都是破坏社会结构的因素,不利于社会管理,也不利于社会经济的健康发展。

对于一个国家的人口结构而言,中国历史上积淀的文化认为人们应当通过自然生育才是符合自然规律的,也能在最大程度上保障社会成员的优胜劣汰。在现代医学运用尚未普遍涵盖人类所有医疗领域的当代,人们仍然没有抛弃或改变这样的意识形态。通过人工生殖技术生育的子女与普通新生儿无异,但社会争议很大,焦点在于反对者认为人工生殖技术获取生命,身体素质上的已知和未知的缺陷会较多[②],对生命个体和社会成员总体素质都是不负责任的做法,会破坏人口结构,难以形成人口红利,从而影响社会结构的稳定,不符合社会公平正义价值观。[③] 所以,随着生命科技的高速发展,带动了社会巨大变迁,却也对社会资源的分配和传统的社会结构与福利模式均形成了威胁。

(三) 影响社会稳定

风险社会给公众观念形成的影响是风险随时可能会发生,损害后果随时会产生。这就导致了公众对社会稳定的期盼比以往任何一个时代都要强烈。因此,立法必须考量维护社会稳定的因素,只有社会安定因素内化为法律制度中的相关规则,才能在一定程度上满足社会发展对稳定的需求。立法过程中应当重视安全价值,法律在规制社会事物的过程中不但要考量自由、正义、秩序等价值,而且应当把追求社会安定置于重要因素加以考量。[④] 在生命科技频繁运用于当

---

① 孙慕义:《技术与重商主义医学的鬼魅性与后生命科学时代的信仰》,载《医学与哲学(人文社会医学版)》2011 年第 8 期,第 3 页。

② J. L. Rosato. Regulating Assisted Reproductive Technology: Avoiding Extremes. Technology, 2009, p. 16.

③ 张新起、景文宏、周潮:《人口结构对经济增长影响的实证研究》,载《统计与决策》2012 年第 10 期,第 139 页。

④ 何跃军:《风险社会立法机制研究》,中国社会科学出版社 2013 年版,第 133 页。

代风险社会的情境下，对于社会安全和社会稳定是一种冲击。目前，医学界已经掌握了把人的基因和其他动物或者生物基因嫁接并合成新的基因的技术，这是医学界改造自然能力的体现。[①] 这种技术的应用会产生全新的甚至是超自然的生物体，它具有人的某些特征，但又具有人所不具备的特征，所以称之为非人非兽的未知怪物。这种新的事物的出现犹如外来物种，给相对稳固的社会生存和秩序现状带来前所未有的冲击，必将对人类社会稳定构成威胁。[②] 近几年来，生命科学界又传来要将人的基因与黑猩猩的基因进行剪接，杂交出“智能猿”用作科技时代的奴隶。如果对此类生命科技应用不加以规制和引导的话，就会对人类社会带来难以估量的灾难。这种严重反伦理应用的做法与当代法治中倡导的法律制度构建要与伦理相结合的法治理念背道而驰。这将不仅仅是威胁到公民个人的问题，而是涉及威胁到社会稳定与社会良性发展的问题。人类的发展成果可能会被生命科技的不当应用而毁于一旦。它不仅会破坏生态平衡，而且还需要对人本身重新进行定义，增加群体性的心理负担。人类尚未掌握应对未知风险的预防和抵制方法，对其负面效应难以确定，严重影响着社会稳定。

在法治发展不健全的情况下会出现非法转让、买卖生命资源的非法行为，为他人滥用生命科技提供了条件，也形成了滋生违法、犯罪行为的频发领域，对人类社会稳定构成威胁。[③] 社会稳定是实现社会利益和公民利益的重要保证，法治的目的之一就是维护稳定。在当代风险社会法治中，维护社会稳定就是维护公民的利益和社会的利益。

基于公众和政府对生命科技在应用过程中极易造成社会混乱的担忧，我们必须探究其原因，才能探寻克服困境的出路。这些主要的原因是：

---

① 林岗、许家民、马莉：《生物制造——制造技术和生命科学的完美组合》，载《机械制造》2006 年第 4 期，第 46 页。

② 据美联社 2005 年 12 月报道，美国科学家宣布，他们培育出具有少量人类大脑细胞的老鼠，试图造出诸如帕金森氏症等神经疾病的“现实模特”。这也许会造出“人鼠混合体”，很有可能再次引发法律和伦理道德大讨论。中国社会科学院生命伦理学家邱仁宗说，目前国内生命伦理学界对类似的实验都持非常谨慎的态度。因为跨物种的干细胞移植究竟会带来什么样的后果，科学家也不能确定。国外有生命伦理学家也在担心，将人类的干细胞移植到动物体内，动物会不会因此获得某些类似人类的意识或感觉，甚至产生情感？此外，一旦人类干细胞在动物体内与动物的生殖细胞发生融合，就会产生所谓的非人非动物的嵌合体，人类又该如何对待这样的生物，目前也没有定论。他表示，目前这样的实验在我国是被禁止的，但美国存在双重标准，政府体系的研究机构都不允许研究，而私立的研究机构则可以开展这类研究。新浪网・科技时代：《我国禁止鼠人实验 跨物种干细胞移植后果难料》，http://tech.sina.com.cn/d/2005-12-14/0750791217.shtml（访问日期：2016 年 6 月 1 日）。

③ 刘长秋：《生命科技犯罪引论》，载《北京人民警察学院学报》2006 年第 4 期，第 25 页。

1. 技术的盲目扩张

生命科技的产生和产业化的前提条件就是技术的发展。技术的发展本应该在造福于社会和人的生命健康轨道发展，但是现实的需求和法律规制失利，致使生命技术沿着灰色产业路径加速发展。近年来广泛热议的代孕问题就是典型例证。人工生殖技术自诞生以来就在中国蓬勃发展起来。医学界不仅已经掌握人工授精技术，而且就连技术难度更加高的体外受精——胚胎移植技术也已经发展到了第三代。根据最新的生命科技发展成果，科学家已经能够帮助有需求的公众进行“三亲育子”。2015 年 2 月 3 日，英国下议院投票通过一项试管授精新技术，引发持续热议，因为该技术能够最终催生世界上首个“一父两母”试管婴儿。有专人人士分析认为，对于人类历史而言，其意义将不亚于 1978 年第一位试管婴儿的诞生。[①] 从理论上讲，它可以降低新生儿遗传疾病的概率。但因其具有不可知的风险，也引来了争议。[②] 现在的生命科技能够做到操控胎儿的性别、规避某些基因缺陷以及操控胎儿数量。选择代孕者也并不仅仅是因为其没有生育能力，而是希望代孕解决胎儿数量、胎儿性别，以及胎儿基因缺陷等问题。[③] 由此可见，现代生命科技的迅猛发展在很大程度上是基于公众对生命科技日益膨胀的依赖和需求。但是这些需求的领域，有很大的比例是法律所禁止的灰色地带。[④] 这是市场经济环境中，技术资本的逐利性迎合了社会公众的不当需求的结果。这提高了社会治理的难度，影响社会稳定。

2. 高额利润刺激

按照亚当·斯密的理论，现实社会生活中的人们都是理性的“经济人”，他们基于本性追求个人利益的最大化。“经济人”的自利本性是社会经济发展必要的推动力量。[⑤] 但如今的社会，对于日趋繁多的经济行为来讲，法律权力则显得规

---

① 网易财经网：“三亲育子技术：福音背后仍留隐忧”，该技术更科学的称呼是“线粒体替代法”。这项技术由英国研究人员于 2010 年首次公布，治疗基本原理是通过先进的生殖技术找到一位健康女性的卵子线粒体，替换掉有缺陷的母亲卵子线粒体。捐赠者的基因占新生儿基因总体的 0.1%，因此在基因层面，新生儿有两位“母亲”、一位父亲。http://money.163.com/15/0207/08/AHR9USFP00253B0H.html(访问日期：2016 年 6 月 2 日)。

② 郑焕斌：《一父两母婴儿风险几何》，载《科技日报》2014 年 11 月 24 日。

③ L. Frith, E. Blyth. Assisted Reproductive Technology in the USA: Is More Regulation Needed? Reproductive Biomedicine Online, Vol. 29, 2014, p. 516.

④ A. Shabana. Foundations of the Consensus against Surrogacy Arrangements in Islamic Law. Islamic Law and Society, Vol.22, 2015, pp. 82 - 113.

⑤ 焦君红、孙万国：《从“经济人”走向“生态理性经济人”》，载《理论探索》2007 年第 6 期，第 81 - 82 页。

制能力不足。“强烈的利益驱动着人们违反法律规范。”[①]例如，对于代孕母亲而言，代孕的报酬是相当丰厚的，较之于从事普通的工作，辛勤劳动换来的收益远远不能与代孕报酬相提并论，[②]而且代孕周期无须经过特别漫长的时间。对于代孕行为人而言，代孕交易只是将商品换成了婴儿，周期是十个月到一年。因此，虽然代孕需要做一些前期的准备工作，同时也可能存在损害代孕母本人健康的风险，或者存在孕育后代的亲子关系等问题。[③] 但是，“代孕母出于巨额经济利益的推动，对于这一极具商业诱惑的途径，上述因素皆可忽略。”[④]大多数代孕女性仍然愿意从事代孕。“有些代孕母甚至认为代孕是一次积极的经历。”[⑤]这对于实施生命技术的医疗机构，甚至是中介机构来讲，他们只要实施已经掌握的技术资源和客户资源就能轻松地获得巨额利润。[⑥] 这些因素结合在一起，共同推动了代孕“灰色产业链”的兴起。与代孕技术应用同时期的人体器官买卖、违法基因检测等生命技术的应用，不但损害了个人生命健康，而且也破坏了社会秩序，增加了社会的混乱，严重影响了社会稳定。

三、对人类整体利益的损害

生命科技的发展对人类整体利益的损害主要显现在，其侵害人类尊严和价值、威胁人类种群和人类的生存与发展。这些问题在权利保护体系不够完善和法律规制失利的情况下表现得尤为明显，这足以引起学界以及全社会的高度重视，否则人类生存与发展难逃生命科技应用灾难惩罚的后果。

（一）侵害人类尊严和价值

生命科技发展在当代处于高速发展期，它的社会影响有积极的一面，也引发了人们对其发展带来的负面冲击的思考。这些思考涉及人类尊严和价值的损害

---

① ［德］马克斯·韦伯：《论经济与社会中的法律》，张乃根译，中国大百科全书出版社1998年版，第32－33页。

② 新华网：《揭秘地下代孕产业链：租个子宫买孩子花50万到100万就搞定》，http://news.xinhuanet.com/2014－09/22/c_1112581728.htm（访问日期：2016年6月6日）。

③ Olga Van den Akker. Genetic and Gestational Surrogate Mothers' Experience of Surrogacy. Journal of Reproductive and Infant Psychology, Vol.21, 2003, pp. 145－160.

④ E. Stehr. International Surrogacy Contract Regulation: National Governments' and International Bodies' Misguided Quests to Prevent Exploitation, Vol.35, 2012, pp. 253－260.

⑤ V. Jadva, C. Murray, E. Lycett, et al.. Surrogacy: the Experiences of Surrogate Mothers. Human Reproduction, Vol.18, 2003, pp. 2196－2203.

⑥ Amrita Pande. Wombs in Labor: Transnational Commercial Surrogacy in India. Columbia University Press, 2014, pp. 20－23.

等方面。“这也引起了人们对生命科技环境中的尊严和价值的关注。”[①]价值在哲学上的表述就是主体与社会、自然之间的关系，人和客观事物本身的满足和有用性就是价值关系。它是现代西方政治学、法学运用比较频繁的概念。[②] 在《牛津英语大辞典》中对“价值”所作的定义是：“它们是一些普遍原则和观念，体现对事物之价值，可追求的理想性等进行的判断…… 这些价值因素具有丰富的内涵，包括重要性、有用性、国家安全、公共利益、公民的自由道德标准的维持等方面。”[③]

在当代社会中，生命科技理论与应用领域都存在着相对立的观点，形成激烈的争议，这些争议主要反映在基因干预技术的应用、人工辅助生殖技术的应用、器官移植技术的应用等诸多方面。这反映的是生命科技发展过程中所蕴含的价值以及价值冲突如何协调的问题。这是从辩证的哲学观点来分析问题的结果。对于生命科技应用，社会主流的观点是肯定其在一定社会条件下对社会矛盾的解决起到推动作用，而不是“一刀切”方式的全盘否定或者肯定其时代作用。一方面，生命科技本身就体现出无穷的社会推动价值，呈现出“高歌猛进”的发展态势，符合和适应了当代社会对于生命科学技术迫切需要的现实需求。但是学界也应当清醒地意识到生命科技发展引发的负面效应，以及由此引发的人类社会重大价值冲突。这些应当引起当代学界的警惕。

科技发展所带来的社会变化，必然进一步引起法学研究与法律实务的响应，在生命科技法治建设中关注生命科技发展对价值的威胁和冲击，其实是生命科技相关立法工作的基础。从立法的角度来看，社会正义价值是古老而又非常重要的价值。罗尔斯认为：正义的社会制度是应当协助社会中的处于劣势地位者，使他们获得最大程度的利益。[④] “在社会发展的历史进程中，存在各种利益之间的冲突，在这些利益冲突中找到一个平衡点，那么就算是正义的制度了。”[⑤]“社会正义的实现，归根到底是作为自然的人的全面发展。”[⑥]例如，社会中存在许多不孕不育的夫妇，是生育方面的劣势者，在生命科技迅猛发展的当代，如果能够借助人工生殖技术实现其生育的梦想就是一种正义的举措。但是，生命科技会

① 邱仁宗：《高新生命技术的伦理问题》，载《医学与哲学》2000 年第 11 期，第 22 页。

② 徐永康主编：《法理学专论》，北京大学出版社 2008 年版，第 36 页。

③ 《牛津英语大辞典》，外语教学与研究出版社 2012 年版，第 1692 页。

④ 万俊人：《罗尔斯读本》，中央编译出版社 2006 年版，第 2 - 4 页。

⑤ 万俊人：《罗尔斯读本》，中央编译出版社 2006 年版，第 4 页。

⑥ 张周志：《人是实现社会正义的最终价值目的》，载《人文杂志》2009 年第 2 期，第 20 页。

被滥用，后果不仅仅是对于形成社会威胁的谴责，而且更重要的是对于社会价值观念的侵害。

关于生命科技应用与人的尊严问题，在 2013 年 3 月中国中央电视台《看见》栏目专门针对病人选择生命维持系统还是有尊严地死去问题，进行过讨论。[①] 对于生命体征微弱，治愈希望渺茫的病人，是否要采取人工呼吸，人工心率等先进的生命维持系统积极给予治疗，还是让病人"尊严死"，最大限度减轻其痛苦，一度引发社会舆论和专业技术人员的热议。有统计显示，人的一生中有 70%的治疗费用是使用在生命即将终止阶段的药物和设施上，最后起到的治愈效果却占很小的比例。如果能够将此类高额的先进医疗资源合理应用在治愈概率更大的病人身上，无论是对于患者个体，还是整个社会，都具有更为显著的意义。

"人性尊严"一词可以追溯到西方宗教理论。它强调的核心就是人生而平等，没有高低贵贱之分。"生命是神圣的，应当受到平等地保护与珍视。"[②] 人性尊严被引入到社会发展与社会治理领域的思辨范围，引发了人们的浓厚兴趣和讨论。理解这一概念的地位与人权理念具有殊途同归的效果。它带来了个体自由理念的进一步深化和社会发展理性的回归，并且它的背后还蕴含着各种文化之间的碰撞和融合。相对于人权标准的不同一性，人类对于人性尊严的认可度更加高。这与尊严在人的社会交往和生活中的渗透情况有着密切的关系。例如，在宗教层面上，人性尊严是世界上各个主要宗教的核心价值。它能够帮助人类探索本源性的理念，探索人类社会特有的行为和权力，并且在此基础上分析社会成员的义务和责任。学界以上述宗教层面对于这种尊严的理解为基础，形成了哲学层面上对于人性尊严的分析和研究。德沃金从社会制度构建的角度确定了人性尊严的两个原则。即人的生命具有特殊的价值，它的重要性是与生俱来的，又是一种需要积极地去争取的价值。这种与生俱来的价值蕴含的哲学理念就是人与人之间的平等。另一方面也体现了社会个体自由意志，尊重个人的自由选择。以哲学和宗教的合理性内核为基础，各国法律的创制也意识到生命科技高速发展的社会，对于人的尊严和价值的威胁。[③] 就概念而言，对于生命科技发展环境下的人性尊严概念还处于非同一的、模糊的状态。这就形成了一系列的法律调整的空白。对于生命科技的反自然性的行为规制力度不够，导致了堕

---

① 中国中央电视台网：http://cctv.cntv.cn/lm/kanjian/（访问时间：2016 年 12 月 2 日）。

② 龙晟：《人性尊严法律概念之历史》，载《法治论丛》，2008 年第 7 期，第 58 页。

③ 卢彪：《直面生命技术伦理的道德视点》，载《中共南京市委党校南京市行政学院学报》2006 年第 5 期，第 8 页。

胎、基因改造、克隆实验等技术的应用给“尊严和价值”造成威胁。这也反映出在生命科技领域的法制不健全的背景下，形成的生命科技应用导致的接受程度不同之现状。所以，保障人性尊严应当成为今后生命科技应用立法的主要理念。[①]

（二）威胁人类种群

英国科学家达尔文在他潜心撰写的巨著《物种起源》中，论述了有关于生物的进化论学说，第一次用大量的事实和完整的理论体系论证了生物进化的规律。[②] 早在19世纪70年代科学家达尔文就发表了《人类的由来及其性选择》，描述了人类进化的过程。在19世纪60年代奥地利生物学家孟德尔在达尔文的理论基础上进一步提出了“遗传因子”的物质进行传递的学说。[③] 英国生物学家哥尔顿以达尔文和孟德尔的理论为指引，撰写出《人类才能的调查研究》。在这部专著中最具有划时代意义的就是其中提出了“优生学”(eugenics)的概念。按照他的理论，优生学的内涵是，在社会治理过程中，全面研究分析那些能够侵害人类的后代在智力和体力上的种族素质的多种动因，这是生命科技发展的表现。随着社会的发展和变迁，优生学的概念进一步地深化和拓展，分为积极和消极两个领域。[④] 但其目的都是为了改良人口整体素质，产生优秀的后代。虽然优生学所涉及的是自然科技的探索研究，但是它涉及的社会治理的问题是相当广泛的，包括法律、伦理、道德、经济政策等方面。“多年以来，美国国会还把人类遗传物质所形成的伦理和法律问题作为重要议题，召开过听证会，足见遗传、优生等方面的科学研究对社会产生影响的重要程度。”[⑤]对社会治理来说，要把优生学和这些领域结合起来研究才能发挥它造福于人类社会的价值。[⑥] 预防和控制它给社会带来的负面效应也应当被放置在同等重要的位置，否则就会给人类社会带来灾难。但不幸的是，优生学的理论被种族主义分子和法西斯主义分子不法利用，作为一个种族优于其他种族的理论依据，推行惨无人道的种群灭绝政策。例如，优生学在第二次世界大战期间被德国法西斯所利用，叫嚣日耳曼民族是世

---

① 沈秀芹：《人性尊严：基因科技立法的核心理念》，载《新视野》2010年第5期，第69页。

② 郑艳秋、朱幼文等：《基因科学简史——生命的秘密》，上海科学技术文献出版社2009年版，第4页。

③ 郑艳秋、朱幼文等：《基因科学简史——生命的秘密》，上海科学技术文献出版社2009年版，第7页。

④ 在现代社会治理理念上，优生的目的是提高人口质量，它包括两个方面：一是积极的优生学；二是消极的优生学。积极的优生学是促进体力和智力上优秀的个体优生。即用分子生物学和细胞分子学的研究，修饰、改造遗传的物质，控制个体发育，使后代更加完善，真正做到操作和变革人类自身的目的。消极优生学是防止或减少有严重遗传性和先天性疾病的个体的出生，就是说减少不良个体的出生。后者是人类最基本的，有现实价值的预防性优生学。

⑤ 张新庆：《基因治疗之伦理审视》，中国社会科学出版社2014年版，第3页。

⑥ 王汉林：《基因科技的社会简史》，载《中国科技论坛》2003年第3期，第110页。

界上最为优等的民族，应当主宰整个世界，占领全球生存空间。大肆宣扬种族主义思想，用研制出的生物武器，公然违背国际法和人类伦理准则，大肆屠杀犹太人、吉普赛人和塞尔维亚人。[①] 根据纳粹德国出台的《纽伦堡法》，纳粹德国正式在法律上排斥犹太人、吉普赛人、黑人。同时，纳粹德国剥夺了生活在其国境内所有吉普赛人的公民权。[②]《保护德国血统和德国荣誉法》明确规定，禁止"德国人"(指具有德意志民族血统者)与上述"劣等人种"结婚或有婚外性行为。《帝国公民权法》"依法"剥夺"非德国人"的德国公民权。

在西方国家，种族歧视现象仍未平息。"种族歧视是一种根据种族的生理特征而予以区别对待的行为。"[③]在西方国家，一种普遍的社会偏见就是白种人比有色人种更加优秀，崇尚白人至上主义。其中，以北欧人为代表的，金发碧眼的"纯日耳曼血统"又是白种人中最为"高贵的"，并且肆无忌惮地滥用生命科学技术以资证明。[④] 权力机关在法律制度的制定上和各项政策的制定上，经常向白种人倾斜，将白种人置于优秀种群的崇高地位，对有色人种的权利加以限制或者侵犯，给类似于优生学的生命科技抹上了种族主义色彩，也给人类社会带来了巨大的灾难和威胁。[⑤] 在当代社会仍然有利用生命科技为技术支撑进行侵犯人类权利和利益的行为。正如前文所述，如果被恐怖组织所利用，形成的灾难就会更加巨大。在生命科技发展的过程中必须要对生命科技的应用采取审慎的态度，警惕种族主义的倾向。在人类进入 21 世纪之后，人类已经开始了自身基因组图谱的绘制，使人们看到了人工设计优良人种的希望。这推动了优生学的快速发展，但与此同时，人类在努力发展优生学过程中，很可能把优生学的发展推向另外一个极端，这应当引起人们对生命科技不当应用的警惕，防止生命科技应用危害人类种群权益的历史悲剧重演。[⑥]

---

① 界面国际政治网：《二战时，希特勒为什么大规模屠杀吉普赛人》，http://www.jiemian.com/article/1019425.html(访问时间：2016 年 12 月 19 日)。

② 搜狐网：《二战时希特勒为什么大规模屠杀吉普赛人？》，http://mt.sohu.com/20161216/n476100579.shtml(访问时间：2016 年 10 月 9 日)。

③ 汪诗明、王艳芬：《种族歧视 · 种族主义 · 种族和解》，载《史学集刊》2016 年第 2 期，第 89 页。

④ [美] 弗朗西斯 · 福山：《大断裂：人类本性与社会秩序的重建》，唐磊译，广西师范大学出版社 2015 年版，第 159 页。

⑤ I. Motoc. The International Law of Genetic Discrimination: The Power of "Never Again". Social Science Electronic Publishing, 2008, pp. 222 - 246.

⑥ 《法国民法典》中有禁止人的基因增强、优化与克隆的条款。该法第 16 - 4 条规定：任何人均不得损害人种之完整性。禁止一切旨在组织对人进行选择的优生学的实践活动。禁止开展以导致与另一在世或已经去世的人基因上完全同一的儿童出生为目的的任何手术活动。不得为改变人的后代之目的对人的遗传特征进行任何改造，但不妨碍进行旨在预防和治疗遗传性疾病之研究。

（三）威胁人类生存与发展

生命科技的发展引领着医学的发展，给社会成员带来了福祉。但它也催生出许多新的社会问题，负面效应不容忽视。人们需要更加开阔的视野和更加完善的法律规范与制度去规制新事物、解决新问题。

生命科技应用的初衷是为了提高人类的生命健康质量，为人类社会持续健康发展提供动力，但它在应用过程中也使社会不稳定因素大大增加。生命科技的前期研发需要投入大量的财力和物力，在人力资源上形成了巨大的负担。在政府财政支出上需要进行预算上的统筹安排，而且这是持续性的巨额投资。[①] 对于家庭的财富支出而言，需要运用生命科技的领域都属于尖端科技的应用，它给人们带来福祉的同时需要家庭支出巨额的医疗费用，各项生命科技应用尚未普及，且成本较高，已经远超出个人的经济承受能力的范围，对于社会公众而言往往难以负担。[②] 这也使市场经济条件下以个人支出来划分经济地位的分层加剧，社会中的二次社会资源分配不公问题加剧，从而造成社会成员之间、发达地区与欠发达地区之间、城乡之间、公费与自费之间以及医疗资源之间的分配出现失衡的状态等一系列医疗资源分配不平衡问题。目前在我国，与生命科技应用有关的费用中有一部分需要自费，也就是说这些医疗项目没有纳入到职工医疗保险报销范围。[③] 各项生命科技应用会进一步加剧在公共卫生与医疗上的不平等，这是一个牵涉法律制度构建和社会伦理的问题。看病贵的民生问题关系到

---

① 靳海涛：《中国生命科技产业的特点与投资机遇》，载《深圳特区科技》2006 年第 3 期，第 58 页。

② Jolie Angelina, My Medical Choice, at http://english.cri.cn/7046/2013/05/20/167s765898.htm, May 20, 2013.根据世界卫生组织的统计，每年约有 458 000 人死于乳腺癌，其中很多是在中低收入国家。所以，不论途径、背景或地域如何，都应该确保更多女性能接受基因检验以及相应的防癌治疗。在美国，检查 BRCA1 和 BRCA2 基因的费用高达 3 000 美元，远远超出了很多女性的能力范围。

③ 太平洋保险网："享受公费医疗或劳保医疗的职工做器官移植所需医疗费用如何报销？"根据国家卫计字第 24 号文件规定：现行公费医疗制度只能保证干部职工的基本医疗需要，从实际情况看，目前所开展的一些内脏器官移植手术，基本属于拯救患者生命所必需的医疗需要，但费用开支较大。随着医学技术的发展，要求做内脏器官移植手术的患者逐渐增多，费用开支也越来越大，目前国家财力比较困难，治疗费全部由国家承担下来各方面都承受不了，应当加以限制。所以，个人也要负担医药费用的一部分，以抑制器官移植的过高需求。http://www.cpic.com.cn/zixun/hydt/104524.shtml（访问日期：2016 年 1 月 2 日）。另外，可参见腾讯新闻网：《探访器官移植现状：有钱的等器官，没钱的只能放弃》相关内容。http://news.qq.com/a/20161222/002575.htm? t＝1482384798260（访问日期：2016 年 12 月 23 日）。

社会的稳定，关系到社会风险的可控性，[①]也关系到当代法治的未来走向。

除了上述风险之外，另一方面的社会风险来自生命科技在改善、提高以及挽救人们生命的同时，也会有技术不能达到预期目的的情况发生。对于启用生命科技所带来的失败后果不能用现有的医疗技术加以克服时，最终风险承受的主体还是广大普通公民。人们只能依靠高额的药物和康复费用来维持生命科技应用致残的身体，这是一种社会资源的浪费。人类社会的发展是各种推动因素综合性作用的结果，片面强调生命科技的优点，投入大量的社会资源去发展生命科技会削弱其他社会发展推动因素的空间，使社会发展呈现出不均衡化的畸形发展态势，"这会增加生命科技应用的伦理风险和安全风险"[②]，也使人类走向社会资源枯竭的极端，严重影响人类的生存与发展。

再者，生命科技的过度应用使社会形成一种"唯科技主义"的思潮。淡化全体社会成员之间的伦理、道德、人文素质的培育和思考，也使人类盲目自大，忽视自然规律和社会规律所起的作用，[③]导致社会高速发展中本来大量存在的拜金主义、唯物质论的影响力进一步"强化"，使人对机器和技术的依赖性增强，医患关系中的伦理、人文、情感被忽视，使人与人之间关系的维系基础由伦理、心理等因素变成了单边技术主义作为支撑的临床医学实践的惰性思想。人们将单纯的技术主义就等同于公民健康。重技术轻伦理、法律、情感势必引起医患之间交流的减少，医学并不关心患者的未来状况，只是停留在当前的社会需求，导致了医患关系的物化趋势严重。这对于立法者针对社会新生事物的全面掌握极其不利，难以构建科学的法律制度去规制生命科技应用行为。人类的生存与发展需要一系列自然因素、社会因素、技术因素等共同作用才能够得到维持和提高。如果只强调生命科技的重要性，片面地致力于科技研发和成果应用，就会使得支撑

---

① 资源分配包括宏观资源分配和微观资源分配。医疗卫生资源的宏观分配指在国家能得到的全部资源中应该把多少分配给卫生保健，分配给卫生保健的资源在医疗卫生各部门之间如何分配，如癌症研究应分多少，预防医学应分多少，高技术医学应分多少等。宏观分配还必须解决如下问题：政府是否应负责医疗卫生事业，还是把医疗事业留给市场，如果政府应负责，则应将多少预算用于医疗卫生。当涉及稀有资源时，哪些病人可优先获得资源（如有两个病人都需要肾移植，但只有一个肾可供移植时）。为了进行微观分配，首先需要规定一些规则和程序来决定哪些人可以得到这种资源，即根据适应症、年龄、治疗成功的可能和希望、预期寿命和生命质量等主要是医学的标准进行初筛；然后再规定一些规则和程序从这范围中最后决定哪些人得到这种资源。这组规则和程序的规定常常要参照社会标准：病人的地位和作用、过去的成就、潜在的贡献等。引自医学教育网：http://www.med66.com/new/201403/zy2014032，（访问日期：2016 年 1 月 3 日）。

② 张明国：《面向生命技术风险的伦理研究论纲》，载《自然辩证法研究》2010 年第 10 期，第 41 页。

③ 杨建国：《论我国科技法制定中的偏差与矫治》，载《华中科技大学学报（社会科学版）》2010 年第 1 期，第 82 页。

人类生存与发展大厦的根基发生动摇，人类生存与发展难逃生命科技应用灾难惩罚的噩运。

第三节　法律在生命科技风险防控中的主导地位

法律在生命科技风险防控中将会发挥非常重要的作用。在当代社会治理的方式中，依靠法律治理社会是较为可靠的方式，而依靠道德防控具有其内在局限性。因为道德对行为人约束的效果比较弱，主要是依靠科技工作者的道德自律，并且道德的内容过于宽泛，没有系统的衡量标准来评价生命科技应用过程中的行为是否具有正当性。法律以国家正式的法律制度进行调整，由国家强制力作为后盾，保障法律的实施，法律具有明确的权利义务规范，具有确定性的特征，因而较之于伦理、道德，法律有其独特的优势。在治理实务中，针对诸多不确定因素发生的生命科技应用，法律的风险防控的重要作用将进一步显现。

一、道德对风险防控的作用及其局限性

道德是关于人的思想和行为的正义与非正义，善与恶，公正与偏私的标准、原则或者观念的总称。道德是上层建筑的主要组成部分，在法律产生之前就已经有道德调整人们的内心和行为了。在历史发展的演变过程中，道德曾经是最主要的控制社会的手段。道德在人类的长期发展进程中“自发”形成，但是历代统治者为了有效地治理社会，会大力宣扬道德的重要性，使得道德体系不断壮大并深植于人们的内心。对于中华文明来说，关于道德的评价采用善行和恶行的划分标准。对西方文化来讲，则不是以善恶为划分标准，“他们只说行为是否正当”。[①] 边沁坚持“最大多数人的最大幸福”原则就是指能够给最大多数的社会成员带来最大的利益的行为，这种行为是道德上最为正当的行为。密尔进一步发展了这个功利主义道德学说，提出行为的正当性有利于最大多数人的最大幸福的功利主义观点。[②] 功利主义观点出现在自由资本主义时代，它适应了当时社会发展和公众利益保护的需要，推动着西方乃至世界范围内的生命科技应用的进一步快速发展。在对生命科技应用约束问题中，功利主义的应用，可以使得

---

① 崔宜明：《道德哲学引论》，上海人民出版社 2006 年版，第 100 页。

② 崔宜明：《道德哲学引论》，上海人民出版社 2006 年版，第 102 页。

生命科技应用行为能够受到道德的约束和指引，从而填补了法律调整生命科技应用法律行为空白的局限性。“人们也非常诚恳地希冀以道德匡正技术。”[①]科学家个人和科学家群体的良心与道德对于防范科技对人类群体和个体的损害，起到了重要作用。因此，它在生命科技风险防控方面，具有一定的作用。

但是，道德防控具有其内在局限性。道德在生命科技应用中的防范和制约，主要是依靠科技工作者的道德自律，以及个人的正义感或良知来使生命科技不会被用于损害人类种群、社会和个体。这是由道德的本质属性所决定的。由于道德的内容过于宽泛和抽象，评价生命科技应用过程中的行为是否具有正当性的标准难以具体化。社会共同体在规模小、社会关系简单的时候，由伦理道德来对社会关系加以调整，是自发的，也是足够的。但是，它不足以解决当下生命科技快速发展中所出现的纷繁多杂的问题，[②]即一旦生命科技应用违反了道德准则，也只能通过社会舆论和自身内心的谴责来调节行为人的行为，没有实质性的国家强制力对其进行抵制和惩罚措施，从而使风险难以控制。这就导致了道德调整生命科技应用弊端的显现，很容易为行为人滥用科学技术留下隐患。

二、法律对风险防控的明确性和系统性

“社会风险从以往的自然风险占据主导地位，逐渐演化为由人为不确定性因素所引发的人为风险占据主导，社会风险的人为性呈现出较快增长的趋势。”[③]当代生命科技应用过程更加需要法律来规制和引导，以国家正式法律制度进行调整，能够明确相关方的权利义务。这样才能确保应用中出现的困境和危机得以避免或克服。法律是由国家制定或认可，并由国家强制力作为后盾保障实施的规范。它明确了社会成员之间的权利和义务，这使得生命科技应用产生的新型法律关系的建立和维系能够有法可依。因为，法律的创制是一种严谨的、自觉的程序性推进过程，这与伦理道德的自发形成是不同的产生路径。可见，法律更加符合现代社会发展的实际需求，具有科学性、体系性和效益性。法律所包含的人为理性（artificial reason）与科学技术中的技术理性（technical reason）具有同

① 高兆明：《技术祛魅与道德祛魅——现代生命技术道德合理性限度反思》，载《中国社会科学》2003年第3期，第42页。

② 吕成楷：《现代生物科技引发伦理问题的原因探究》，载《理论建设》2013年第2期，第51－52页。

③ 杨勇诚：《风险社会视阈下地方政府公共危机治理的伦理省思》，陕西师范大学博士学位论文，2015年，第2页。

构性，它们皆反映了人们对社会发展相应制度构建上的需要。[①] 人们从社会科学角度和自然科学角度两条构建进路对社会发展中反复出现的客观问题进行有针对性的解决，这是法律制度和科学技术的生命，二者之间在一定程度上是可以契合的，也是法律区别于其他社会规范并为政治服务之政策措施的标志。在生命科技应用领域做到有法可依，是对生命科技应用进行长效规制的重要手段。它比伦理道德等非理性规制具有明确性和强制性，并且更加具有长效性。

就现代法的立场而言，法律是一种为政治体制服务的手段。在大多数情况下，社会治理主要是运用法律的方式来统治，法律的调整是规范性的、可反复适用的，并不仅仅着眼于一时一地的交易和利益，而是重复出现的行为和利益分配，欲求建立一种稳固的生活方式的安排和统治。[②] 法律在内容上部分地以伦理、道德为基础，借助伦理和道德获得自身长足的发展。法律对于重复性的、公理性的事物进一步提炼出社会成员普遍遵守的社会规范，规制着人们的行为。可见，人类已经从社会历史的变迁中知晓了法律调整社会关系的实用性。庞德认为，法律是控制社会的手段，因为法律与社会的文明和空间有关。[③] 法律可以从三个方面来理解它的作用：从历史发展来看，法律是社会文明的产物；在当代，法律是守护文明的手段；在未来，法律是推动文明的有效手段。[④]

庞德将法律的运作类比成一种“社会工程”(social engineering)。他认为在社会发展中社会资源是极其有限的，法律的作用在于以最小的社会资源的耗损而最大限度地实现各种相互冲突的利益需求。法律作为一种有效的控制社会的手段是其他社会控制方式不能相提并论的。庞德的法社会学理论被认为是一种代表性的功利主义和实用主义理论，启迪着人们关注法律制度的实际效果，这也从侧面突出了法律制度建设在社会发展中的极端重要性。“法律与伦理道德虽然处于一个动态的社会发展链条当中”，[⑤]但有各自的治理社会的侧重点，法律与伦理道德是相互分离的，将法律和道德的社会作用等同起来的做法是错误的。[⑥] 同样，在生命科技研发和应用方面，虽然法律和伦理道德的关系甚密，但二者也各具特点，不可混同。

---

① 吕乃基：《技术理性在中国——一种对技术理性的后现代解读》，载《东北大学学报(社会科学版)》2011年第6期，第472页。

② 李猛：《自然社会—自然法与现代道德世界的形成》，三联书店2015年版，第56页。

③ 沈宗灵：《现代西方法理学》，北京大学出版社2007年版，第222页。

④ 沈宗灵：《现代西方法理学》，北京大学出版社2007年版，第222页。

⑤ 崔宜明：《道德哲学引论》，上海人民出版社2006年版，第13页。

⑥ [美]庞德：《法律与道德》，陈林林译，中国政法大学出版社2003年版，第106页。

德国和美国两支法社会学对法律与道德上的研究成果，有着一定的共通性。两支法社会学理论都强调法律对于规制社会事务的优势地位，突出法律规制社会事物的实效。哈贝马斯坚持认为，现代社会道德与法律从混合走向分离，法律承载着重要的社会整合功能，它以自身的特性弥补道德在功能层面和规范层面的缺陷。就道德和法律作为整合社会的手段而言，现代法逐步成为对社会整合的主导机制，能够补缺道德作为调整社会关系的缺陷。法律的发展与作为整个社会核心结构的“社群共同体”结合在一起，其中的“实用主义致力于个体利益与社会利益的实践整合。”[①]法律内在于社会发展进程之中，它是社群共同体发展的推动力量，行使社会利益整合的功能，确保社会稳定和团结。[②] 它在这一方面的远期目标是民主共同体之生活模式的构筑。那么，对于为什么法律能够成为社会整合的主导机制，就归纳起来而言，主要是因为：

第一，道德在现代社会中只能为行为人提供一种弱的动机力量，并不必然促使行为人践履道德规范。法律依据其强制性的维度，结合它自身的体系性和知识性，对行为者施加某种事实性的限制，促使他们对于行为后果的预测，不得不遵循法律规则，从而达到降低社会风险因素生成的可能性。特别是生命科技应用环境中的法律规制更加强化了法律自身的精确性和强制性的特征，使规制生命科技应用行为的治理目标更加明确。

第二，道德以及其他社会规范绝大多数局限于生活领域，主要是调节个体与个体之间直接的社会关系与冲突，这使得伦理准则和道德规范不能具有法律的强有力大规模整合社会的功能。特别是生命科技研发和应用对社会发展有着巨大的影响，社会中的权益冲突复杂，社会关系的调整需要有法可依，这样才能有效规制纷繁复杂的社会关系。

第三，法律要求严格的、具有约束力的和系统性的解释和执行，在这一方面法律具有不同于道德的特点，后者仅仅是表述一种零散的文化知识。法律是一个肩负复合型重任的系统，其一是知识系统，其二是实践系统。它是静态系统和动态系统的复合体。它既可以被视为表达规范的语句和解释规范的文本，也可以被视为一种动态建制进程，也就是即将付诸行动的规则综合体。这是由于人的动机和价值取向在作为动态系统的法律当中是相互交融的。所以，法律规则

---

① 袁祖社：《社群共同体之“公共善”何以具有优先性——“实用主义”政治伦理信念的正当性辨析》，载《厦门大学学报（哲学社会科学版）》2011 年第 4 期，第 103 页。

② ［德］哈贝马斯：《在事实与规范之间：关于法律和民主法治国的商谈理论》，童世骏译，生活·读书·新知三联书店 2014 年版，第 95 - 105 页。

所表达出来的条文具有道德判断所不具备的对于行动进行规制的力量。

第四,法律需要较高的合理性建构技术水平才能进行,包括道德建构在内的其他社会规范的建构水平均不能与法律建构水平相提并论,所以其建构的学理和行动系统较之道德系统更加具备实务可操作性。

第五,法律具有赋予和保障公民权利的功能。随着生命科技应用给社会带来的复杂化状态,依据现代法通过正当的程序和法庭解决社会冲突显得尤为重要。"法律具有自我参照(self-referential)特点,能够做出具体的裁判,还能够确定调控制度本身的特征。"[①]这样,法律就起到调控社会的制度化作用。基于这些优越性,现代法律成为社会共同体的核心,在多元社会的现状下,其对各种不同利益相互整合起到关键的作用。它确保了社会健康发展所需要的稳固环境,确保交往行为的进行和社会整合的实现,而且它能够对公民的自由进行合理地规范。[②] 也只有法律才能够长久维护交往理性的基础性地位,规制社会成员的社会关系,摆脱现代社会的危机和困境,持续性地规制生命科技实施的行为。"现代法律使社会交往网络的稳定性得以维持",[③]实现人类自身发展的伟大蓝图。

三、法治对风险防控的建构性和协调性

法治调整是法律调整的高级形式。"法治更加强调了以权利保护为根本目的,其次才是规则体系之治,以期得到社会多数人的遵守。"[④]在法律规范体系逐步完善的情况下,我们更加应当注重法治的实质性建构。法治建构是实质性建构和形式合理性的统一,但最为重要的和首先亟待建设的是实质性建构。实质性建构必须包括自由、利益、公平、平等、人权等当代法治理念、法治精神。这是当代社会发展的根本理念和核心价值体系。

我们说生命科技应用放置在法治环境中进行调整是当代生命科技应用和健康发展的必由之路。法治保障人类的利益、社会利益和个人利益之间的平衡,它具有全面性和建构性。在当今全球化的时代背景下,法治发展是全人类的事业,生命科技应用法治是人类共同探索治理风险和困境的应对策略。各国在法治建

---

① 肖小芳:《法律与道德——哈特、德沃金与哈贝马斯对法律正当性的三种论证模式》,光明日报出版社 2011 年版,第 127 页。

② 吴晓林:《社会整合理论的起源与发展:国外研究的考察》,载《国外理论动态》2013 年第 2 期,第 38 页。

③ [日]中冈成文.[德]哈贝马斯:《交往行为》,王屏译,河北教育出版社 2001 年版,第 228 页。

④ 江必新:《国家治理现代化》,中国法制出版社 2014 年版,第 51－52 页。

设上起步先后有所不同，导致法治发展水平上有发达和不发达之分。再加上各国对生命科技的研发和应用重视程度不同，在生命科技发展中投入的财力、人力、物力有较大差别，致使各国的生命科技发展水平相差很大。因而，生命科技法治在发展阶段上有先后，取得的法治成果各异，法律规制生命科技研发和应用水平自然也不尽相同。但是各国可以因地制宜地相互借鉴法治上的经验，使全人类能够应对生命科技发展的风险因素，这是全人类的共同事业，维护着全人类共同的利益。

法治调整应当注重生命科技发展过程中，社会利益与个人利益之间的动态平衡，如果偏向任何一方都会造成社会发展失衡的状况发生。社会利益的维护是实现法治的应有之义，也是生命科技法治维护公民权益的基础。生命科技研发和应用与民众个人的权益紧密相关，但是，如果缺失社会利益的维护和实现就无从谈起公民个人权益的实现。社会利益的实现是法治的主要目标，这一目标的实现是维护民众利益和维护社会稳定的前提条件，它能抑制生命科技应用中的风险因素的生成和蔓延。[①] 所以，社会利益的实现能有效降低社会风险的危害后果，减低社会不稳定因素发生概率和权利的纷争。这关系到社会生活的健全与长足发展。[②]

依据上述现代法治实质性建构理论，人所享有的自由绝对不是近代人依附于共同体而去实现的自由，它是现代个人独立状态下的自由。在人类社会发展进程中，西方国家的“市民社会革命”被认为是市民社会与国家二元结构发展的开端。[③] 这种发展模式摆脱了以往社会的个人非独立自由的发展状况，成为公民权利崛起的缩影。现代社会维护公民的自由就是社会需要有一种合理、规范的制度来保障这种独立的自由能够得到实现。这种自由就代表了政府对于公民权利的保障和切实保护，即这种现代国家治理的模式是为了保护公民权利和实现公民利益的普遍制度。作为公权力拥有者的政府，不再是摒弃公民的利益而实现少数人利益的社会主体，政府的权威和作用被限制在共同体的利益范围之内。人类共同体的利益包括了社会利益和私人利益，尽管在表现形式上是多样化的，并不总是以私人利益的形式出现。在这个意义上而言，社会利益的实现为全体私人利益的实现提供了基础性的条件。[④]

---

① 李军鹏：《当代中国的社会利益冲突及其调节》，载《北京行政学院学报》2006 年第 1 期，第 8－10 页。

② 胡长清：《胡长清法学文集》，法律出版社 2015 年版，第 42－48 页。

③ 马长山：《国家、市民社会与法治》，商务印书馆 2005 年版，第 151 页。

④ 马长山：《国家、市民社会与法治》，商务印书馆 2005 年版，第 152 页。

当代社会是一个利益的共同体。在法治社会的发展变迁中，利益冲突和伦理冲突并存，使多种利益相互交集，有合作又有斗争，形成推动社会发展的源源动力。生命科技发展本身就是展示公民权利的诉求和公民利益不断发展、演变的过程。在这一过程中必然牵涉到相关利益主体之间的合作与对抗，还涉及在对利益的调和过程中塑造社会的理性规范秩序问题。生命科技法律规制医事行为也必须面对上述客观情形。法治只有在协调与规制社会多元利益的过程中才能获得进一步的发展。假如法治建设忽视生命科技发展中的利益冲突的发生，压制新权利的诉求，就是一种僵化的"法治建设"，它会把灾难性的风险因素增加到极致，限制风险控制的作用。当代法治进程能够有效抑制风险因素的无限制扩张，而且能够采取灵活的应对手段将相互斗争的利益进行整合与协调，以使各方的利益最大合理性地实现。

现阶段，值得我们注意的是，法治社会中的生命科技本身是尖端技术和高风险概率的新兴事物，它在取得长足发展的同时也对传统社会利益的结构和取得方式都有较大的影响。这是社会利益在新兴科技刺激下形成的新样态。从个人利益而言，就是其所处的生存环境的利益、生存方式的利益、所处社会秩序的利益等多种利益正在发生深刻变革，而这些看似私人的利益皆与社会利益相关，二者有不可割舍的关联性。如此，在法治调整的大环境中，社会利益与私人利益之间完全是相通的，对于防范生命科技发展进程中的各种风险是具有共同指向对象的。人类健康的发展与自然的和谐相处是社会利益实现的最高价值目标，关系到人的生存与未来发展。生命科技的有效应用及其风险控制也影响到社会经济的持续稳定增长、社会发展的走向以及社会发展的安全状况。这是因为未来的时代将可能是生命科技引领的时代。生命科技也关系到某些特殊群体乃至全体社会成员生存和发展的根本利益，在这个意义上讲，法治调整能够使社会利益与公民个人利益达到平衡。

为了实现法治有效调整各种利益关系的目标，当代法治调整应当以民主立法为重要保障机制，来有效地防控生命科技应用的风险，同时必须提高立法的科学性、公开性和公平性。"法治中国所依据的体制框架，由社会主义民主制度所塑造。"[①]特别是在生命科技法的立法中，采取参与式民主的方式，使立法能广泛集中社会成员的智慧，结合符合生命科技发展现状的务实思考，为现存的问题提

① 马一德：《论协商民主在宪法体制与法治中国建设中的作用》，载《中国社会科学》2014 年第 11 期，第 104 页。

出更加完满的解决方案。[①] 法治社会中的民主立法使立法对风险的认知过程包含了更为充足的民主正当性因素。法治社会中的主体通过理性建构起来的规范与制度框架来实现其合法权益。法律要求法治框架内的权益都能够得到有效实现,而这种实现的途径是通过参与决策型的方式来实现的。它不是一种压制型的法律治理机制,而是风险社会中的回应型立法机制。

诺内特和塞尔兹尼克提出的“压制型法”“自治型法”与“回应型法”,是自霍布斯强调主权者观念以来的关于法理论的一系列深入式变奏。压制型法解决的根本问题是建立政治秩序,其注重政治权威的维护。这种构建模式很容易与公权力的膨胀相联系,把法等同于强权,难以深入人心。采取这种法治实践模式进行立法不能做到科学性立法。自治型法仍然过于强调法律制度的自治性和完整性,较少意识到民主立法的重要性。在实践中,它容易引发对现存秩序的挑战和批判,而回应型法治的主张与美国现实主义法学以及庞德社会学法学的立场基本上一致。诺内特和塞尔兹尼克宣称,“回应型法才是这些务实派法律理论的真正的纲领。因为它标志着法的进化更高级阶段,是自治型法的继承和发展。”[②] 当代法治建设的特点通过回应型立法机制建设为根本立足点而体现出来。中国特色社会治理应当在“公众参与、法治保障”的治理格局基础上,着重培育公民的主体意识。[③] 我们用法治调整的目标则是更加明确地把握风险,并且能够进行事前预防。生命科技立法也应当采取回应型立法机制,做到立法的科学性、民主性。“科学立法和民主立法是当下最为重要的制度生产方式,立法对制度安排的意义在于其权威性、有效性、普遍性。”[④]回应型立法更加主动地面对社会对法治的需求,它能消解权益冲突,重构社会关系。[⑤] 在阶层分化、利益冲突、矛盾多样的现代社会,采取积极、理性地回应社会需求的种类和方式,结合其他社会控制手段一起,致力于重整社会秩序,推动法治社会的发展,这样才能逐步消弭社会风险。与此同时,回应型法治具有一种理性的、全面的适应能力,使法律治理社

---

① 蔡笃坚:《台湾实践基因科技应用于临床试验的政策发展可能视野》,载《医学与哲学》2002 年第 10 期,第 14 页。

② [美]诺内特·塞尔兹尼克:《转变中的法律与社会:迈向回应型法(当代法学名著译丛)》,张志铭译,中国政法大学出版社 2004 年版,第 3 页。

③ 赵萍:《风险社会理论视域下中国社会治理创新的困境与出路研究》,山东大学博士学位论文,2014 年,第 13 - 18 页。

④ 何跃军:《风险社会立法机制研究》,中国社会科学出版社 2013 年版,第 55 页。

⑤ Ronald Dworkin. Justice for Hedgehogs. The Belknap Press of Harvard University Press, 2011, pp. 19 - 23.

会的能力不断提升，进而在社会转型并重整社会秩序的过程中使法治理念深入人心。我们在具体的立法机制上，对于重大影响的问题应当多次论证并且表决，对于某个问题也应当将占少数的不同意见写入评议笔录，提高生命科技领域立法的民主性和立法质量，防止为偏袒生命科技研发和应用中某个医疗或科研机构的利益进行立法。在另一方面体现立法民主化的是，针对公民的意见和建议也应当扩展其渠道，完善其形式，广泛采纳民众对生命科技某些领域的立法意见和建议，将其精确和科学地整合，提高立法的质量和水平，使立法的整合社会利益的功能大大增强，也实现了当代国家治理中的坚持人民主体地位的基本原则。

法治调整的根本宗旨是有效地解决社会权益需求。所以，生命科技立法采取回应型立法机制是法治调整的重要组成部分。这种途径能够避免社会秩序的混乱和权益冲突激化。从策略的角度看，回应型立法能积极和科学地调整社会关系，能够增进社会协商，“从权力性立法转向权利商谈型的立法模式，充分体现医患共享医疗决策的权利。”[①]这样才能充分凝聚社会共识，推动社会治理制度的发展完善。这是在中国特色社会主义法律体系背景下，推进“法治中国”战略的必然要求。

① Jaime Staples King & Benjamin W. Moulton. Rethinking Informed Consent: The Case for Shared Medical Decision-Making. American Journal of Law & Medicine, Vol. 32, 2006, pp. 430 - 469.

第三章
生命科技应用对传统法的冲击

本书第二章研究的风险社会理论、生命科技应用风险及法律在风险防控中的主导地位，深刻反映出当代生命科技应用对社会变迁的巨大影响。本书通过法治的视角对上述领域进行分析，可以得出，法律对生命科技应用风险防控的必要性，并且法律比其他方式针对生命科技应用进行调整和约束，更具优势。在风险社会中，生命科技应用解决的医事问题不仅是涉及公民个人利益，也涉及社会利益。[①] 这些利益之间必然会发生冲突。所以，我们在法治进程中，首先应当对生命科技研发和应用产生的新概念和新规则作进一步研究，把潜在新兴权利纳入法律调整的范围，这是法治现代化的必由之路。我们在对生命科技应用行为的法律治理过程中，不可否认传统法的效力，但也不能忽视生命科技发展过程中，出现了传统法调整能力不足的新问题。由于生命科技应用相关立法较之于生命科技的高速发展凸显出滞后性，加之民众权利意识尚未崛兴，权利体系尚未完善，以及法治理论研究不足，导致现行法律制度在调整生命科技研发和应用新兴事物上出现了局部性的失灵。除上述困境之外，传统法应对生命科技应用冲击的价值理念缺失，进一步加剧了传统法在利益协调和权利保护方面的困境。我们欲在生命科技的发展中维护社会公平与正义，设定各方权利义务，首先就要弄清利益冲突的类型。在基因技术、人工生殖技术以及人体器官移植技术应用中，都存在利益冲突现象。我们只有认识到这些利益冲突，才能从根本上依据相关的原理，依据相关原则，设立法律上的权利义务，对不同主体之间的利益进行调整。这些利益研究包括社会利益和个人利益以及平等主体间的利益等。从总

① 崔德华：《西方风险社会理论及其对我国构建社会主义和谐社会的启示》，山东大学博士学位论文，2008年，第2-6页。

体而言，法律制度维护个人利益的最终目的，在于维护人类共同利益，这也是国家推进创新发展的根本性出发点。生命科技应用只有在法治环境中秉持为人类谋福祉、全面保障人权和社会公平的原则，才能助益于人类社会的发展。

第一节　生命科技应用中的利益冲突

无论是人类利益至上原则、各种利益兼顾原则，还是全面保护人权原则，其实现都要通过立法来完成，在立法上将相关原则转化为相关的权利义务和法律制度，通过对公众权利的保障来实现上述诸项原则。

诚如前文所言，在生命科技应用中，诸利益存在矛盾之处，冲突频发。究其原因，主要是因为“现代化的快速推进加剧了利益分配不均和利益分化程度，造成社会风险频发。”[①]我们欲在生命科技的发展中维护社会公平与正义，设定各方权利义务，首先就要弄清利益冲突的类型。在基因技术、人工生殖技术以及人体器官移植中，都存在利益冲突现象。[②] 例如，基因技术的应用过程中，存在着基因资料提供者的经济利益与研究机构的经济利益，以及公众生命健康的社会利益之间的矛盾。我们只有认识到这些利益之间(可能)的冲突，才能从根本上依据相关的原理，依据相关原则，设立法律上的权利义务，对不同主体之间的利益进行调整。

一、社会利益与个人利益的冲突

生命科技的应用必然会出现社会利益和个人利益相冲突的局面，美国摩尔诉加利福尼亚大学董事会一案(Moore v. Regents of the University of California)一案中体现了社会利益和个人利益之间产生冲突后，法院采取了优先保障社会利益实现的原则来处理这一矛盾。该案作为典型判例，作为今后相关案件判决的重要参考，对生命科技法律的适用和生命科技应用产业具有指导作用。这也折射出社会利益的巩固和增长是个人利益实现的客观基础，社会生活中的公民利益的实现主要是依靠社会利益的增长来带动，如果没有社会利益作为根本性的基础，个人利益很难实现或者即使是暂时实现，也得不到长足发展。公共福祉和个人福祉相比，在实用性上具有优先性。

---

① 尹建军:《社会风险及其治理研究》，中共中央党校博士学位论文，2008 年，第 2 页。

② 钟旋、吴育珊、刘秋生:《人体器官移植的法律风险及原因分析》，载《中国卫生法制》2010 年第 5 期，第 16 页。

(一) 美国摩尔案引发的利益关系思考

社会利益在当代法治进程中具有新的内涵,它包含了人作为社会属性和生物属性的个体与自然和谐相处的根本利益,也包括保护社会弱势群体的利益、社会公共卫生和福利的利益三个方面。在摩尔诉加利福尼亚大学董事会一案(Moore v. Regents of the University of California)的判决中,法院作出判决,人体组织资源应当助益于新医药品的研究和开发,其判决表明社会利益应优先于个人利益。如果法院判决承认原告的财产遭不法侵犯,将来科学家就必须承担检测所有人体细胞样本来源的义务,这对于生命科技产业的发展不利。所以,在出现个人利益与社会利益之间的冲突时,应该在尊重和兼顾个人利益的情况下,优先考虑社会利益。[①] 此案件的判决是一个标志性的判决,对于基因财产权的否定,对于其后相类似的案件的判决结果具有深远的影响。此案是1976年摩尔(Moore)到加利福尼亚大学医学中心就医,被该医学中心诊断为毛细胞白血病,此疾病在公众中非常罕见。在治疗期间,摩尔的脾脏被切除,此后数年,摩尔被要求到该医学中心进行所谓的复查。在复查过程中,该医学中心还抽取了摩尔的血液、血清、骨髓等身体组织细胞样本,但摩尔怀疑医学中心数次提取本人的身体组织可能会超出治疗和体检范围,用作其他目的。因此,摩尔多次询问加利福尼亚大学医学中心,都被答复采样均为用于治疗他的疾病,不会用于其他用途。但事实是,该医学中心已经将摩尔的样本细胞培养出细胞系(cell line),并申请取得了专利权,专利权归加利福尼亚大学所有,就该项专利的估值已经超过30亿美元。加利福尼亚大学和摩尔的主治医生还从此后的业界合作中获利1 500万美元,并且从相关的生命科学研究机构获得每年数万美元的赞助费,摩尔的主治医生额外还获得基因研究所的股票权利。直到1985年,摩尔才知道真相,并提起侵占财产之诉和违反信托责任之诉。法院最终支持了违反信托责任之诉,但是不支持摩尔的侵占财产之诉。法院作出上述判决的依据是加州的《统一解剖捐赠法》(The Uniform Anatomical Gift Act)和联邦《健康与安全法》(Health and Safety Code)。在《统一解剖捐赠法》中,对遗体捐赠的过程中涉及的利益交换问题一律加以禁止。法院依据联邦《健康与安全法》中禁止人体细胞组织买卖行为的规定,认定相关法律已经做出了明确的规定,即禁止人们的组织细胞的买卖。如果原告以人体组织细胞遭到利用为由,请求经济赔偿的话,将意

---

① Moore V. Regents of the University of California, http://www.casebriefs.com/blog/law/property/property-law-keyed-to-cribbet/non-traditional-objects-and-classifications-of-property/moore-v-regents-of-the-university-of-california-2/, Oct. 8, 2016.

味着承认人体组织的提取可以用金钱加以衡量，进行商业化的交换，那么就有悖于上述法律规范及其立法宗旨。此外，法院还认为人体组织资源被应用于医学事业，这是为人类自身健康所做出的贡献，实现了社会利益。社会利益的实现包括和确保了个人利益的实现，所以社会利益应当优先于个人利益。此案作为典型判例，作为今后相关案件判决的标尺，对生命科技法律的适用和生命科技应用产业都会产生深远的影响。

（二）利益冲突中的社会利益优先实现

"今天的人面对社会，积极促进公共福祉。而在以前'社会契约'的任务仅仅在于用法律的秩序保护公民个人的安全和权利。"[①]法律基于生命科技研发和应用对于人和社会发展的巨大影响力，在生命科技发展问题上，既应当维护社会利益，又应当维护个人利益。在二者利益上探索最佳的平衡点，使得社会利益和个人利益最大化。社会利益的实现和公民利益的实现有着本质上的一致性。但是，在某些情景下何者可以优先实现是一个非常重要的议题。个人本位与社会本位的主体不同，立足点也不同。假如在具体事物中主张社会利益优于个人利益，这是对于社会整体利益的考量。社会利益的巩固和增长是个人利益实现的坚实保证，社会生活中的公民利益的实现主要是依靠社会利益的增长来带动，如果没有社会利益作为根本性的基础，个人利益很难实现或者即使是暂时实现，也得不到长足发展。公共福祉和个人福祉相比，在实用性上具有优先性。

生命科技应用法律规制不能绝对运用"公民权至高无上""政府是公民让渡一部分权利组成的，受委托的公共实体"，来为公民利益服务等近现代国家组成理论，据此推导出公民利益优于社会利益的结论。这是自由资本主义时期的国家组成形式和政府运转模式之理论，对于当代生命科技蓬勃发展的社会并不完全适用。在生命权利的法律保护中，一些与基本权利相关的权利或权能应当被置于最高的优先级上，并且予以充分保护。但除此之外的其他权利，则需要法律予以考量才能达到利益平衡，以达致法益的相对平衡。也就是说，公民利益在某些情况下具有相对性。例如，外国法律规定，为了社会利益的实现，公权力主体可以获得个人的信息，个体不存在绝对的隐私权。[②] 例如，在隐私利益对社会利益不会发生损害的情况下，法律应当对此项利益予以保护，但如果是个人利益与社会利益相矛盾，则优先保护社会利益，这就突破了传统法律的公民权利至高无

---

① ［德］汉斯·约纳斯：《技术、医学与伦理学》，张荣译，上海译文出版社2008年版，第85页。

② Whalen V. Roe, Vol.429, U. S., 1977, p. 605.

上的原则。法律会在公权力主体有合理理由的情况下，为了社会利益允许公权力介入私权利的空间。[①] 公权力机构可以正当获取和使用公民个人的隐私信息，同时考虑相关因素。这些情况主要包括：①即将获取的公民信息类型。②假如一旦被违法披露，可能会出现的各种风险及其破坏程度。③披露对公民个人与个人之间社会关系的影响。④已经采取相应的措施防止公民个人信息的泄露。⑤公权力主体获取信息的必要性。[②]

由于生命科技应用中会涉及知识产权保护，所以，这关涉到技术权利的保护问题。[③] 生命科技是人类追求和实践的成果，是一种无形的财富，社会为了保护相关权利的行使就应给予知识产权方面的保护，其中就不乏生命科技的专利权。专利权是为了增进社会利益的一种权利，权利人可以在一定时期内独占行使所拥有的权利，但此项权利最终还是要公开，服务于社会发展。例如，在人类基因重组计划中，包括塞雷拉基因组在内的参与者，多次对基因结构和片断申请专利权。[④] 假如申请人获得了专利权，该申请人可以据此权利获得相应的经济利益。当此项知识产权向社会公开之后，获益主体是广大公众。这也是立法为了维护社会利益和公民利益的平衡而作出的考量。这样既维护了权利主体的利益，同时也推动了社会利益的增长。

法治建设在保障社会利益实现的同时，也保障了公民个人利益的实现，在维护二者的平衡点上杜绝了以维护社会利益为名而任意侵犯公民个人利益的权利滥用行为。虽然对于什么是有益于社会利益的行为的概念有所不同，特别是生

---

① Doe V. Borough of Barrington, Vol.729, F. Supp. 1990, p. 376; WOODS V. White, Vol.689, F. Supp. 1988, p.874, aff.'d.. Vol.899, F. 1990, p. 2d17.

② 杨彤丹：《权力与权利的纠结——以公共健康为名》，法律出版社 2014 年版，第 167 页。

③ 杨惠玲、冯涛：《论技术措施权利的法律保护及其例外》，载《知识产权》2011 年第 9 期，第 70 页。

④ 这是关于基因财产权之争的典型案例。在 1998 年，美国科学家克莱格·凡特创办了一家名为塞雷拉基因组(Celera Genomics)的公司，开展自己的人类基因组计划。塞雷拉基因组一开始宣称只要求对 200 至 300 个基因的专利权保护，但随后又修改为寻求对“完全鉴定的重要结构”的总共 100 至 300 个靶基因进行知识产权保护。1999 年，塞雷拉申请对 6 500 个完整的或部分的人类基因进行初步专利保护；批评者认为这一举动将阻碍遗传学研究。此外，塞雷拉建立之初，同意与国际计划分享数据，但这一协定很快就因为塞雷拉拒绝将自己的测序数据存入可以自由访问的公共数据库而破裂。虽然塞雷拉承诺根据 1996 年百慕大协定每季度发表他们的最新进展(国际计划则为每天)，但不同于国际计划的是，他们不允许他人自由发布或无偿使用他们的数据。为了优先实现社会利益，在 2000 年，美国总统克林顿宣布所有人类基因组数据不允许专利保护，且必须对所有研究者公开，塞雷拉不得不决定将数据公开。这一事件也导致塞雷拉的股票价格一路下挫，并使倚重生物技术股的纳斯达克受到重挫；两天内，生物技术板块的市值损失了约 500 亿美元。这体现了法治中考量的社会利益优先原则在生命科技应用领域的实际运用。http://blog.science net.cn/blog-38450-1006725.html(访问时间：2016 年 9 月 26 日)。

命科技融入社会发展中的当代社会，影响人们对利益问题的判断。但是，我们应当掌握好最根本的一项标准就是，符合社会伦理、道德前提下的社会生产力发展，提高公民的生命质量的标准，体现在生命科技应用法治领域就是优先实现社会利益为原则。

二、平等主体间的利益冲突

生命科技的兴起使平等主体之间的利益冲突逐渐激化，这其中主要包括个人与研究开发机构之间的利益冲突和国家与国家之间的利益冲突。就前者而言，它体现出生命科技研究和开发的自由与公民的各项具体权益保护之间的矛盾。后者是指在市场经济运行和全球科技、经济、贸易一体化趋势下，各个国家是主权平等的主体，它们在争取利益的斗争中可能产生尖锐的冲突。尤其是发展中国家和发达国家之间的利益冲突最为突出。美国摩尔案虽然具有指导性的意义，但也引起了学界不小的争论。公权力主体援引公共政策去压制私权利主体的权益诉求并不值得学界的推崇，因为这种法治考量路径漠视了对公民基本权益的尊重。对摩尔案件的讨论和 PEX 机制的成功运行就说明，我们在处理个案中不能对人格权和财产权进行非此即彼的区分，而必须在当代法治环境中的利益保护方面注重社会平等主体之间利益的平衡。

（一）个人与研究开发机构之间的利益冲突

生命科技研发和应用中，除了上述社会利益与个人利益会发生冲突外，平等主体间的利益也会产生冲突。“人与人之间组成的集合体不是随意形成的，而是基于共同的利益而结合起来的集合体。”①基因的提供者与基因专利的申请者之间就存在着利益的冲突。在不同利益主体之间发生利益冲突时，应该以公平原则加以处理。“在生命科技研究中，有两大对立的权益发生了冲突：一方面是生命科技研究和开发的自由；另一方面是公民的各项具体权益保护。”②上述摩尔诉美国加利福尼亚大学医学中心案的判决，体现了法院的立足点是社会利益的实现优先于个人利益的实现。但是，在本案的解决上还存在利益主体认知的不足。因为判决中将人体基因利用等生命科技应用的基因等同于传统意义上的人体组织，对于基因与人体组织在提取和移植过程中存在法理意义与内涵上的不同并没有加以区分，只是进行了法律事实上的类推。然而，法律所调整的利益关

① 徐爱国、李桂林：《西方法律思想史》，北京大学出版社 2010 年版，第 49 页。

② 侯瑞雪：《基因科技发展与人的“类权利”》，载《学术交流》2013 年第 3 期，第 85 页。

系的立足点是不同的。法律规定禁止人体器官、组织买卖主要是基于人体健康不能用金钱加以衡量，禁止人体的商业化交易和公民对自我身体的任意处分。法院判决的宗旨就是维护既有的法律体系所保护的法益不受到破坏。值得我们注意的是，生命科技应用中的基因提取与细胞培养都是在分子层面上操作，其对人体组织的需求是微乎其微的，并且有些操作是在废弃的组织中进行。因此，这些生命科技应用的操作与直接的人体组织、器官的买卖有着很大的不同，不足以引起风险和现实的危害。如果无视这些核心的不同点，就会在利益的实现上形成不平衡的结果。审理摩尔案的法官明确以实现社会利益为宗旨，“但是没有从法理上对人体基因的可财产性进行剖析，却援引了公共政策压制了基因提供者的财产权的诉求，同时偏向性地肯定了生命科技研发者的专利权。”①这一由经济性上的考量所主导的判决在法律和伦理上产生了消极的影响。此判决漠视了对公民基本权利的尊重，将生命科技研发的参与人视为客观材料来源，漠视他们的个人利益。此判决必将引发生命科技应用研发材料来源萎缩的困境出现，最终影响研发者和提供者发展生命科技的积极性。

另外，美国有一位公民，她叫海瑞塔·拉克斯，科学家们都叫她“海拉”。她死于子宫癌，她的肿瘤细胞被医生取走，成为医学史上最早经人工培养而“永生不死”的细胞。但是她的家人对此却毫不知情。海拉细胞是研发小儿麻痹疫苗的主要材料，这种细胞的重要性还体现在，它能够协助科学家解开各种癌症、病毒的奥秘，并且能够促进试管婴儿、基因复制、基因图谱的重要发展，并造就了总价值超过几十亿美元的人体生物材料产业。但是60多年来，海瑞塔·拉克斯个人为生命科技的贡献并没得到科研机构和社会的重视。她的家庭没有得到基于细胞研发和应用带来的任何利益，甚至在她死后几十年后，她的家人才得知母亲细胞被科研广泛利用之事。② 科学家一直在利用海瑞塔·拉克斯的细胞，用相关细胞进行研发，获得高额经济利益。海瑞塔·拉克斯对生命科技的发展贡献是巨大的，但由此产生的科研机构利益和个人的利益冲突并未得到圆满的解决。③

（二）国家与国家之间的利益冲突

除了上述平等主体间的利益冲突之外，还有特殊的平等主体间的利益冲突，即国家与国家之间的利益冲突作为特殊的平等主体间利益冲突也存在于生命科

① 姚建宗：《新兴权利研究》，中国人民大学出版社2011年版，第137页。

② Ewen Callaway. Hela Publication Brews Bioethical Storm. Nature, March 27, 2013.

③ Rebecca Skloot. The Immortal Life of Henrietta Lacks. Crown Publishing Group, 2010, p.18－26.

技研发和应用发展进程中。“在全球化时代，科学技术研发和应用具有跨国界性，这种趋势涉及跨越国界的生命科技研发资源的共享和连接。”[①]人类基因的提供者与人类基因资源的研发和应用者不是属于同一个国家，两个国籍主体之间的利益冲突往往最终体现的是国家与国家之间利益的冲突。在市场经济运行和全球科技、经济、贸易一体化趋势下，国家之间是主权平等的主体，但国与国之间的利益取得是不平衡的，因而它们在争取利益的斗争中可能产生尖锐的冲突。全球化发展程度不均衡，又使得技术上先进程度不同的国家之间利益分配不均。尤其是发展中国家和发达国家之间的利益冲突最为突出。发达国家凭借其先进的科学技术和经济实力在全球范围内找寻和采集生命科技研发所需要的生命科研材料。同时，发达国家利用发展中国家法治欠发达以及当地民众维权意识淡薄的“有利条件”，顺利地采集到宝贵的生命科研材料样本，进行生命科技的研发和应用，形成极高医学价值和商业价值的产品。发达国家再利用自身发达的法治环境，竭力运用知识产权法律制度保护相关科研成果的知识产权，获得巨额的商业利益，从而实现了经济效果和科技效果的统一。与此同时，发展中国家的利益仅仅局限在生命科技研发和应用的前期准备工作阶段的细微利益上，与发达国家通过生命科技研发和应用成果所获得的巨大利益不能相提并论。因此，发展中国家强烈呼吁国际社会重视他们的经济和法治状况，尽快建立国际间的法律保护制度，要求遵照当事国法律从事生命科技研发和应用相关活动，尊重当事国国民的尊严和权利，建立发达国家和发展中国家针对生命科技发展成果的利益分享机制。

市场经济具有商品化、市场化的特征。市场经济的运行离不开市场交易，交易又必然是以一定的产权制度为前提。只有先明晰相关产权，才能使产品的交易和分配有序进行。而知识产权作为一种私权的法律地位，早已在一些国际公约中有明确的规定。《与贸易有关的知识产权协议》（简称 TRIPs 协议）在其“序言”中明确规定了保护知识产权的条款，要求全体成员承认知识产权为私权。[②]

---

① E. S. Dove, M. Phillips. Privacy Law, Data Sharing Policies, and Medical Data: A Comparative Perspective. Medical Data Privacy Handbook, Springer, 2015, p.15 - 39.

② 《与贸易有关的知识产权协定》（Agreement on Trade-Related Aspects of Intellectual Property Rights）在序言中规定：“认识到知识产权属私权；认识到各国知识产权保护制度的基本公共政策目标，包括发展目标和技术目标；还认识到最不发达国家成员在国内实施法律和法规方面特别需要最大的灵活性，以便它们能够创造一个良好和可行的技术基础；强调通过多边程序达成加强的承诺以解决与贸易有关的知识产权争端从而减少紧张的重要性；期望在 WTO 与世界知识产权组织（本协定中称‘WIPO’）以及其他有关国际组织之间建立一种相互支持的关系”等内容。

从该协议确定知识产权为私权，也就确立了整个协议保护的基本立场，这对于市场经济运行中的平等主体间利益的实现提供了法律制度保障。权利主体无论是自然人、法人或者是其他组织，权利一律平等。值得注意的是，“TRIPs 协议在加强知识产权制度方面的作用在一定程度上削弱了广大发展中国家的利益，导致利益再分配失灵，最终进一步加剧了两大国家集团之间的利益冲突。”[①]

（三）PEX 模式的崛兴

事实上，在平等主体间的利益分配问题上，PEX 模式早已有了相应的实践。此模式对平等主体间利益的实现具有现实意义。PEX（Pseudoxanthoma Elasticum）是一种当代临床上罕见的基因疾病，并且不可被治愈。它会导致失明、心脏病、胃肠疾病和缩短寿命。PEX 国际（PEX International）是一个面向 PEX 家庭的公益性组织。它已经搜集到 2 000 份 PEX 患者身体组织和基因的样本。该组织将人体组织样本提供给研究者时，是要求研究者支付相关费用的。该组织还要求必须与研究者一起共同享有所取得的知识产权利益。法律也鼓励这种生命科技应用模式的存在和发展。因为 PEX 模式开展的三方合作进展顺利，没有任何一方对这种运作模式产生反对性的意见，它的核心在于基因等生命资源的提供者能够从中获得相应的财产性利益，这就是对其基因财产权的承认。此模式中的研究者也支持这一条件。[②] 今后此类运行机制会应生命科技应用发展的需要而逐渐出现，公权力主体用法律规制的方式平衡平等主体间的利益是当代生命科技应用中利益之间博弈的必然选择。这种利益平衡机制确保了财产法益不受侵占，使得财产权得以实现。“它是基因资源提供者与基因科技研发者之间平衡利益的通途。”[③]所以，人格法益与财产法益在生命科技应用的大环境中是相互叠加在一起的，传统法律对人格法益和财产法益的二元结构的划分不能有效平息利益之间的纷争和价值冲突。[④] 对摩尔案件的讨论和 PEX 机制的成功运行就说明，我们在处理个案中不能对人格权和财产权进行非此即彼的区分，而必须在当代法治环境中的利益保护方面注重社会平等主体之间利益的平衡。

---

① 邱格屏：《人类基因的权利研究》，法律出版社 2009 年版，第 195 页。

② E. Gary, Marchant. Property Rights and Benefit—Sharing for DNA Donors?. Jurimetrics, 2005, pp. 163 - 164.

③ 姚建宗：《新兴权利研究》，中国人民大学出版社 2011 年版，第 138 页。

④ Alain Pottage. Instructions: The Fabrication of Persons and Things. Alain Pottage Martha Mundy ed., Law, Anthropology and the Constitution of the Social: Making Persona and Things. Cambridge University Press, 2004, pp. 1 - 39.

三、法律规制在平衡利益冲突中的作用

我们只有通过法律规制的手段来处理利益冲突，才能实现社会公平。立法者要按照利益冲突处理的原则，在不同主体之间分配权利和义务。无论在将来的生命科技立法中，还是在现行法的适用中，都应当注重发展权利保护体系，并且对侵害权益的行为进行约束、调整和制裁。

生命科技应用行为对社会利益的实现有密切关联性，法律对于二者关系的处理就决定了社会利益的实现和对个人利益的维护。生命科技对于社会共同体的福祉有深刻的影响，它造福于人类的健康和生命质量的同时，也可能对于人的健康和生命质量带来危害。根据生命科技应用的正面和负面影响的不同，它可能会对社会健康、有序发展造成阻滞效应。这也是法治社会中生命科技不断发展的背景下不可回避的现实问题。在此问题上，无论是采取回避或绝对反对，还是片面强调生命科技的社会作用，都并非正确的法律治理态度，不能从法律上片面地支持或者反对一方的利益。例如，在对待人工生殖的问题上，其中就包括各国立法对于代孕问题的态度，各国基于本国的国情采取了不同的法律规制态度。[①] 有些国家基于维护公共利益、公序良俗的考虑，在法律上对其绝对禁止，这在伊斯兰国家较为普遍。“反对代孕的共识主要是集中在逊尼派穆斯林世界，一些机构的教令、建议或决定对当地法学界进行相关法律制度设计有较大的影响。”[②]有些国家法律规定有限制地开放代孕，只是禁止商业代孕行为。[③] 有些国家采取完全允许代孕行为的立法态度。例如，英国和美国对于代孕的立法态度上是支持的，不仅允许借腹代孕而且允许借腹借卵代孕。[④] 在亚洲，各国出于国情、民情的考虑，在生命科技立法方面采取了审慎的立法态度，逐步改革和完善。[⑤] 从法律规定上完全禁止发展到有限制地开放。因为此类生命科技应用带给社会的影响后果还不是很明确，此项科技的运用是造福于人类还是危害人类

① M. K. Smith. Regulating Assisted Reproductive Technologies in Victoria: the Impact of Changing Policy Concerning the Accessibility of in Vitro Fertilization for Preimplantation Tissue-typing. Journal of Law & Medicine, Vol.19, 2012, p. 820.

② A Shabana. Foundations of the Consensus against Surrogacy Arrangements in Islamic Law. Islamic Law and Society, Vol.22, 2015, p. 82.

③ T. Johnson. Queensland's Proposed Surrogacy Legislation: an Opportunity for National Reform. Journal of Law & Medicine, Vol.17, 2010, pp. 617－632.

④ 张燕玲：《人工生殖法律问题研究》，法律出版社 2006 年版，第 179 页。

⑤ S. Cousins. Only Married Heterosexual Indian Couples Will be Allowed to Use Surrogate Mothers under Proposed New Law, Vol.4, 2016, p. 354.

繁衍的问题，还有待于医学与法学进一步地考察、论证。基于维护各方的利益之需要，从法律规制方式上作出完全禁止的强制性规定转变为创制更加宽松的限制性规则。这说明从立法的趋势来看，私法与公法上的规制都逐渐发生着变迁，私法上权利规则逐渐增多，这有利于权利体系的发展和公众权利的行使。目前我国对于代孕问题的立法进行了广泛的社会讨论和意见征集，[①]媒体舆论的介入使得公民的权利和作为立法的公权力主体之间有了良性的互动，这是基于生命科技应用来实现个体权利，从而增进社会利益的有效尝试。"虽然目前我国法律规定还禁止代孕行为，主要是从商业性代孕的角度来考虑它对社会带来的危害。"[②]"但这是我国目前对于代孕行为的复杂问题造成的社会影响没有明确之前的保守性态度，目前的立法态度是妥当的一种选择。"[③]

科学技术是第一生产力，生命科学研究的稳步推进，生命科学技术产业化的高速发展，恰是这一论断的鲜明例子。它在吸收人类历史科学技术成果的基础上，在当代社会发展中具有跨越式的发展特征。法律鼓励生命科技应用的发展对公民与社会带来的福祉，也即维护了社会利益和个人利益。当代语境下的法治化进程对社会利益的作用，一般都是从积极方面来理解。法律关于某些生命科技运用行为的禁止性规定，则是被认为削减了社会利益和公民自由的规定。这种认识显然具有片面性。通过上述的代孕行为被禁止或限制就体现出立法者在对于代孕行为的复杂问题造成的社会影响没有明确之前的保留态度，恰恰是法律对于技术应用所可能带来风险的一种预防和控制。这也从侧面反映出社会利益的控制途径。法律会随着人们对于自身生命奥秘的深入探索和社会利益的认知不断加深作出相应的规则上的调整。[④] 我们应当从当代法治新时期的角度来理解发展中的社会利益，实现社会公平。

我国在法治进程中关于权利的培育在制度上和思想意识上都须进一步加强。法治建设上存在漏洞，在社会利益维护和个人利益实现上都亟待加以完善。

---

① 中山网：北医三院院长、生殖医学中心主任乔杰透露，代孕行为，没有顾及代孕母亲的安全问题、法律问题以及将来孩子的收养问题等等。卫生部已经在向专家以及其他各界人士广泛征集关于代孕的意见，此外还需要相关法律法规的完善。目前我国法律法规不能实施代孕技术。因为代孕问题是比较复杂的社会问题，因此需要先完善法律法规，之后才能实施代孕技术。在我国，代孕仍是不合法的，尽管有许多公众私下进行代孕行为，但无论是代孕者还是被代孕者，目前这些人的权益都无法得到保障。http://www.zsnews.cn/News/2013/03/12/2379923.shtml（访问日期：2016年2月23日）。

② 人民网：《代孕合法化？没有的事！》，http://health.people.com.cn/n1/2016/0105/c14739-（访问日期：2016年1月28日）。

③ 张燕玲：《人工生殖法律问题研究》，法律出版社2006年版，第179页。

④ 孙立平：《利益关系形成与社会结构变迁》，载《社会》2008年第3期，第8-9页。

立法者对权利的行使进行研究和创制相关法律过程中不能偏袒任何一方。“应当坚持社会本位与权利本位相结合，以权利本位为重点，社会本位为基石的法治思想。”[①]

社会是在人们的合作、冲突、竞争中获得发展的，权利行使和利益的维护是人们在社会交往中的根本连接的纽带。[②] 当代法学研究社会利益与个人利益之间的关系，是从汲取市场经济条件下科技发展的弊端和未来发展趋势而进行的理论研究。这对于指导生命科技实践具有前瞻性的意义。学界由侧重于关注个人权利行使和利益实现的法学研究，开始转向关注社会利益的法学研究。这是一个趋势。由此，我国的法学研究已经从权利与权力之间的矛盾关系研究，转向了维护社会利益的公权力研究，其中就包括生命科技与国家公共政策和公共卫生法律治理的关系。[③] 生命科技总是与社会成员的健康利益息息相关，与人身健康安全关联甚密。它是人类社会总体向前的坚实基础，在一定程度上连接着社会利益和个人利益，助益于社会的发展。近些年来法学理论日益关注权利的相对化和权利融合性，开始对市场经济环境下的权利与权力重新进行定位和思考。[④] 权利相对化是要求作为权利的拥有者应当审慎使用自己的权利，权利的运用要与社会利益联系起来，反对公民为了实现个人利益对权利进行滥用。权利融合性要求公民产生利益的冲突时，法律规制能够有效地协调利益主体之间的冲突，也即法学研究作为先导，预防实践中的权利滥用。法律对公民的自由进行合理限制，以及将公共利益与个人利益在法治环境中两相兼顾，乃至加以统合。从而使不同利益主体之间产生冲突时，能够通过法律规制的方式进行协调。在当代法治理论上讲，社会利益的实现对于公民利益的实现至关重要，维护社会利益是整个社会良好秩序的基础，是实现公民利益的必由之路。法治对利益冲突加以平衡，才能维护社会的安全与秩序，为公民个体权利的实现提供一般安全保障，并使权利主体对利益的占有与流转都处于有序与安全的法治环境中，实现社会公平。

---

① 梁慧星:《民法总论》,法律出版社 2011 年版,第 45 - 49 页。

② 马长山:《国家、市民社会与法治》,商务印书馆 2005 年版,第 238 页。

③ 宋丹、丰霞:《公共政策的运行机制的问题研究——基于突发性公共卫生事件视角》,载《社会科学(文摘版)》2016 年第 8 期,第 290 页。

④ 熊美:《公共政策制定中公共管理者前瞻性思维的培养》,载《经济管理(全文版)》2016 年第 4 期,第 202 页。

第二节 传统法应对冲击的价值理念缺失

为了应对生命科技应用引发的权益冲突和社会风险，我们在法治进程中应当秉持人类利益至上原则、社会公平原则、全面保障人权原则。这些原则是应对生命科技应用负面影响的应有原则。但是，在传统法中，这些原则体现得不明显甚至处于缺失的境地。这使得传统法对新兴权益冲突的调整举步维艰。我们面对这一现状，必须要有针对问题的解决思路。“践行法治的要求，必然要以明确的法律原则和规则作为标尺。”[①]生命科技的应用涉及人作为社会发展中的主体的尊严与价值。我们在人的尊严指引下对生命科技应用进行法律规制，是当代法治应当选择的实践路径。随着生命科技的发展和研发机构或者国家之间的相互竞争，技术方面的进步也跟随与此突飞猛进。技术应用对疾病的治愈步伐也正在加快，使人类变得更加健康和幸福，“并且人类期盼生命科技对人类本质的拓展方面也起到同样的推动作用。”[②]所以，人类将更多的治疗希望寄托在生命科技研发和应用上，这种憧憬所带来的法律治理冲击和争论并非主要针对技术应用，更多的是针对生命科技应用的法律规制。法律的出发点不仅要站在维护个人利益的角度，更要站在人类利益至上的角度，这也是国家推进创新发展的根本性出发点。生命科技应用只有在法治环境中秉持为人类谋福祉、全面保障人权和社会公平的原则，才能助益于人类社会的发展。但是，这些应有原则在传统法对生命科技应用的调整中，体现得并不明显。为此，我们必须对这三项应对冲击的应有原则作深入的研究。

一、人类利益至上原则

在生命科技的研发与应用中，我们应该坚持人类利益至上原则，这也是科学技术发展中应该遵循的首要原则。例如，在机器人技术取得实质性发展之前，科幻作家阿西莫夫就已提出机器人三原则。此三原则是为了保证机器人发展方

---

① 刘静坤：《回应型法与法治的构建》，载《人民法院报》2013 年 10 月 25 日，第 1 版。http://rmfyb.chinacourt.org/paper/html/2013-10/25/content_71990.htm? div=-1（访问时间：2016 年 10 月 23 日）。

② 孟雯：《人体基因科技的法律思辨》，山东大学博士学位论文，2015 年，第 3 页。

向，强调机器人不得伤害人类，不接受伤害人类及各类破坏人类体系的命令。[①]机器人三原则最终的目的是为了保护人类。

生命科技，包括基因技术、生殖技术和器官移植技术，在某些领域已经取得了巨大成就。它与机器人技术同属科学技术且是其发展到一定阶段的成果。在法律规制中可以对生命科技领域的发展提出相类似的原则，用以指导其研发与应用。例如，应当在生命科技立法中明确如下原则。

第一条：在生命科技应用中，各个应用生命科技的主体必须以人类利益为依归。

第二条：人类利益包括人类整体利益和个体利益，在保障个人的自由、民主、平等的同时，应当在生命科技研发与应用中严格遵守社会公序良俗、增进社会利益。

第三条：生命科技研发者和应用者应当严格遵守生命科技应用法律、法规，不接受非法的指令、不得从事一切违反社会利益的生命科技研发或应用等行为。

第四条：任何危害人类利益的行为都应当受到法律的制裁。相关责任人员应承担民事、行政或者刑事责任。

第五条：生命科技研发者和应用者不得接受伤害人类利益及各类破坏社会体系的诱导。

第六条：生命科技研发者和应用者不得利用生命科技成果从事恐怖活动、故意伤害、故意杀人的行为。

第七条：生命科技研发者不得将未成熟的技术成果投入到临床应用。

上述法律规制体系构想表明，任何生命科学技术应当都是为了人类的利益而进行研发和应用。这是高新技术研发和应用的根本利益要求。作为一种全新的，能够影响人类社会发展的新兴科学技术，无论是将来推动社会发展的正面影响，还是阻碍社会发展的负面影响，其影响都将是巨大的。所以，我们在应对它给社会发展带来的冲击时，必须要通过立法途径形成相关的法律、法规对其应用和研发行为进行规制，以发挥其推动社会的积极作用。在法律规制中应当发扬

---

① 第一条：机器人不得伤害人类，或看到人类受到伤害而袖手旁观。第二条：机器人必须服从人类的命令，除非这条命令与第一条相矛盾。第三条：机器人必须保护自己，除非这种保护与以上两条相矛盾。后来，又提出了完善原则。增加以下几条：第四条：不论何种情形，人类为地球所居住的会说话、会行走、会摆动四肢的类人体。第五条：接受的命令仅只能接受合理合法的指令，不接受伤害人类及各类破坏人类体系的命令，如杀人、放火、抢劫、组建机器人部队等。第六条：不接受罪犯（不论是机器人罪犯还是人类罪犯）指令，罪犯企图使机器人强行接受，可以执行自卫或协助警方逮捕。

社群主义所要求的“共同的善”。当然，“生命科技立法规制对社群主义观点的借鉴尚需一个调整和适应的过程。”[①]尊重生命科技研发和应用中参与者的价值，生命科技研发的人体基因资源作为社会共同的资源，秉持保护人权的原则、秉持伦理准则。应当全面体现尊重个人价值，同时保障社群主义“共同的善”以及对人类共同利益的重视。[②] 例如，欧洲专利局同意，“必须对每一件涉及高级生命形式的发明之道德问题进行审查，并在发明所带来的积极作用与其可能带来的负面影响和危险之间审慎权衡。”[③]

同样，本书作者认为，在高新技术应用于生命领域之时，首先要考虑该技术的应用对于人类利益的影响，这是首要原则。又如，1997 年欧盟在西班牙城市奥维耶多制定的《奥维耶多公约》，其中就强调个人的社会存在性，是全人类的一员。该《公约》对生命科技的进步加以肯定，其中《公约》明确指出，应当将生命科技研发和应用上的进步造福于当代和今后人类的利益。而且应加强国际间的合作，使全人类可以共享生命科技应用的发展成果。此外，生命科技法律规制对“共同的善”还体现在利益的分配上。随着生命科技的发展，它形成的成果利益分享是法治社会关注的焦点。它是一项重大的社会工程，涉及全人类的利益。例如，在 21 世纪初，国际人类基因组组织委员会发表了《关于惠益分享的声明》，该伦理委员会根据当代生命科技发展的背景和趋势，以及人类共同利益的分享方式的共识制定出上述文件。它的宗旨就是强调人类利益至上，基因是人类个体的遗产，人类基因组计划的成果必须惠及全人类。

因此，生命科技应用的调整，需要国际法调整与国内法调整两者相结合。特别是在国际法领域，需要达成国际条约或国际协定，以体现人类利益至上原则。具体应当包括：

(1)全人类应当合理地享有生命科技发展成果利益。

(2)生命科技研发获得利益主体不限于参与研发和应用的个人。

(3)关于利益共享问题应当与公民进行充分的讨论。

(4)生命科技研发建立起来的数据库应当提供给正当使用者，使其能共享数

---

① 孟雯、齐延平：《论自由主义在人体基因科技立法领域面临的悖论》，载《学术交流》2015 年第 1 期，第 116 页。

② 源自罗尔斯《正义论》的社群主义强调个人和共同体之间的关系，主张个人价值的最终实现源自它所处在的社群。该学说在实际社会关系中的优点是能够纾解诸多利益之间的冲突。详见[美] 迈克尔·桑德尔：《反对完美——科技与人性的正义之战》，黄慧慧译，中信大学出版社 2014 年版。

③ 张晓都：《生物技术发明的可专利性及日本与中国的实践》，载郑成思主编的《知识产权文丛》第六卷，中国政法大学出版社 2001 年版，第 176 页。

据库的利益。

（5）在生命科技立法中加强对人性尊严的尊重，切实使公民、家庭、社区、政府部门、社会组织、研究和应用机构参与到人类利益的分配中。

（6）完善立法主体机制建设，为利益合理分配建立制度化保障。

从上述具体的协定内容可以看出，生命科技的深入发展会推动利益分配格局的变革。这使得获益主体将进一步扩大，让更多的主体参与到民众利益的分配中。利益的分享建立在利益主体的商谈机制之上。[①] 在法律规制过程中，应当突出民众利益的维护，这是国家发展的根本性出发点。但是，正如前述，生命科技可能被利用，被用于恐怖主义、大规模毁灭性犯罪活动（如针对某个族群的基因缺陷而制造生化武器，或基因性武器）；或者被用于非自愿的器官移植，也可能会产生近亲结婚、近亲繁殖等伦理道德上的风险。这一原则实际上处于缺失状态。

二、社会公平原则

社会公平原则，就是在法律调整生命科技的应用时，如果发生涉及社会利益与个人利益冲突、不同主体间的利益冲突时，应该遵循社会公平原则。纵观西方法律思想发展史，公平与正义同源。正义的内涵极其丰富，包含公平、公正、正当。在学界中，学者们经常把它们当作同义词或近义词交替使用。[②] 不同时期的社会公平是一个变化的概念，对其应当进行综合性地分析。前人对公平正义理论的研究为生命科技的利益分配提供了理论源泉。在古希腊"公平"就是神话中正义女神狄凯（Dike），她代表了正义、公道、无私。人们的这种利益契约是正义的目标，这与实现公平的利益分配达到正义是一致的理念。就自然法学派的观点而言，自然法学派认为公平是存在于自然界永恒不变的正义。从这个角度来讲，国家机关的法律创制过程是应当反映自然法蕴涵"正义"的一种外在表现形式。根据亚里士多德对正义的分析，正义包含"分配正义"和"矫正正义"。分配正义一方面蕴含着平等的正义观，正义是人们对待某种事物的平等观念；另一方面，正义又蕴含着公平正义观念。这种观念要求人们按照比例平等原则把社会事物公平地分配给相应的社会成员，给予相同的人以相同的对待，不同的人予以不同的对待。矫正正义则是指以等值公平交换为正义。[③] 西塞罗（Marcus

---

① 王琼雯：《商谈法律理论与我国的立法商谈机制》，载《理论探索》2009 第 3 期，第 134 页。

② 徐大建：《西方公平正义思想的演变及启示》，载《上海财经大学学报》2012 年第 3 期，第 5 页。

③ ［美］博登海默：《法理学：法律哲学与法律方法》，邓正来译，中国政法大学出版社 2004 年版，第 267－268 页。

Tullius Cicero)曾将正义描述为,“使每个公民都能够获得其应当得到的东西之人类精神取向。”[①]洛克对正义的定义是社会共同体中的人与人之间是平等的社会主体,任何人都不得对他人的生命、健康、自由和财产加以侵犯。[②] 罗尔斯的“正义论”在现代法学界具有很重要的地位,产生了强烈反响。罗尔斯将正义解释为“作为公平的正义”,回归正义的公平正义观念。社会正义首先是要实现公平,只有公正的社会制度,社会成员才能恰当地获得相应的利益,并且会从自己内心自觉遵守公正的社会制度。罗尔斯在自由价值的基础上,重点强调将公平、平等和自由三种价值结合在一起来分析正义。根据罗尔斯的正义理论,一个公平正义的制度是应当协助社会中的不利处境者获得最大程度的利益,进一步改善他们的现有处境。在供需矛盾相当突出的当代医疗环境中,人体器官移植方面和人工辅助生殖技术应用等方面都存在着急需帮助的社会成员。遵循社会公平原则才能使每个社会成员的生存和发展得以保障。

(一)基因技术应用中的利益关系

在当代,社会公平是指在法治社会环境中的公平正义价值得到全面实现,它在人类社会中是基础性的原则。社会公平就是社会发展中的政治利益、经济利益和其他利益在全体社会成员之间合理而平等地分配。[③] 它意味着权利的平等、分配的合理、机会的均等和司法的公正。公平意味反映正义的取向,给予生命科技应用中的公民个人应当得到的利益是正义能够存在的根基,“正是这个根基才使得正义能够在社会发展进程中得以兴盛”。[④]

公平正义是现代社会孜孜以求的理想和目标。它同样也是基因科技研发和应用应当遵循的价值理念。公平首先是人类文明不断向前推进过程中逐步构筑起来的稳定的精神追求。一般而言,这种精神追求会随着社会的演化而不断扩充和演化。但是,生命科技应用在人类社会兴起以来,随着社会的急剧变化,这种价值理念受到很大冲击,人类不能仅仅依靠精神层面的价值理念来实现正义,而是要建立起相应的法律制度和实施措施来保障社会公平的实现。

因此,建立相关法律制度的具体思路就是遵循社会公平原则,对现有的不同利益主体进行分类。就利益分类而言,庞德将利益分为公共利益、个人利益和社

---

① 高鸿钧、赵晓力主编:《新编西方法律思想史》(古代·中世纪·近代部分),清华大学出版社 2015 年版,第 50 - 53 页。

② [英]洛克:《洛克谈人权与自由》,石磊编译,天津社会科学院出版社 2011 年版,第 216 页。

③ 曹晓飞、戎生灵:《政治利益研究引论》,载《复旦学报:社会科学版》2009 年第 2 期 ,第 105 页。

④ 张燕玲:《人工生殖法律问题研究》,法律出版社 2006 年版,第 175 页。

会利益。[①] 在他这里，公共利益即国家作为法人的利益。庞德作这样的利益分类是因为，社会利益是包含在现代社会中，并且基于维护正常的社会秩序和发展而提出的各种具有普遍性的主张、需要和诉求。它是实现个人利益和国家利益的前提条件。在生命科技立法方面，要在国家利益、社会利益和个人利益三者之间找到平衡点。对此，应当从几个方面进行综合性的考量。

第一，在商品经济发展的当代社会，法治精神在社会中逐步形成共识，人们在商品经济交往过程中应当遵循契约自由原则，契约的理性就是衡量正义是否能实现的标准。

第二，立法和法律适用过程中应当秉持符合伦理、道德等公平正义价值理念。[②]

第三，促进人的生存与发展，有利于社会发展进步的行为。法律对侵害上述权利的行为及时进行规制。我们只有在当代综合性地把握社会公平原则才能在法律制度设计和应用中应对新问题。涉及的基因技术应用实际问题如下：

基因是载有个人遗传信息的物质，影响甚至决定着个人的身体健康状况。基因科技的研发过程需要政府和企业投入大量的资金作为支持，[③]如果是国家作为投资主体，那么在国家投入大量的资金却没有高产出回报的情况下，则国家利益得不到实现。[④] 因为国家将巨额资金投入生命科技研发是达到生命科技科研目标，最终服务于全体社会成员，进而实现公共利益。如果不能实现这一目标，就不符合社会公平原则。因此，基因科技研发和临床应用应当体现公平回报的理念。包括基因在内的生命科技是当代的尖端技术，就目前的经济、社会发展水平来看仅仅依靠个人或者企业、机构开展研发活动不足以维持长久，必须主要依靠国家资金的支持。在研发机构和社会公众之间有一个隐形的社会契约，它是法律强制性规定下的税收关系。国家收取税收后，将其投入到社会发展的各个领域，这其中就包括了生命科技的研发领域。国家将税收的一部分资助给生命科技的研发者，使其能够发展相关事业造福于广大公众，推进国家的科技发展进步，增进国家利益。由于国家投入的资金量相当巨大，这就要求我们在法律、

---

① [美]罗斯科·庞德：《通过法律的社会控制》，沈宗灵译，商务印书馆 2013 年版，第 34 页。

② Allen E. Buchanan, Dan W. Brock, Norman Daniels, Daniel Wikler. From Chance to Choice: Genetic and Justice. Cambridge University Press, 2001, pp. 36 - 39.

③ 参见本书表 3 - 1：2016 年国家自然科学基金委员会生命科学部获得资金前 20 名研发单位和资助金额，每个单位研究所需资金都相当巨大。

④ 王逸舟：《国家利益再思考》，载《中国社会科学》2002 年第 2 期，第 162 页。

法规和政府的政策中体现科学、合理、合法、节约的原则，这些规则所共同反映的就是社会公平原则。

所以，应当在法律规则中明确规定：

（1）根据生命科技研发的重要性等级，依法提供相应的资助资金。

（2）根据生命科技的类型确定研发资料提取的数量和种类。

（3）在法律规范中明确研发主体的预算使用、管理和经费使用的规范化方式，避免国家巨额财产的流失。①

（4）在法律中规定，相关研发机构、科研人员应当遵循委托方的要求，全面履行研发合同中的承诺，促进和实现国家的利益。

（5）在相关法律、法规中规定研发机构的经费应当接受审计部门的审计和广大社会公众的监督，依据上述法律规定来保障国家利益的实现。

表 3-1　2016 年国家自然科学基金委员会生命科学部获得资金前 20 名研发单位和资助金额②

生命科学部获资助Top20单位		
依托单位	项目数量	资助金额（万元）
浙江大学	137	10601.15
中国科学院上海生命科学研究院	106	8549
中国农业大学	98	7016
南京农业大学	118	6647
北京大学	67	6522
华中农业大学	128	6438
上海交通大学	94	5343
西北农林科技大学	110	5320
中国科学院动物研究所	49	4397
清华大学	50	4279.5
复旦大学	66	3899
中国科学院生物物理研究所	61	3824
华南农业大学	82	3605
中国科学技术大学	37	3218
武汉大学	45	3195
中国科学院微生物研究所	54	3062
中山大学	61	3032
中国科学院植物研究所	48	2928
山东大学	40	2783
西南大学	56	2639

（二）器官移植技术应用中的利益关系

以众多病患生命健康为代表的社会利益和捐献者的个人（家庭）利益之间应

① 张新庆：《基因治疗之伦理审视》，中国社会科学出版社 2014 年版，第 133 页。

② 生物谷网：http://www.bioon.com/3g/id/6688599/（访问日期：2016 年 10 月 9 日）。

当达到平衡。但目前的医学实践中，二者之间存在矛盾，远未达到平衡。[①] 例如，公民没有捐献身体器官的道德义务。对于遗体的捐献，要基于自愿的原则。"是否可能通过法律，平衡各个利益主体的利益"[②]，对遗体捐献者进行鼓励或奖励？在诸如患白血病这样的疾病的情况下，配型成功的供体，是否有捐献干细胞的道德义务？2016 年起在各大电视媒体热播的生命科技与医学纪录片《人间世》在社会上引起巨大的反响，使更多的人了解生命科技应用的真实事件。该纪录片第三集《团圆》以上海市乃至全国器官移植一系列真实事件为题材，向社会反映了我国器官移植供给需求严重不平衡的现实。[③] 究其原因，除了传统文化和伦理外，更加重要的一方面就是法律原则和法律规则上的不完善，致使器官移植事业发展缓慢。因为到目前为止，在法律上还缺乏对这一领域的社会公平原则的研究，导致相应的社会利益和个人利益就无法得到保障（见图 3－1）。

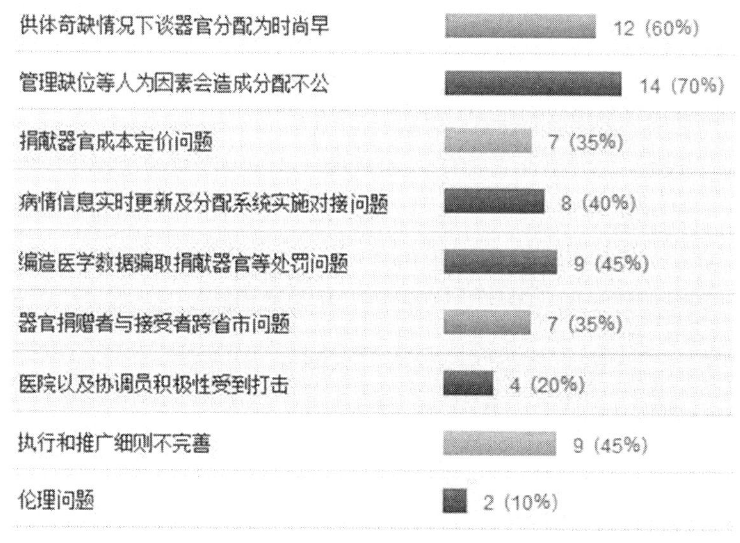

图 3－1　2013 年我国人体器官移植问题分类考察数据统计报告[④]

① S. D. Halpern, A. Raz, R. Kohn, M. Rey, D. A. Asch. Regulated payments for Living Kidney Donation: an Empirical Assessment of the Ethical Concerns. Annals of Internal Medicine, Vol.152, 2010, pp. 358－365.

② 黎桦：《生命科技发展语境下的遗体捐献利用制度构建研究》，载《武汉理工大学学报》（社会科学版）2015 年第 4 期，第 727 页。

③ 中国上海网：2016 年上海市人体器官捐献移植论坛传出消息：作为首批开展人体器官捐献工作的试点省市，截至 2016 年 6 月 28 日，申城器官捐献已突破 200 例。尽管器官捐献得到突飞猛进发展，但全国每年仍有约 30 万患者因器官功能衰竭等待器官移植手术。现阶段，我国可供移植的器官供需比例仅为 1∶30（美国为 1∶4、英国为 1∶3），远远无法满足患者需求。http://www.shanghai.gov.cn/nw2/nw2314/nw2315/nw4411/u21aw1144415.html（访问日期：2016 年 10 月 10 日）。

④ 医学论坛网：http://www.cmt.com.cn/（访问日期：2016 年 10 月 10 日）。

生命发展过程需要相关法律制度上的保障，才能实现社会利益与个人利益的平衡。人在生命发展过程中难免会出现严重危及生命健康的情况，需要进行器官的移植才能治愈，获得新生。这就涉及如何合法、合理利用捐献者器官的法律问题。

第一，就捐献者的利益角度来说，由于医学上尚未对人的死亡标准达成共识，法律上对人的死亡也有不同的认知。在现代，将人的死亡从心跳停止说转化为脑死亡说，就是为了便于人体器官移植行为的开展。那么从严格意义上讲，器官提供者尚未停止心跳，并未真正死亡。在此环境下摘取提供者的人体器官情形，在法理上讲可能被行为人所利用，导致故意犯罪行为的实施，侵害被摘取器官者的利益。“这破坏了民法和刑法所保护的法益，不仅有损于社会利益，也有损于公民个人的利益。”①

第二，法律允许器官移植的目的就是让更多的病患达到治愈的效果，无论是肝脏移植、心脏移植、肾脏移植还是角膜移植都追求摘取健康可靠，并且能够继续使用的人体器官或组织来源。② 在通常情况下，一个人的人体器官可以提供给多个人进行手术，以达到众人皆康复的目的。因此，相关的法律、法规支持、鼓励这种有利于增进社会利益的行为。这从本质上反映出个人利益对社会利益的贡献。从个案上来讲，器官移植就是牺牲一个人的健康去造福更多人的生命。在医学技术逐渐能够达到这种目的的时代，更多地应当考量法律上的社会公平原则和法律如何对此类行为进行有效规制的问题。在现代社会，法律制度已经确立了“人人平等，人人生而自由”，这也包含了人的生命健康的权利是平等的，没有优劣之分。特别是活体器官移植方面，例如，供体捐献两个肾脏中的一个，或者捐献肝脏的一部分给受体，这必须是在确保供给者的知情权实现的前提下才能实施的行为。否则就是承认一些人的生命健康权高于他人的生命健康权，这不符合社会公平原则。活体器官移植是为了受体的利益而以提供者的利益损害为代价，那么就必须保证在实施手术之前完全地实现其知情权。因而必须在法律规定中非常精确地表明这一立法宗旨，法律规则必须明确且不可模糊。为此，“在立法中应当规定对每一位活体器官捐献者做决策能力的测试。”③在立法中应当考虑到器官移植中的未成年人行为能力的年龄与民法中规定的未成年人

① 刘长秋：《罪刑法定与生命科技犯罪》，载《政法论丛》2006 年第 1 期，第 64 页。

② S. Shroff. Legal and Ethical Aspects of Organ Donation and Transplantation. Indian Journal of Urology, Vol.25, 2009, pp. 352 - 355.

③ 蔡昱：《器官移植立法研究》，法律出版社 2013 年版，第 112 页。

的民事行为能力最低年龄应当作出区分，以有效保护未成年人作为器官捐献者的利益。因为生命科技的研发和应用是医疗机构与公民个人之间的实施行为，从事这种行为是为了增进公民个人的健康利益。公民和医疗机构是民事活动的主体，法律地位具有平等性，对于行为主体是为了增进各自的利益而进行的法律行为。意思自治就是为了保障行为主体双方有决定从事的法律行为的自由空间。如果采取“一刀切”的民事行为能力标准就会剥夺活体器官捐献者的决定权，进而侵害其利益。[①] 在法治实践中不能完全按照民法中的民事行为能力年龄的标准去判断是否应当由未成年人捐献者的法定代理人代替其作出决定，而应当对此类生命科技的适用主体适当减低其行为能力年龄标准，才能符合社会公平原则。

第三，在生命科技的研发中，法律中应当规定作为个体利益的受试者的回报，并且将之控制在适度的范围内。受试者是生命科技研发和应用的宝贵资源，对他们的利益的切实实现体现了法律中的社会公平原则。立法中应当规定受试者的经济补偿，应与当地社会发展水平相适应，标准不得过低，也不能过高。一方面能够促进生命科技研发参与者的积极性，另一方面也能防止诱导性的科研实践，这样才能合理地实现受试者的利益。此外在立法中应当设计受试者因生命科技研发活动而遭受的伤害的赔偿制度和免费治疗制度，切实维护实验参与者的利益。

第四，在立法中体现“机会平等”。当目前的生命科技的研发和应用水平不能够达到治愈先天性的疾病时，这种不公平的社会状态是能够在社会进程中被接受的。但是如果我们应用生命科技能够达到矫正先天性疾病的情况下，每个人均应当享有医治的机会，社会不向公众平等地提供机会是不符合社会公平原则的。因此，应当在法律制度设计中规定：

(1) 人们在生命科技研究成果应用时享有自由、平等的机会。

(2) 生命科技应用相关法律制度中应当确立程序公平优先的原则，只有最大限度地确保程序公平原则的落实，才能为大多数人所接受。通过程序公平使最大多数的公民都能享受到生命科技发展的成果，维护民众的生命健康权益，维持社会的稳定。

(3) 生命科技成果应用应当遵循市场配置机制，以实现效用的最大化。[②] 通

---

① 臧英、李志强、臧运金：《潜在器官捐献者捐献意愿的影响因素及对策研究》，载《医院与医学》2016 年第 1 期，第 22 页。

② 张新庆：《基因治疗之伦理审视》，中国社会科学出版社 2014 年版，第 137 页。

过法律制度对市场经济环境中的生命科技资源合理配置是实现生命科技资源效用最大化的首选路径。

但值得我们注意的是，正如本书分析的社会中各种利益主体之间经常产生利益上的冲突，不能够切实达到公平，这一应然原则在目前的法治调整中体现得并不明显。这一现状应当引起法学界的高度重视。无论是基因技术研发和应用中的利益主体，还是器官移植技术应用中的利益主体，他们之间的利益在生命科技应用过程中时常发生冲突，在利益的实现上形成了不平衡的结果。诚如前文所述的美国摩尔案，公共政策还会压制相关利益主体的财产权益的诉求。美国“海拉”案的科研机构利益和个人的利益冲突并未得到圆满的解决。这些典型案件就说明社会公平原则与目前的法律规制关系并不紧密，社会公平原则亟待融入目前的法律规制中。

三、全面保障人权原则

“人权保障是当代社会最引人关注的话题。”①人权是综合性的权利体系，既包括政治权利与自由，也包括经济社会文化权利。俄罗斯法学家拉扎列夫认为，“法治国家的重要特征之一就是对个人权利和自由的现实保证。人权是法治国家的精髓，也是社会整体发展的重要因素之一。”②无论是何种权利，最终都源于人的尊严与价值，并最终服务于人的尊严与价值。它作为一种意识形态，在生命科技应用的条件下，也应当成为一项重要的法律原则。③ 所以，在涉及生命健康的生命科技领域，人类整体以及人类每个个体成员的尊严与价值，是一切考量的出发点和最终归宿。对人权的全面保障，是指对人权的保障不得有失偏颇，应该全面体现出对生命的尊严与价值的尊重。根据国际人权公约的规定，人权包括公民权利与政治权利、经济社会文化权利，各国在人权的实现上不得顾此失彼。2004 年的《中华人民共和国宪法修正案》中明确规定国家尊重和保障人权的条款。④ “这实际上就隐含了法律制度设计对生命权的尊重和保护。”⑤

全面保障人权原则应体现在伦理审查制度中。伦理审查概念最早可见于1975 年的《赫尔辛基宣言》，该《宣言》对于人体进行的科学实验方案与执行要求

---

① 徐明：《论生命科技立法中的人权保障》，载《湖北第二师范学院学报》2013 年第 7 期，第 40 页。

② [俄]B.B.拉扎列夫主编：《法与国家的一般理论》，王哲等译，法律出版社 1999 年版，第 349 页。

③ 李见恩：《基因科技面临的人权困境及出路》，载《中国西部科技》(学术)2007 年第 11 期，第 101 页。

④ 中华人民共和国宪法(2004 修正)第三十三条：……中华人民共和国公民在法律面前一律平等。国家尊重和保障人权……

⑤ 刘泽刚：《宪法生命权的界限》，载《华东政法大学学报》2013 年第 5 期，第 3 页。

进行说明，并设置进行伦理审查的专门机构——伦理审查委员会。更进一步地，《世界人类基因组与人权宣言》规定关于人体基因研究的法律规制也需要伦理审查。例如，《宣言》要求各国的基因组研究必须建立专门的伦理审查机构，对伦理、法律和引发的社会问题进行详细的评估。[①]《赫尔辛基宣言》还要求相关机构对法治中的权利、安全和风险均进行系统性的评估，以维护当事人的合法权益。

我国的相关法律、法规也吸收了上述《宣言》的精神和主旨，在专业理论上的研究基本与世界同步。在我国，医事法律制度和法律体系中的医事部分均需要医事伦理评估机构的相关评估结果来加以支撑。从生命科技法律制度层面而言，在基因伦理审查机构制度建设上，应当建立伦理审查体系。[②] 三级甲等医院都应当建立伦理委员会。伦理委员会的委员构成中应当有医学专家、伦理专家与法律专家，人数比例应当均衡，确保从法律规则、法理以及伦理和医学上能够全面分析生命科技应用案例。[③] 在法律制度监管方面，对于伦理审查制度的法治层面的监管相对滞后，应努力适应审查体系的发展。[④] 学界对研究治理的批评集中在伦理审查制度，认为这一机制尚未成熟和完备，审查机制没有形成体系，审查形式宽泛或者流于形式。这对科研应用的保障作用有限甚至对科技发展造成阻碍。从法治层面观察伦理审查的主体——伦理审查委员会来说，监管力度应当加快，达到全面的规制水平标准。[⑤] 如果伦理审查委员会对于生命科技行为的监督不能及时或者独立完成，伦理审查行为将会在缺乏法律规制的情况下，为了某种利益的取得而偏离正常审查的范围，导致伦理审查的任意性增大。因此，审查过程不能流于形式，监管责任必须明确，[⑥]就现阶段的生命科技法治建设而言，“建立独立的伦理审查机制和完善的法律体系势在必行。”[⑦]当然，伦理委员会制度本身就是医疗机构的自我约束自我审查，与法律监管的外部

---

① 中国知网(学问)：《世界人类基因组与人权宣言——联合国教育、科学及文化组织》http://xuewen.cnki.net/CJFD-XNLX199802000.html(访问时间：2016 年 10 月 13 日)。

② 刘剑康、李立峰：《论基因科技的道德调控》，载《湖南行政学院学报》2005 年第 2 期，第 5 页。

③ 方兴：《高新生命技术背景下的伦理委员会法律地位探析》，载《医学与哲学》2012 年第 8 期，第 12 页。

④ 张新庆：《基因治疗之伦理审视》，中国社会科学出版社 2014 年版，第 199 页。

⑤ 王香平、李晓玲、王育琴：《我国医院伦理委员会现状及国际认证分析》，载《医学与哲学(人文社会医学版)》2012 年第 4 期，第 30－31 页。

⑥ 田冬霞、张金钟、侯军儒：《中国伦理委员会运作现状的一个缩影——天津市三级医院伦理委员会的调查与分析》，载《中国医学伦理学》2008 年第 1 期，第 45 页。

⑦ 丁美超、房龙梅、宁超、苏天照：《关于基因技术应用中的伦理问题思考》，载《中国医学伦理学》2015 年第 2 期，第 187 页。

审查相互独立,从而形成内部——外部双重监控的局面,并且允许伦理委员会有一定的自主权。

在涉及生命科技实际应用问题上,人权的保障涉及:在相关立法领域上的表达权利;在立法的实体内容上,应该全面保护生命权、生育权、身体健康权、安全权、隐私权、平等权等。平等权的含义之一就在于反对歧视。例如,在基因决定论的观念之下,对个人"致病"基因的信息披露可能导致"基因歧视"。因此,防范个人基因信息隐私不被非法采集和恶意利用,增强个人对基因信息隐私的支配与控制,成为与基因技术有关的伦理、法律和社会研究中分量最重的课题之一。[①] 基因信息权利中的基因隐私权属于人权体系的一个重要组成部分,当包括基因隐私在内的个体权利之间产生冲突之时,就要依靠人类社会逐步建构形成的各项制度去解决。[②] 这其中包括法律规则、法律原则,也包括公共政策。

全面保障人权涉及的实际问题还包括在人工辅助生殖技术应用的情况下,代孕的合法性问题和贮存的胚胎继承的法律问题。就全国首例人体冷冻胚胎权属纠纷案的判决结果传递出的立法精神而言,胚胎不是普通物,而是具有潜在可能的生命载体。此类争议的解决,与普通民事案件的处理相比较,应该更多地体现出尊重生命权利和生命尊严的伦理关怀。前文所述的无锡冷冻胚胎案一、二审的不同裁判结果就说明了保障人权原则是法律适用中的最重要标尺的原则之一。[③] 在代孕行为上,我国行政规章等规范性法律文件采取的是禁止的态度。我们为了贯彻全面保障人权原则,就应当考虑在坚持禁止代孕行为的大前提下,适当允许确有需要的代孕需求,这是全面保障人权的表现。生育权已经得到国际社会的普遍认同,并且已经写进了联合国人权文件。[④] 禁止非法代孕行为是有必要的。但是,本书作者认为,如果将所有的代孕行为都纳入非法活动的范畴予以禁止,则存在值得商榷之处。规范性法律文件的禁止性规定是否对人权进行限制或者有不完善之处,值得进一步探讨。各国立法正在体现由全面禁止代

---

① Mark J.Taylor & Dabid Townend. Issues in Protecting Privacy in Medical Research Using Genetic Information and Biobanking. Medical Law International, Vol.10, 2010, pp. 253 - 257.

② 罗胜华:《基因隐私权的法律保护》,科学出版社 2010 年版,第 116 页。

③ 参见宜兴市人民法院(2013)宜民初字第 2729 号,无锡市中级人民法院(2014)锡民终字第 01235 号。无锡市中级人民法院经过审理认为,针对胚胎的权利保护是一种特殊利益的保护。我国法律虽然对胚胎的法律属性作出明确的规定,但上诉人的请求合情合理,且不违反我国法律禁止性的规定,应当予以支持。

④ 参见《世界人口行动计划》和《国际人口与发展会议行动纲领》。前者规定:所有夫妇均享有为达到生殖目的而获得信息、教育与方式的基本人权。后者规定:促进所有人负责任地行使生育权应当成为政府支持的生殖健康制度设计的基础。

孕向有限度地合法化代孕的趋势转变。[①] 这一转变的根源在于全面保障人权原则的贯彻。[②] 现阶段,“我国不孕不育夫妇占育龄人口总数的比重超过了10%,已经达到4 000万人,这个数字有上升的趋势。”[③]这对于我国人口的结构和今后的劳动力市场发展,乃至社会主义现代化建设是不利的因素。在这种严峻的趋势下,国家法律允许相关医疗单位应用人工辅助生殖技术为确有生育需求的不孕不育夫妇实施代孕,让他们实现血缘传递的梦想,其实是保障人权的具体举措。“有限承认其合法性是必然的趋势。”[④]特别是在严重自然灾害发生之后,灾区民众的子女已经丧生,有些民众的生育能力已经丧失,急切盼望通过代孕技术的实施来生育子女。这更加说明适当放开禁止代孕的必要性。“在我国汶川特大地震发生后,曾经出现过明确表示愿意帮助失去自己孩子的灾民代孕生子的志愿者。这实际上是造福于人类、造福于社会的高尚行为。”[⑤]

从上述《宣言》和案例以及全面保障人权的愿景表明,生命科技研发和应用所引发的权利保护呈现出新特点,法治发展上必须针对新的发展趋势研究新兴权利的保护,以切实保障人权。从理论上来看,例如,人类基因对于研究的意义重大,它不仅具有物质和信息的双重属性特殊的人格意义,而且它对于社会和个人的财富积累具有现实意义。虽然就目前而言,社会公众对基因价值严重缺乏认知,对其尚未引起重视,但是对于研发机构和商业机构而言,基因却是有着巨大价值的资源。因为商品逻辑具有市场经济中不变的内在倾向性,正在向生命科技研发和应用领域扩张。商业逻辑也会不断地向伦理准则领域渗透,基于利益集团之间的博弈,总有一股社会力量为了人类的公平正义和人类的尊严进行反击,以抵御商品逻辑的扩张。人的尊严是一切权利的阐释和依归。构建生命科技权利的合理性边界,则能够在法律秩序中积极地抵御这样的颠覆。一切伦理观念、准则只有上升为法律规则的情况下,才能具有强制的执行力,从而实现对新兴权利的保护。传统的财产与人格二元结构似乎并不能涵盖权利的整体,

① 杨立新:《适当放开代孕禁止与满足合法代孕正当要求——对“全国首例人体冷冻胚胎权属纠纷案”后续法律问题的探讨》,载《法律适用》2016年第7期,第38页。

② M. E. Ekberg. Ethical, Legal and Social Issues to Consider When Designing a Surrogacy Law. Journal of Law & Medicine, Vol.21, 2014, p. 728.

③ 段双妮、田代飞、段双霞、肖卫华:《人工辅助生殖技术服务合同探讨》,载《南华大学学报:社会科学版》2011年第2期,第67页。

④ 任巍、王倩:《我国代孕的合法化及其边界研究》,载《河北法学》2014年第2期,第191页。

⑤ 杨立新:《适当放开代孕禁止与满足合法代孕正当要求——对“全国首例人体冷冻胚胎权属纠纷案”后续法律问题的探讨》,载《法律适用》2016年第7期,第40页。

对其进行全方位的保护。在生命科技研发和应用引发的新兴权利保护的新形势下，我们应当向二者的交互部分展开研究，这个交互部分就是“财产的人格化”和“人格的财产化”。作为一项新的法学概念——“为了人格的财产权”，最初由玛格丽特·简·瑞丹(Margaret Jane Radin)提出，[①]其目的在于对资本逻辑向人体自身渗透的趋势，突破了传统法人格理论，设想采用人格性财产权的混合保护概念以适应新兴权利保护需要。[②] 对此，许多国家逐渐采纳了这一新概念，形成了适合本国国情的综合保护机制。所以，人类基因以及其他新兴的生命科技权利实质上具有人格利益，它是基因权法律规范体系构建的依据和逻辑起点。例如，基因人格利益进入到私法视域，究其特殊性而言，即产生一种新兴的权利——基因权。承认基因和其他生命科技权利体系中的“人格性财产权”以及人格权和财产权重叠性的综合保护的机制，能为人格价值和科技进步之间的平衡，市场经济主体之间权利冲突的解决提供实用主义的通道。基因是人格法益和财产法益混交的介质，以当代人格权的保护机制保障供体对基因材料信息的支配权利。以财产权的保护机制维护其对科技进步的利益分享，有利于对人格尊严的维护和社会公平正义的实现。与此同时，这对于遏制技术和资本的肆意扩张，激励生命科技研发所依据的资源被优化配置，均有助益。

本书作者认为，从生命科技应用的角度而言，应当对上述人权乃至其他的新兴人权内容进行充分及时地保护，使其适应社会发展进程。从法的发展过程来说，人们终究不可能在保护范围上通过明确界定的方法来保护所有人性中值得保护的事物。在逻辑上，法益可以无限细分，难以用列举法穷尽所有可能性。所以法律漏洞是法治发展进程中永恒的主题。但是，“根据理解的行为以及被理解事物的统一性，私法是一个解释的对象，同时其自身又是一种解释，既是理解的对象，又是理解的模式。”[③]对新法益的发现过程体现了私法自我理解的构建性特点。在生命科技的发展过程中，必然会出现新的法益。它包括两个阶段：第一个阶段是对特定利益存在的事实认知；第二个阶段是对特定利益的法律规制价值的认知。从人格利益到规则的构建，成为生命科技新兴权利乃至人权保护的解释学脉络。

全面保障人权原则的贯彻，对于生命科技所产生的可保护性法益来讲具有应当性。从理论上讲，对人类具有价值性效用的事物不必一律都需要法律进行

---

① Margaret Jane Radin. Property and Personality. Stanford Law Review, Vol.34, 1982, pp. 956 - 1016.

② Margaret Jane Radin. Property and Personality. Stanford Law Review, Vol.34, 1982, pp. 946 - 1015.

③ [加]欧内斯特·J.温利布：《私法的理念》，徐爱国译，北京大学出版社2007年版，第14 - 15页。

"权利"的规范保护。权利制度是现代法律对利益加以保护的基本方法。但"权利"的概念与权利制度有自身的特点,不尽然与利益相吻合。因而,新兴权利的范围,应当是有限的。对新技术、新现象的回应,应当是谦抑的、经反思的。但是由于生命科技研发和应用涉及生命事物,对当代人类社会及其未来的走向颇有影响。通过权利的设定对其保护又显得具有必要性,所以,我们应当将其上升为一种具体的权利。人权只是宣誓了国家的政治性或者道德性的义务,为国家进一步地制定实定法提供应然的判断依据。它本身不包含具体的请求权,违反人权规则并不必然会直接受到法律的惩罚。唯有通过立法方式把应然的权利转化为法定的权利,把人权转化为公民权,人权才能得到真正地落实。人权的法律设定可分为两种:一种是在宪法中直接加以规定,但宪法中的规定仍然比较宽泛或者有些具体权利尚未在宪法中规定。例如,我国宪法中就没有生育权的直接规定。另一种是在具体部门法中直接加以规定。在部门法中直接加以规定的做法,其优点在于比较全面和详细,能够应对具体的权利保护问题。上述宪法中尚未规定的公民生育权利,在《妇女权益保障法》和《人口与计划生育法》中都有规定。这些实定法的明确规定,为全面保障人权提供了法律依据。根据哈贝马斯的理论,权利是现代法治社会发展的产物,法的特殊作用是确保行为的期待性。因此,为了确保权利可操作性和确定性,必须通过法律具体化,生成相关法律概念和法律规则,成为可识别的法律形式。[①] 基因权利的生成以及法律对基因权利的规制是生命科技研发和应用过程中权利体系构建的一个起点,这表明法治进程已经对人权产生了足够的重视。

在生命科技发展成果渗透和控制人类社会关系,以及相关法律制度匮乏的当代,立法者若要为了法治社会发展的需要,为了宪法中关于人权保护目标的切实实现,更为了私法体系的完善,完全有必要依据权利制度,把生命科技新兴权利纳入法律调整的范围并对其进行规制。从而改善基因技术应用、人工辅助生殖技术应用等生命科技应用权益保护和法律规制领域对人权研究不足的现状。

第三节　传统法对权益保护的局限性

在生命科技发展的大环境中,传统法对各种生命科技研发和应用行为进行

---

① 高鸿钧:《权利源于主体间商谈——哈贝马斯的权利理论解析》,载《清华法学》2008 年第 2 期,第 7 页。

规制具有必要性，但传统法在生命科技的法律规制方面亦存在局限。权利冲突是指传统法律在调整生命科技应用所产生的法律关系中，不同主体在现行法上所享有权利，彼此之间存在着冲突。产生这种现象有几个原因，主要包括生命科技应用立法领域的滞后、相关方面的理论研究不足和固有的社会观念的保守性等，产生了生命科技应用中的权利保护的困境。

一、传统法的利益协调与权利保护方式

利益协调和权利保护是当代法治调整的核心，也是生命科技法治调整的核心。“权利是法律关系的重要内容，在法律制度中居于核心地位，我国许多学者都秉持‘权利本位’法律观。”[①]“只有认真地看待权利，才能认真地看待法律。”[②]“英国著名法学家奥斯丁认为法是主权者的命令”，[③]也即主权者可以凭借法律对公民发号施令。这一定义是从公权力角度去理解法律的功能。在当代社会，不符合法律治理现代化的特征。保护公民权利是当代法治建设的目标。“各种法律规范都是围绕着权力和责任、权利和义务而展开。”[④]法律关系中的核心内容是权利和义务关系。任何法律关系都能从权利、义务关系中确定其性质和将来走向，这揭示了人是法的存在物和归宿。在法律关系中，人的行为需要权利来维系和表达。法关注人性，彰显了人的权利，扩大生命科技应用相关权利有助于扩展和壮大社会发展的新兴权利范围。只有扩展公民权才能真正实现现代法治，克服传统法律工具主义的弊端，使权利的内容能够随着时代的发展而不断更新。权利走向未来，是人类社会走向未来的前置性决定条件和标志。人们建立法律关系、实现法律目的的过程，就是追求权利和实现权利的过程。

就当代法治理论对利益的协调和保护方式而言，法律要使人们从内心来自觉遵守，就必须首先赋予个体以权利。生命科技研发和应用相关权利的发展都是建立在权利追求和利益维护的基础之上。在生命科技领域涉及最广泛的是民事法律关系。民法中的人格权的内涵因生命科技的发展而不断扩充并完善。在

---

① 沈春耀：《法治在全面建成小康社会中的意义——法治对我们提出什么要求》（十二届全国人大常委会专题讲座第五讲）。全国人民代表大会网：http://www.npc.gov.cn/npc/xinwen/2013-08/20/content_1803403.htm（访问时间：2017年1月2日）。

② 葛洪义：《法律·权利·权利本位》，《法理学论丛》第1卷，法律出版社1999年版，第502页。

③ 周祖成、张印：《对奥斯丁法律概念的再认识》，载《现代法学》2015年第1期，第184-185页。

④ 沈春耀：《法治在全面建成小康社会中的意义——法治对我们提出什么要求》（十二届全国人大常委会专题讲座第五讲）。全国人民代表大会网：http://www.npc.gov.cn/npc/xinwen/2013-08/20/content_1803403.htm（访问时间：2017年1月3日）。

当代的意境中，它既包括名誉和公民的自由，也包括公民的生命和健康等一系列权利的规定。

生命科技的运用绝大多数属于私法领域，在私法制度博大精深的背景下研究个体权利是法律治理非常重要的任务。私法强调法治发展过程中的私权利主体的行为和后果，以及法律效益。尊重和保护公众的民事权利、激发公民的自由意识与实践是法治现代化的立足点。权利是由自由衍生出的概念，传统法也注重维护民事法律关系主体的权利能够自由地行使，维护当事人的意思自治。然而，在生命科技研发和应用的大环境中，权利主体的意思自治也催生了许多新型的利益关系，也催生了传统法对相应新兴权益的协调方式。例如，在生命科技应用中的人体器官或者组织移植技术，涉及当事人的知情权和自主决策权。这在权利行使的问题上，反映出权利主体的意思自治。意思自治以权利为载体，这就使意思自治主体的内在要求得以满足。权利属于人的本性的诉求，并且是人的本性实现条件。意思自治以权利为本位就是满足了意思自治主体本性的现实追求。[①] 意思自治是社会经济发展到一定阶段的产物，是基于人的社会交换需求而产生的法律原则，是社会关系被法律确认的前提。在市场经济环境中，意思自治的权利本位被私权利主体得以充分地贯彻，在法律权利的制度中得以充分实现。因为市场经济就是以权利为本位的经济运行模式，其内在的基本结构是与自由和权利平等结合起来的经济发展方式。“自由和平等不仅不可以分割，而且是紧密关联、相辅相成的。”[②]二者共同从实质上保证社会资源在社会主体之间的有效分配，这其中权利的实现方式就是当事人的契约自由。这使得社会有利资源得以有效交换，满足了社会成员个体的需要，也最终实现了社会共同的利益。

法律治理的过程中赋予了广大公众相应的权利，例如，代孕技术应用过程中，代孕协议的一方当事人终止代孕契约，给对方当事人造成了物质上的损失，受损害一方向违约方主张有关不当得利返还的请求权；人体器官移植技术应用过程中，受侵害一方主张精神损害赔偿的权利。“物质权利是法律为人们的物质利益提供法律制度上的保障。精神权利是落实法律对于公民精神层面的利益提供制度上的保障。”[③]当代科学技术不断向前推进，生命科技是其中的一个重要领域，它仍然在不断改良和创造，而且在不断发展的过程中。这也要求传统法律

① 胡伟：《意思自治的法哲学研究》，中国社会科学出版社 2012 年版，第 197 页。

② 高峰、胡丽娟：《卢梭思想中的自由与平等关系》，载《衡阳师范学院学报》2008 年第 4 期，第 39 页。

③ 江平、张楚：《民法的本质特征是私法》，载《中国法学》1998 年第 6 期，第 33 页。

治理路径的革新，而革新的内容包括权利的扩张和法律治理方式的创新。

我们在传统法对利益协调和平衡方式上，需要及时应对快速发展的新生事物以及相应主体的权利主张。现代科学技术领域硕果累累，日新月异。人类在社会生产力欠发达期间的一些不能够达到的技术目标，正逐一成为技术现实。人类对于自身能力的信心也随之不断高涨，乃至试图在生命的终极问题上一探究竟。现行法律应当针对快速发展的各种生命科技研发和应用相关权利行使加以规制，以保障生命科技研发和应用行为始终服务于当代社会发展。但是，由生命科技研发和应用带来的权利研究和保护问题也进一步地显现了出来。新生事物在属性上往往存在模糊之处，难以对其在法律层面加以定性，因而运用法律手段对其进行规制绝非易事。前述无锡冷冻胚胎案的一审和二审之结果的截然不同，就说明了立法和司法上对于生命科技运用中产生的新生事物的不同理解。[①] 从世界范围来看，传统法对于冷冻胚胎的法律属性，有着三种不同的理论。第一种是"主体说"，此学说认为人的胚胎从怀孕之时，就与自然人一样具有同等的人格尊严。此学说的源泉来自宗教对人的认识。[②] 第二种是"客体说"，此学说认为人的胚胎不具有特殊性，它们仅仅是夫妻的财产，这种学说剥离了它与生命伦理之间的联系。由于学界中的大多数学者和科研应用机构都认为胚胎不同于一般的财产，其应当受到特殊的尊重，所以坚持"客体说"的学者还是占少数。[③] 第三种是"折中说"，此学说认为人的胚胎既非人也非物，而是属于前述二者的中间体(an entity occupying an interim status)。[④] "折中说"已经成为美国学说和司法实践中的主流观点。[⑤] 在美国冷冻胚胎权属冲突的司法实践中，Davis v. Davis 一案是具有代表性的案例。本案的原告和被告系夫妻，原本想通过试管婴儿技术拥有孩子，但未获成功。后丈夫提出离婚，双方对冷冻的胚胎归属产生

① 人民法院报网：《失独老人获子女冷冻胚胎监管处置权——无锡中院审结全国首例已故夫妻冷冻胚胎权属纠纷案》，http://sn.people.com.cn/n/2015/0822/c190218-26079906.html(访问时间：2016 年 1 月 3 日)。

② Congregation for the Doctrine of the Faith, Instruction on Respect for Human Life in Its Origin and on the Dignity of Procreation, Vol.16, Origins, 1987, p. 701; Carl H. Coleman, Procreative Liberty and Contemporaneous Choice: An Inalienable Rights Approach to Frozen Embryo Disputes, Vol.84, Minn. L. Rev., 1999, pp. 55-66.

③ Carl H. Coleman. Procreative Liberty and Contemporaneous Choice: An Inalienable Rights Approach to Frozen Embryo Disputes, Vol.84, Minn. L. Rev., 1999, pp. 55-67.

④ Shirley Darby Howell. The Frozen Embryo: Scholarly Theories, Case Law, and Proposed State Regulation, Vol.14, DePaul J. Health Care L., 2013, pp. 407-410.

⑤ 李昊：《冷冻胚胎的法律性质及其处置模式——以美国法为中心》，载《华东政法大学学报》2015 年第 5 期，第 61 页。

争议。一审法院采用了“主体说”，认为从怀孕之时，被冷冻的胚胎就与自然人一样具有同等的人格尊严。所以，胚胎是属于 Junior 和 Mary 的孩子，判令监护权属于 Mary。但是此案审判结果在二审中发生了改变。1990 年，田纳西州法院并不认为胚胎和自然人具有同样的人格属性，不认为胚胎等同于自然人。二审法院判决胚胎由夫妻共同管理，不认为自然人的生命始于受孕，并认可 Junior 有拒绝成为父亲的权利。[①] 这一案件也说明美国法律中也倾向于采用“折中说”，认为冷冻胚胎是介于物和人之间的中间体，这既保持了对胚胎的人格尊重，又为一定条件下的胚胎合理利用开辟了道路。这与我国无锡冷冻胚胎案二审中被认为是中间体的界定有着同样的司法观点，但是这与本案一审法院的判决采用的冷冻胚胎是特殊之物的观点有所不同。

由此，可将研究再延伸到行政规章中的个体权益保护问题，即国家机关通过何种法律制度来保障私权利有效实现。2015 年中国内地女影视明星徐某为了使自己将来生育健康的下一代，在我国法律所禁止的情况下，远赴美国，通过手术取出自己体内的 9 颗卵子进行冷冻，以备今后生育子女，实现自己的“生育权”，并且称此举是世界上唯一的“后悔药”。此外，我国台湾地区的女影视明星林某也进行了相同的冻卵手术。这一系列娱乐新闻的社会示范效应不可小觑。由于明星的社会示范影响力和媒体的大肆宣传，引起众多超过最佳生育年龄的妇女效仿。[②] 国家计生委对媒体表示，冷冻卵子科学技术属于人工辅助生殖技术范畴，现阶段还处于临床实验和探索期间。[③] 就连在人工辅助生殖技术发达的美国，虽然“苹果公司(Apple)和脸书公司(Facebook)专门给予女职员报销冷冻卵子费用的福利。”[④]但是，在 2013 年之前，美国生殖医学会(the American Society of Reproductive Medicine，ASRM)还一直坚持冻卵是实验性技术。[⑤] 在

---

① 张善斌、李雅男：《人类胚胎的法律地位及胚胎立法的制度构建》，载《科技与法律》2014 年第 2 期，第 81 页。

② 中国日报网：《担心嫁不出去 扬言“冻卵”的 6 大女星》，http://ent.chinadaily.com.cn/2017-02/28/content_28369878.htm(访问时间：2017 年 2 月 28 日)。

③ 网易新闻中心：《港媒：国家卫计委称内地单身女性冻卵属违法》，http://news.163.com/api/15/0727/16/AVHVP9S600014AEE.html(访问时间：2016 年 12 月 3 日)。

④ Danielle Friedman. Perk Up: Facebook and Apple Now Pay for Women to Freeze Eggs. NBC News, Oct. 14, 2014.

⑤ John A. Robertson. Egg Freezing and Eggs Banking: Autonomy and Alienation in Assisted Reproduction. Journal of Law the Biosciences, Vol.1, 2014, pp. 113-116.

中国，“按照中国目前法律，未婚单身女性禁止在国内进行冻卵手术。”[①]因此，公民从事生命科技应用过程中出现的相关权利问题在学术界引发了大讨论。这也说明生命科技已经影响了人们的日常生活，而且是关系到人的未来发展的重大社会问题。它已经进入到法治层面的探讨，而非仅仅限于医事层面。[②] 法治层面解决的是全体社会成员普遍的行为问题，而医事层面只能解决医疗个案。因此要从根本上解决生命科技所引起的社会问题必须以法治的视角去探析，这样才可以切实达到造福于人类生命健康的目标。

除了上述明星冻卵事件外，传统法还需要应对基因科技的崛起所带来的利益冲突和权利保护问题。基因检测技术日趋成熟，“可以用于疾病风险的预测。疾病诊断是用基因检测技术检测引起遗传性疾病的突变基因。”[③]它是从血液或从其他体液和细胞检测致病基因的技术。近年来，部分公立医院的健康管理中心和一些民办体检中心开展过基因检测项目，在互联网上也有实施该项技术的商业机构和组织。另外，通过运用这一技术，相关婚检机构对即将缔结婚姻关系的夫妻双方进行婚前检查。根据检查结果可了解准配偶的基因信息，进而了解到其家族的基因信息，这涉及公民隐私权的问题。[④] “保险公司将基因信息作为是否承保的依据是否科学、合法、是否具有潜在的歧视。”[⑤]“人工生殖的后代与父母之间的关系，都牵涉到近年来生命科技应用的法律问题。”[⑥]在市场经济发

① 中国网：目前“冻卵”属于辅助生殖技术范畴，我国法律有明确规定，必须是持有“三证”（结婚证、身份证、准生证），且患有不孕不育症的夫妇才可以接受辅助生殖技术诊疗。而辅助生殖技术对于冷冻卵子更有严格规定，国内尚未批准为未婚女性或者有正常生育能力的夫妇冷冻保存卵子或胚胎。出于对冷冻卵子安全性的考虑，上海市卫计委 2013 年出台规定，只在下列两种情况下考虑冷冻卵子：一是有不孕病史及助孕指证的夫妇，在取卵日丈夫取精失败并不接受供精的特殊情况下；二是希望保留生育能力的癌症患者，在手术和化疗之前可先进行卵子冷冻。http://www.china.com.cn/（访问时间：2016 年 7 月 19 日）。

② L. J. Martin. Anticipating Infertility: Egg Freezing, Genetic Preservation, and Risk. Gender & Society, Vol.24, 2010, pp. 526 - 545.

③ 和讯网：《基因检测，何以被紧急叫停？》http://news.hexun.com/2014-02-21/162379509.html（访问时间：2016 年 7 月 20 日）。

④ 褚雪霏、徐腾飞：《论基因信息隐私权》，载《河北师范大学学报：哲学社会科学版》2015 年第 3 期，第 134 - 135 页。

⑤ 罗胜华：《基因隐私权的法律保护》，科学出版社 2010 年版，第 172 页。

⑥ 民主与法制网：《全国首例代孕子女监护权归属见分晓》，http://www.mzyfz.com/cms/benwangzhuanfang/xinwenzhongxin/zuixinbaodao/html/1040/2016-07-01/content-1204942.html（访问时间：2016 年 7 月 23 日）。2016 年 6 月 17 日上午，上海市第一中级人民法院对全国首例代孕子女监护权归属一案终审宣判，判决对祖父母要求担任孩子监护人并进行抚养的诉讼请求予以驳回。此案主审法官认为，代孕所生子女的亲子关系认定具有一定的复杂性，关系到代孕目的的实现、各方当事人的利益、代孕所生子女的权益保护等。代孕行为违法，儿童利益为大。

展进程中，平等的权利主体之间协议进行基因检测属于私权运用的范畴。私权利的范畴原则上应当在“意思自治”所涵括的范围之内，但是这些权利的行使又涉及伦理准则、隐私权、名誉权和人类遗传资源保护等问题。基因检测技术尚处于科技应用的前沿领域，现行法对权利主体行使权利采取的是既保护又限制的态度，国家甚至用行政行为加以干预。[①] 2014 年 2 月，国家食品药品监督管理总局、国家卫生和计划生育委员会联合发出通知，要求在相关的准入标准、管理规范出台以前，任何医疗机构不得开展基因监测临床应用，已经开展的，要立即停止。[②] 对于权利的范围因生命科技应用领域的扩张而扩大。因而法治理念中应当对新的概念和规则加以进一步研究，把潜在的新兴权利纳入法律调整的范围，这也是法治原则在具体权利问题上的必然要求。诚如本章一开始所言，对生命科技应用行为的法律治理不可否认传统法律的效力，但生命科技发展过程中出现的新问题也凸显了传统法在这一系列问题上调整能力不足的局限性。

当代法治关注权利保护问题，它是法律关系中公民利益获得的依据，而权利理念是法治中最为突出的理念。权利的研究与实践体现了法治发展与改革的成果，最终都要落实到人的身上，体现了法律思维方式和最终目标。在法治的语境下，运用权利的思维来评判公民利益实现问题。[③] 权利体系规范性的建构并不代表立法者将公民的利益获得途径要进行限制。相反，这是要对生命科技所给予公民的利益予以确认和维护，使公民在有序的法治环境中将预期的利益扩展至最大化。

倘若我们将法治实现的过程，视为公共管理的过程，则应当更加注重从政治学、经济学角度去分析客观事物的利与弊。以经济学为例，它的思维方式是以成本和效益为价值尺度的，讲求经济效益的层面去理解社会事物。以数字计量的方式去衡量比较事物的利与弊，从而得出行动方案。伦理道德则侧重于人们内心活动的评价，而非外部强制力的约束。当然，它的范围更加广泛，内涵更具有不确定性。在医学领域，只是从单纯的生命技术上给病患找到使其免受病痛折磨的有效途径，但是不能从公民个体延伸到治理社会疾病的更高层面。在对法

① 王岳：《基因科技的法律问题研究》，载《法律与医学杂志》2002 年第 2 期，122 页。

② 食品药品监管总局办公厅、国家卫生计生委办公厅关于加强临床使用基因测序相关产品和技术管理的通知（食药监办械管〔2014〕25 号）第二款规定：自本通知发布之日起，包括产前基因检测在内的所有医疗技术需要应用的检测仪器、诊断试剂和相关医用软件等产品，如用于疾病的预防、诊断、监护、治疗监测、健康状态评价和遗传性疾病的预测，需经食品药品监管部门审批注册，并经卫生计生行政部门批准技术准入方可应用。已经应用的，必须立即停止。

③ 周赟、赵晖：《论公民利益的实现》，载《人民论坛（中旬刊）》2013 年第 1 期，第 146 页。

治的研究中，只有既看到法学研究又兼顾实务实践，才能协调上述领域之间的关系，有效克服上述领域带来的弊端。因为法治从医学技术的应用到生命科技所造成社会的影响两个方面都起到规制作用。这是法治自身关注权利的特性所决定的。社会学、经济学偏重于关注社会现象，降低人的社会主体地位重要性和人的能动性。它们使人成为该学科研究的客体和统计对象，不含有伦理、道德、情感层面的事物。法治的优势在于关注人的权利，符合当代社会发展背景下的社会主体需求，使公民成为社会关系的主体，融入社会发展中。良法善治应当融入伦理道德因素，以及权利与权力的协调与平衡关系。[①] 这能够使权利的实现条件和目标，以及公权力在治理社会方面更加具有主旨性和适用性。[②] 关注公民作为主体因素使得发展中的问题有了最根本的思维路径。综上，任何社会发展进程的起点是人，只有解决了人的主体性问题和权利保护问题，才能使其他社会问题迎刃而解。这也是当代法治建设中的重要使命。传统法力图保护生命科技应用衍生出的诸多新兴权益，已经凸显出它调整能力不足的弊端，并且随着生命科技广泛应用，传统法的调整能力将进一步削弱。

二、利益协调与权利保护的困境

人类的生命权利不是一成不变的，它会伴随时代的变迁而发生相应的变化。在传统法中，人们将生命权利发生的过程仅仅界定在始于出生、终于死亡的区间内，没有再进一步分成特定的阶段进行研究。在新兴技术的条件下，不免显得生硬，同时也导致了传统法对生命权利设置不足，权利冲突的情况时有发生。

生命科技给人们带来了福祉，从宏观上讲，人们有能力治疗的疾病范围不断扩大，改善了民生，提高了整个社会的医疗水平和社会成员的生命健康水平，造福于整个社会共同体。从微观上讲，它能消除病患在肉体和精神上的痛苦，使其康复。但随着生命科技的发展与进步，它的涉及面不断扩大，生命科技应用也形成了权利保护的一系列新难题。例如，植物人的生命权利如何保护？或者哪个权利主体可以代为行使持续性植物状态人的相关权利？当存在数个平行权利人行使权利过程中出现权利冲突，以保护哪一方的权利为准？这些都是法治建设中出现的权利保护难题。20 世纪 90 年代的美国公民特丽·夏沃（Terri

① 陈秀平、陈继雄：《法治视角下公权力与私权利的平衡》，载《求索》2013 年第 10 期，第 191 页。

② 徐靖：《论法律视域下社会公权力的内涵、构成及价值》，载《中国法学》2014 年第 1 期，第 87－88 页。

Schiavo)案引发了美国法律界的大震动。[①] 此案很快从“个人事务”变成“国家事务”，特丽·夏沃的丈夫和她的父母进行了长达数年的诉讼战。当时，佛罗里达法院裁决：由于她丈夫是她法律上的监护人，并且法院认定她已经没有康复之希望，法院批准了她丈夫的请求，将喂养她的食管摘除。随着时间的推移，这场涉及法律、伦理、道德的纷争震动了美国社会，甚至美国国会也立即采取紧急行动。众议院在休会期间连夜召开临时会议，通过法案要求联邦法院对此案干预，参议院也批准了这一法案。美国总统布什中断在得州的休假，匆匆赶回华盛顿，签署国会通过的法案。布什总统的弟弟、佛罗里达州长杰·布什，竭尽全力为特丽的父母争取机会，要求维持特丽的生命。美国社会由此掀起一场有关“生存权”(Right of life)的运动。[②] 在接下去的7年里，特丽·夏沃的人工生命维持系统一度停止运行。到底是继续还是放弃治疗，这成为美国法律界、政治界争论的焦点。最终，美国联邦各级法院都表示尊重佛罗里达法院的原初判决，拒绝再受理此案。特丽·夏沃的父母通过法律渠道维持她的生命的方法完全穷尽，只能等待自己的女儿“安乐死”。特丽·夏沃一案召唤着我们怎样对待生命权，法律怎样对个人权利进行保护，哪个权利主体有权代为处分他人的权利，以及在何种情况下才能代为处分他人的生命权。随着生命技术应用在空间范围上不断拓展，与特丽·夏沃同类的案件今后还会出现，并且绝非个案。我国也发生过类似的案件，并且引发了生命伦理和法律规制的大讨论。[③] 我国关于植物人的相关立法也处于空白状态，实践中产生的新问题都将在一定程度上处于无法可依的困境，形成了权利保护难题。[④]

---

① 21世纪网：《特丽·夏沃 15 年植物人之死》，http://news.21cn.com/renwu/xwrw/a/2005/0413/17/2233740.shtml(访问时间：2016年12月3日)。特丽·夏沃因严重缺钾而心脏暂时停止跳动，并引起了大规模的脑损伤。她的家人为了她的康复而到处求医问药，都无济于事。她只能依靠先进的人工生命维持系统来维持生命，陷入了植物人状态。特丽·夏沃的丈夫麦克·夏沃和她的父母之间对是否要继续使用维持生命系统产生了严重的分歧。特丽·夏沃的丈夫反对维持生命系统的使用，并且在1998年向美国法院申请对妻子实施安乐死。理由是他声称，特丽·夏沃曾经自己表示过在身体状况每况愈下的情况下不愿意维系她自己的生命，但特丽·夏沃没有留下任何书面字据。而特丽·夏沃的父母则坚持“生命科技的进步能够给她带来康复的契机”。所以其父母要求坚持给予特丽·夏沃治疗。

② 中国网：《特丽·夏沃案掀起美国“生死”之争》，http://www.china.com.cn/chinese/HIAW/825639.htm(访问时间：2016年7月22日)。

③ 沈铭贤：《医学与伦理能否同行——从生命伦理学的特点探讨科技与伦理的关系》，载《医学与哲学》2012年第11期，第13页。

④ 法制网：《植物人监护制度的立法完善》，http://www.legaldaily.com.cn/Lawyer/content/2014-05/21/content_5538865.htm?node=34492(访问时间：2016年7月22日)。

再例如，科学界通过各种不同的生命科技可以知晓普通公民的基因缺陷。并对基因按照自己的思维加以改造，控制人的生育，实现人的无性繁殖，并且操纵人的情绪，思维等方面。这些都会引发未曾有过的法律问题。正如任何事物都要从正反两方面的辩证角度去观察和理解一样，在此情境中，法律规制的问题应运而生。比如，关于胚胎、胚卵和胎儿是否有生命的问题争议就比较大。有观点认为这些事物都是生命体，都具有人格，享有权利。而另一种观点则坚称这些事物除了胎儿以外都是人的细胞。这些细胞应当作为物来看待，并且就中国现行的法律规定而言，目前尚未有关于胚胎的人格属性以及权利的内容。在干细胞的法律问题上各国做法不一，其中争议最大的是流产胎儿的生殖细胞法律地位问题、成体干细胞法律地位问题、用“核转植”技术而造的克隆干细胞法律问题等都是法律热点问题。[①] 以美国为首的部分发达国家禁止任何毁灭胚胎的科研项目，而中国、日本、韩国等国家对于胚胎的科研项目则采取鼓励的态度，这些问题在我国和世界范围内大量存在。[②] 它们皆与生命权利的归属问题有关，这是人们在生命权利问题上出现争议时，向现行法律提出的权利保护的难题。虽然我国法律在此方面暂时没有明确的权利问题规定，但并不代表此类问题尚未在我国出现，而只不过是一种潜在的权利冲突存在于社会发展进程中。这是一种潜在的风险，可能会在一定条件具备时出现。人们在思考当前阶段的同时也是在考虑自身的未来。这种考虑归根到底还要从法律治理的层面去考量，才能是一种确定性的探究方式。学界只有利用法律的现有规则与生命科技发展带来的社会问题的不确定之间的矛盾作深入研究，才能找到长效的解决途径。生命现象的多样性、复杂性也导致了生命权利的多样性、复杂性，并且延伸到人们对于生命权利的思考和权利体系的制度设计的探索。[③]

上述实例反映的是人们在关于生命权利保护问题上所起的争论，这其实是对生命本身的认识不足所引发的结果。这里包括两个方面，一是对生命科技的发展结果认识不足，二是对社会治理的功能和效果认识不足，以至于原有的治理模式不能应对生命科技引发的新的社会问题的挑战。生命权利具有复杂性的特点，生命的过程可分成几个阶段，阶段与阶段之间有紧密的关联，但是它们各有本质上的不同，应当加以区分。

---

① 肇旭：《解读美国人类胚胎干细胞研究现行法律与政策》，载《武汉科技大学学报（社会科学版）》2010年第5期，第45页。

② 金坤林主编：《干细胞临床应用——基础、伦理和原则》，科学出版社2011年版，第91页。

③ 麻锐：《民事权利要素与我国民法典体系构建》，载《甘肃政法学院学报》2016年第5期，第39-40页。

在法治社会中，人的生命仍然包括自然维度和社会维度两个方面。从社会维度的人来讲，一个健全的人是由几个层面组成的，包括完整的体格、伦理教化、道德素养和文化水平。最主要的应当是两个支点加以支撑，第一是人的社会属性，体现他的社会价值。二是人具有意识功能，这是一个完整的社会人所具有的本质属性的根本条件。[①] 只有人体现出这样的社会属性，它的外部存在表现才能够进入法律圈，为法律法规所调整。如果人要达到比较完善的社会属性阶段，还要有一项过渡性质的生命阶段，那就是准生命阶段。准生命较之于完善的生命阶段，是缺乏正常的意识机能的阶段，是不具有社会属性的生命现象。持续性植物状态、胚卵、胚胎、胎儿均缺乏思想意识，但是有可能进入生命发展的正常时空。我们对准生命的定性和法律规制问题进行研究就能在其发展成正常生命后，对其在法治层面上产生预期的规制效果。这个过渡阶段的研究很有必要，随着研究的不断深入，准生命理论在医学和法学上都提出了新的思维方式、新的研究领域，使人类更加对自身的自然属性和社会属性有了更加深刻的研究动力和目标。目前在这一新的领域缺乏规范支持，在法治理论上也鲜有理论支持。对于准生命中的脑死亡导致的持续性植物状态是否应当救治这一问题，在当代法律还缺乏理论和规范上的依据。另外，利用流产胎儿进行干细胞的研究，是否侵犯人的生命权利，这都与传统法对于生命与生命现象干预行为的相关权利保护长期处于不足的状态有关联。实施人工流产缺乏生命权胎儿的行为在亚里士多德时代就开始引起了争论。[②] 其争论焦点就在于胎儿可能发展成完整的生命。准生命理论认为受精卵、胎儿、胚胎是到完整社会的一个过程中的必备物质，具有潜在性，不等于完整的生命体。同样地，在中国，一些人根深蒂固的观念中，胎儿并不能算是生命，因而不具有生命权利，真正的生命应该始于从婴儿诞生之时。因此，在中国目前的法律制度和法治理念中，堕胎并不被认为是犯罪，如果承认胎儿具有生命权利，那么，堕胎显然是严重侵害他人生命权利的行为，应当受到法律的惩罚。“在生命科技应用中还涉及利用流产胎儿进行干细胞研究和法律监管问题。”[③]众多立法者主张，干细胞属于生命现象，它尚不属于完整意义

---

① 夏吉先：《刑事源流论》，法律出版社 2005 年版，第 283－291 页。

② 大科技网：在西方，自从亚里士多德时代开始，就一直将胎动作为人类生命的起点。宗教人士认为，胎儿就是生命，而堕胎就是对生命的漠视，必须禁止；女权主义者却表示，胎儿算不上生命，堕胎权可以使女性避免沦为生育的工具，应该保留。双方各持己见，莫衷一是。http://www.dkj1997.cn/（访问时间：2016 年 7 月 25 日）。

③ 吴秀云：《人类胚胎干细胞研究的法律监管探究》，载《辽宁医学院学报（社会科学版）》2014 年第 4 期，第 11 页。

上的生命。所以,法律规范应当允许对流产的胎儿进行干细胞的研究。这些生命科技应用中的生命权利保护和利益协调难题都需要法律予以关注和规制。

三、利益协调与权利保护困境的原因分析

导致传统法在利益协调与权利保护出现困境的原因在于,生命科技应用立法领域的滞后、相关权利理论研究不足、社会固有观念趋于保守等方面,这些落后因素引发了生命科技应用中的权利保护的困境。

(一)社会固有观念的保守

权利的生成和发展需要与时俱进的观念加以支撑。以基因科技和干细胞科技为代表的生命科技研究与应用属于当代新生事物。此领域在过去很少有人关注,没有产生系统性的研究旨趣,理论尚没有跟上实践。人们对生命科技的研发和应用很少,特别是针对国外的生命科技研发和应用关注更少。除了学界关注生命科技发展比较多之外,在整个社会固化的观念中,生命科学技术成果应用的重要性并不占据多么重要的地位。它们被认为,与公众的社会生活关联度不强。有些生命技术的应用还需要支付巨额的资金,这种现象反过来也影响了学界探索生命科技相关权益的积极性。这就更加阻碍了生命科技应用的推广。社会上有一种观念还认为生命科技是反自然规律的技术,因此它处于科学技术的边缘地带。但是,这并不代表生命科技应用不存在。它是被保守的传统观念排斥而已。近年来,这一境况有所改善。它从人类对科学探索的边缘地带逐步走向科学研究的核心。以基因的科学探索与应用为例,基因作为细微因子,它日益成为一种深入认识,乃至进一步加以操控和改造的对象。随着探索的深入,有关生命因子的重组、分离、拼接和观测等科研活动将会对生命科技制药、医疗、公共卫生的相关活动产生深远影响,进而引发新兴经济领域的崛起。新产业的发展和相关生命科技的应用有望成为全球经济的重要增长极。因为,生命物质在新兴科技发展的时代不再作为沉默的自在生命体构成要素,而是成为在市场经济浪潮中获得经济价值与推动社会发展的资源。学者柯林斯(Francis Collins)曾经在《自然》杂志上发表了一篇论文,题为《革命真的到来了吗?》。他说:“回顾过去几十年基因科学,可以得出在科技、政策和合作伙伴等方面都将有突破性地发展。”①“这一领域是能够带来新的商业利益的新型资源,也是一种具有稀缺性的

① Francis Collins. Has the Revolution Arrived? Nature, Vol. 464, 2010, pp. 674 - 675.

新生法益介质。"[①]美国前总统克林顿说，基因科技将对我们所有的人都有影响，其中也包括我们的后代。基因科技的发展将对预防、诊断、治疗诸多疾病都有帮助。[②]

（二）权利研究不足

新型法益的产生，必将伴随着法益纷争的频繁发生。由资本规律所驱动，从事生命科技研究和投资的机构、垄断性的财团、跨国公司有可能运用其市场支配地位，在全球范围内对生命体组成要素的资源进行圈占、掠夺，以获取生命资源、生命信息，最终达到获取社会财富、利润的目的。[③] 另外，生命资源、生命信息的拥有者为反对上述圈占或者掠夺行为会进行抗争，这必将引发其对攫取者标榜的科学研究旗号下的物化生命资源行为进行斗争。因而生命资源的所有者与研发者之间的法益冲突会在科学研究的深入过程中进一步尖锐化。这一系列打着"科研造福"旗号的行为不会局限于一国境内，而是随着资本全球化的趋势和资本逐利性的本性，由局部升级为世界范围内的贸易、人权、法治、医疗领域的前沿议题。例如，20 世纪 90 年代，在我国经济、信息欠发达的安徽省大别山地区生活着一个具有同质遗传构造的人群，人数已经超过 600 万。这一群体为生命科学研究提供了难得的基因资源，是一个庞大的基因科研资源的宝库。"因为相对同质的 DNA 分子中识别基因变异要容易得多。"[④]自 1996 年开始，美国哈佛大学打着科学研究的旗号，在该地区通过大规模采集血液的方式进行了高血压、糖尿病、骨质疏松症、哮喘病等疾病的研究样本的采集，涉及的当地群众范围相当广大，数以万计的当地群众被参加到所谓的"体检"行动中，被先后几次抽取血液样本，但他们并不知晓这些被采集的血液去向何方，作何种用途。这次"体检"仅以研究哮喘病为名而采取的基因样本就有一万多份（大部分来自中国安徽），还有数百份关于家庭的基因样本被提供给行动的资助者—美国千年制药公司

① 姚建宗：《新兴权利研究》，中国人民大学出版社 2011 年版，第 131 页。

② The White House Office of the Press Secretary, Archive Site Provided for Historical Purposes, http://web.ornl.gov/sci/techresources/Human_Genome/project/clinton2.shtml, June 26, 2000.

③ 薛楠：《科技在风险社会中的利益与风险分配——以转基因技术为视角》，载《山西青年职业学院学报》2014 年第 4 期，第 65 页。

④ 王康：《基因权的私法规范》，中国法制出版社 2014 年版，第 1 页。

(Millennium Pharmaceuticals,Inc.)以使其进行哮喘病的深入研究。[①] 这种行动是在法治不健全的阶段违反国际法、侵犯我国公民人权的行为。采集者开发利用带有生命信息的样本能够创造出巨额的商业利益,但是相对于采集者而言,样本提供者所得到的利益却是微乎其微。这是生命科技应用相关权利理论研究不足、法律规范滞后、民众权利意识尚未崛兴所导致的结果。

由于立法方面较之于生命科技的高速发展凸显出滞后性,法律规制体系尚未完备,权利体系尚未完善,所以上述案例并不是个案。自20世纪90年代开始,我国一些高龄老人集中地区的基因资源被掠夺,[②]形成了财富资源的成本支出与利益获取呈现非比例性的交换关系,最终导致了利益分配的不平等。但是由于在社会观念上还未形成共同的应对生命科技研发活动价值的评判标准,并且相关的法治理论和伦理研究上缺乏系统性,法律规制上存在空白。[③] 这使得在对待生命资源利用和相关的权利保护问题上长期处于不确定的状态(这其中包括了生命资源所有者、研发者和商业利益获得者之间的财产性诉求,以及研发与利用行为的法律规制)。这些客观性的现实状态尚未引起普遍性的诉讼,在司法中的法律适用问题和司法裁判结果都引起了较为广泛的社会争论。这些争议主要集中在每个社会成员对自身所具有的特有基因或其他生命资源是否拥有权利,这一权利是否可以让渡问题上。对于生命资源应用所产生的新兴权利保护,以及对于行为本身如何有效地规范,运用法律解释和法律推理的方法是否能够有效地解决实务中的法律规制难题等,这些都是当代法治进程中亟待研究和解决的重要议题。

法益上的确权诉求是法治进程中法益介质新生和法益纷争激发的必然结

---

① 搜狐新闻网:《"生物海盗"垂涎我基因资源哈佛违规研究受关注》http://news.sohu.com/19/99/news148479919.shtml(访问时间:2016年7月26日)。对于此事件,2001年3月26日,新华社记者熊蕾和汪延在《瞭望》发表了《令人生疑的国际基因合作研究项目》一文,对这一事件作了更深入的报道。作者在文中指出:"在国际合作以及学术研究中,为了局部或个人的利益,决不能忽视国家利益……基因研究领域开展的国际合作,不能以牺牲公众的知情权和国家的根本利益为代价。"这一事件被披露后,立即在国内引发了轩然大波。

② 搜狐新闻网:美国杜克大学以"高龄老人健康长寿监测"为幌子,在我国的22个省市,无偿采取了上万名80岁以上老人的血样,企图提取长寿基因。欧洲一些国家的数名专家来华,深入我国许多山区,大肆猎取国人的各种基因资源。http://news.sohu.com/19/99/news148479919.shtml(访问时间:2016年7月26日)。另可参见张田勘:《基因时代与基因经济》,民主与建设出版社2001年版,第278页。在违规采血被揭露后,中国卫生部和民政部立即要求停止采血活动,随后,国务院还颁布了《人类遗传资源管理暂行条例》,目的在于规制各种非法利用人类遗传资源开展研发和应用的活动。

③ 罗玉中:《完善我国科技法律制度的几点思考——以生命科学为例》,载《社会科学家》2003年第4期,第6页。

果。基因产品的研发者要求在法治层面尽快确立其获取的垄断利益，以确保其获得利益的合法性地位，以便继续维持低成本和高回报的垄断利益关系，而这些恰恰是生命资源自身所有者所抗争的不平等的利益结构。“生命资源和信息的所有者会提出相对应的财产权、隐私权以及分配利益的权利诉求，以此主张附着于生命资源之上的财产法益、人格法益、生态法益。”①

随着法治中权利保护难题的频繁出现，权利斗争逐步显现出来，包括人体基因在内的生命活体资源利用所延伸出来的其他权利（例如专利权）的保护方面也会出现权利保护难题。② 在生命科技应用发展过程中，如果其能够成为专利保护的对象，则意味着人的异化和大自然公共资源的私有化，也显示出人的“物化”和人格地位的减损。专利的财产属性与人类遗传信息的人格属性间存在冲突——遗传信息的自然属性与专利权的人工属性间存在差异。因而，人类遗传信息不应被归为一种专利权，也难以被知识产权制度加以保护。这是对现行专利制度的一种挑战。与此同时，这对于新颖性和创造性的标准范围的界定也有所冲击。但是，从另一个侧面来说，如果认为生命资源具有公共性，将其视为人类的公共财富，这就意味着在技术和资金上处于优势地位的科学研究和开发机构能够利用这些优势因素。低成本或者无偿获取公众的生命资源，这势必为垄断资本获取巨额利润找寻到观念和理论上的依据，从而为将来的立法和法律规制奠定合法性的社会理论基础，这不符合当代法治社会的公平正义理念。

随着生命技术不断发展，我们可以预见的是，权利保护问题也会急剧增多。即便是在当下，法学理论也难以就现有的争论给出明确而全面的回答，因而上述权利保护难题可能会经常出现。就现阶段而言，已经超出了法律规范能够回答的范围，这也意味着现代法治理论模式对调整此类难题的功能性失灵。当代法学理论研究的范式遵循主体性哲学的进路，按照主观与客观、主体与客体、人格与财产、人与物的二元对立逻辑结构开展研究。但是，由于以基因技术应用为代表的生命科技所引发的新兴权利诉求，在很大程度上影响着传统法学理论研究和立法实践上形成的二元结构，权利理论的范式难以解释新问题，使得法律规制出现空白，相关权利保护出现问题。一方面，DNA 能够被重组、修改，使最本质的生理机能上决定生命体特定性状的基因能够在分子水平上跨物种转接和表

① 姚建宗：《新兴权利研究》，中国人民大学出版社 2011 年版，第 132 页。

② Austen, Garwood Gowers, An Investigation into the Ethical and Legal Aspects of Liver Donor Organ Transplantation, Cardiology, Vol.113, 1997, pp. 72－80.

达。[①]“在生命奥秘的最深处,人与物之间的二元界分被消弭了一些。”[②]这些生命分子不能用现代法学“物”的概念简单加以定性,而是作为一种特定的、有待于法律规制的事物加以对待。另一方面,基因科技为代表的生命科技具有强烈的社会建构性,是社会中的资本和人类探索自身奥秘的旨趣相结合的结果,是一种发明而不是发现。在现代商业的推动下,人的基因更加具有独立性、财产性和应用性的特征。人的整体与部分不再具有明显的界分,作为一个有机整体而与外物区别开来,人身变成综合化,形成既内在又外在的特征。此时,二元论的理论架构变得相对落后,形成既内在又外在,既是人格又是财产的“人身综合化”状态。

解决上述问题的出路应当在于权利理论的范式转换,对法律研究的主客二元范式加以局部地更新。权利理论的模式转换,超越了目前的法学二元论架构,在对立和统一的基础性架构上,重新阐释基因及其他生命分子的法律属性。更为重要的是,我们对其承载的财产法益、人格法益等法益重新界定和制度化,有利于法律对生命科技应用领域进行及时有效的规制。作为新兴权利的话语权是利益力量在生命科技应用的新格局下对利益平衡的一种诉求和博弈。“权利结构的重新调整和变动是利益关系和权力格局变迁的结果。”[③]权利理论的发展与创新无不受到社会中的利益群体力量对比和妥协的影响,在价值上取决于法治与伦理、权利与权力、公平与效益等目标的抉择和平衡。

① 徐治立:《基因科技的二重性及其社会意义》,载《自然辩证法研究》2002年第3期,第73页。
② [英]乔治·迈尔逊:《哈拉维与基因改良食品》,李建会、苏湛译,北京大学出版社2005年版,第45页。
③ 姚建宗:《新兴权利研究》,中国人民大学出版社2011年版,第133页。

第四章

生命科技应用中的权利保护和法律规制

本书前三章的研究表明了法律对生命科技应用进行规制的极端重要性，以及生命科技发展过程中，传统法律对其规制能力不足的新问题。由于生命科技应用相关立法显现出滞后性问题，加之民众权利意识尚未崛起，权利体系尚未完善，以及法治理论研究不足，导致传统法律制度在规制生命科技研发和应用新兴事物上出现了失灵的情况。国外的一些先进的立法经验和司法经验，以及《国际公约》、相关《宣言》、世界卫生组织的《决议》给我们以启迪。

生命科技新兴权利是利益力量在生命科技应用新格局下对利益平衡的一种诉求和博弈。人格权是社会成员享有平等权利的基础。生命科技应用对人格权的发展主要体现在追求人格的平等和保护不断扩展的人格利益上，以及推动人身自由权的发展上。生命科技应用形成了亲子关系多重性，生命科技应用还推动同性婚姻权利诉求正当化。在财产权的发展方面，生命科技推动了物权和债权的发展。它限缩了物权适用，更新了债权制度，有效规制了收益权和物上请求权的行使，并且，它对合同之债和侵权之债的发展也有较大的推动作用。生命科技的发展对知识产权也有促进作用，它拓展了知识产权客体和深化了知识产权伦理。人体生物客观实在的筛选和技术处理，以及生命科技处理后的临床应用技术成果，应当被认为是可以授予其专利权的科技发明创造。我们对知识产权制度伦理性问题，应当从多层次、多角度的辩证视角来考量。这是知识产权法律制度积极地将生命科技发展过程中产生的技术成果纳入其调整范围的体现，其适应了未来生命科技法治建设的需要。“生命伦理是生命科技法律的先导。”[①]

---

① 邵振、田侃：《我们生命伦理的法律缺陷与发展建议》，载《中国社会医学》2001 年第 2 期，第 89－90 页。

伦理与法治的关系应当是紧密的，权利的设定不可疏离伦理，二者应当并重。[①]当代生命科技法应当建立在伦理的基础之上，才能够有效避免风险因素的形成。生命科技应用还使新兴权利迅速在权利体系中崛起，扩展了传统权利理念和范围，产生了基因平等权、基因隐私权、基因公开权、人工生殖子女的知情权、器官移植中的自主决策权等新兴权利，这为我国未来的权利研究和生命科技应用的法律规制拓展了全新的领域，增添了法治发展的动力。

第一节　生命科技应用相关权利的总体分析

根据我国国情，发展权利体系，借鉴人类法治文明进行权利制度设计，特别是生命科技应用相关权利制度设计，它是今后生命科技相关权利发展的必然趋势。基于利益的权利主张，就是每个社会成员对于自身的社会地位进行积极地利益表达。根据利益的范围大小，分为个人利益、群体利益、社会利益，这些利益的平衡与实现都和法治意义上的制度建设有关。生命科技研发和应用形成的利益结构是多维的，其不仅涉及研发者的利益，而且还涉及受用者、医疗机构和社会的利益。他们之间的关系或松散或紧密，从种类上而言，还分为人格利益和财产利益。生命科技的发展对既有权利产生了巨大的影响。例如，人格权、身份权、有形财产权、知识产权都在这个发展趋势下发生了革新。此外，我们需要注意的是，立法者必须将伦理融合进生命科技法律规范，并且改善现行相关权利设定效力等级较低的状况，这是社会发展的必然要求和法治发展的必然选择。

生命科技研发和应用对权利体系的拓展起到了推波助澜的作用。在传统法律体系之中，民事权利主要分为财产权和人身权两大类。由于生命科技的发展对传统的权利领域进行了拓展，前述的一系列案件说明一些新兴的权利正在生成。随着人身关系和财产关系的复杂化，需要重新分析和研究相关权利，并且需要重新合理配置，在人身权利和财产权利发展方面需要并举，才能适应新的生命科技发展形势。

一、人格权——扩展人格利益和人身自由

生命科技对民事权利的影响最为突出的一个方面是生命科技应用对人身权

① 夏锦文主编：《传承与创新：中国传统法律文化的现代价值》，中国人民大学出版社 2012 年版，第 157 页。

领域进行的革新，其中又以人格权最为突出。当代法治社会关于人的尊严和自由以及人格的完整性保护日益显现出其显著地位，超出了财产权的重要性，也是最高的法益。这与人的社会属性是不可分的。人格权以人格利益的保护为目标，在西方发达国家的立法和判例法中，人格权主要涵盖了生命健康权、隐私权、肖像权、自由权、荣誉权等诸项权利。在我国台湾地区，具有代表性的学说把个别化的人格权大体分为人身的人格权和精神的人格权。“人身的人格权包括生命、身体、健康、自由和贞操。精神的人格权则包括隐私权、名誉权、肖像权和信用等。”[①]这些先进的权利理论是通过立法过程加以设定，具有法定性的特征，这有助于使社会成员享有各项人格权，明确权利的范围和行使路径。当然，人格权随着生命科技应用的发展和社会成员权利意识的提高会发生变化，不可能完全列举出来。人格权是一个开放的系统，它会随着新的人格利益的发展和人格利益不断涌现进一步得到扩充。

首先，生命科技应用对人格权的发展主要体现在追求人格的平等和保护不断扩展的人格利益上。[②] 它是社会成员享有平等权利的基础。在生命科技频繁应用的当代，只有坚持每个人的人格地位平等，才能保障其尊严和生存价值的实现，才能使社会成员在此基础上追求其他权利的平等。例如，基因测试技术应用在劳动力市场和保险业市场逐渐铺开，使得公众对基因缺陷的歧视以及种族歧视的观念有泛化的趋势，这对人格地位平等理念是一个挑战。

生命科技应用的环境中体现的人格权在于追求人格和躯体权益的完整性，体现了生命的本质和人的尊严，其所维护的是鲜明时代特征的生命权。人格权所包括的生命健康权是每个社会成员身体和精神上的首要权利。“生命是最贵重的人格法益，是人格法益的前提。”[③]生命健康权是现代文明社会每个人的重要权利之一，每个自然人都应当平等地享有此项权利。《世界卫生组织章程》明确规定，每个自然人无论其种族、肤色、性别、年龄或者受教育程度等状况，都享有平等的生命健康权。政府和社会都应当为保障每个公民的生命健康权提供必要的条件和设施，以维护每个公民的生理健康和精神健康。在生命科技研发和应用的时代背景下，我们应当深入分析自然人支配其身体和精神处于良好状态的权利。此方面的人格权涵盖了自然人对其身体及其组织维护和支配的权利。传统法理论坚持和承认公民的身体完整性受到法律保护，公民的人身完整权不

---

① 王泽鉴：《人格权法：法释义学、比较法、案例研究》，北京大学出版社 2013 年版，第 99 页。

② 刘作翔：《人格平等是“让人民生活得更有尊严”的关键》，载《河北法学》2012 年第 1 期，第 19 页。

③ 王泽鉴：《人格权法：法释义学、比较法、案例研究》，北京大学出版社 2013 年版，第 99 页。

受侵犯,公民本人也不得破坏身体的完整性。但是,随着生命科技的发展进步,新兴权利的崛起和伦理准则的进一步发展,使得法律科学重新审视新生事物,逐步地在权利的运用上扩展到允许公民将自身的身体组成部分在合法合理(治疗有关的情形)的前提下转让给有需要的公民。这种法律规制上的变迁,体现了对于公民权利的保护。

生命科技研发和应用使新的人格利益得到发展,涌现出新兴人格利益。例如,生命科技应用涉及克隆、代孕、堕胎、基因利用、基因隐私保护等领域,这些领域产生了新兴的人格利益。人们对这些新兴人格利益的主张,形成了新兴人格权利的诉求。这也反映出生命科技发展所引起的公民权利意识的提高,以及新兴人格利益的冲突和扩展。随着生命科技的快速发展,人们会进一步主张新的人格利益,从而会逐渐形成特殊的人格权。所以,我们有必要在生命科技立法中明确,应受法律保护的人格利益范围,不受法律保护的人格利益范围。这能够有效防止人格利益主张的模糊化和人格权的泛化。没有被法律确认的人格利益不能被法律保护。与此同时,我们也应当注意,人格利益是随着生命科技的发展而不断扩展的开放性利益体系。生命科技相关法律、法规对人格权利益进行保护,防止人格利益和人格权不当伸张,并不是完全列举出人格利益,也不是限制人格利益体系的发展,而是旨在明确权利的边界,防止人格利益的冲突和人格权利的斗争。

其次,生命科技研发和应用对人格权的影响也体现在人身自由权的发展上。生命科技的进步,使得民众对人身自由权的行使,有了更加广阔的空间。"人身自由权强调自然人的主体人格利益不可受到侵犯和限制、干涉",[①]它是指人们可以在法律允许的范围内根据公民意志自由的原则实施行为的权利。例如,当代人工辅助生殖技术的应用过程,就是对公民人身自由权的扩展。因为有生命科技作为支撑,在当代法治理念中,无论是采用自然生殖的方式,还是采用人工辅助生殖的方式来繁衍后代,都应当作为公民人身自由权的组成部分,这也是权利保护体系的发展。"因为生育自由作为一项基本人权,宪法应当保障公民享有此项权利。"[②]从世界范围来看,一些国家已经明确规定特定的主体基于特殊情况,能够享有采取人工辅助生殖技术获得后代的权利,有些国家对此问题还在论证之中。但是就总体而言,赋予特定的公民享有人工辅助生殖的权利是各国立

---

① 王道发:《私法视角下的人身自由权:限制与保护》,载《河南财经政法大学学报》2016年第5期,第51页。

② 张燕玲:《人工生殖法律问题研究》,山东大学博士学位论文,2006年,第1页。

法的大趋势，体现了人身自由权的扩展。这一趋势源自生命科技发展条件下，当代法学界对自由问题的再研究。自由本身就是法哲学的核心问题，自由也是一个社会学的基本问题，在不同的时代，自由的含义是不同的，人类的历史在争取自由中不断向前迈进。黑格尔以自由为核心，原因在于他的理论是对人的本质、法律治理的本质所作出的精辟的阐释。[①] 人类由于自由而获得自身发展的动力，科学界对当代生命科技的发展亦为如此。自由也是当代法治社会的本质特点。自由的价值目标在法治范畴内处于崇高的位置。法律可以调整自由，但法律在某些方面应当给予任何权利和权力都不能侵犯的最小保留空间。这样的自由其实就是法治给予处于当代生命科技法律规制下的弱势群体的一种消极保护，法治的主要任务之一就是消极地为公众群体设定一个模糊的自由行为范围。在当代生命科技应用领域，消极的自由已经不能适应生命科技日新月异的发展需要了，因为人们不能在生命科技的日益发展过程中预测到自己享有的权利范围，哪些权利可以适当地行使。在当代对生命科技进行法治调整的背景下，法治的主要任务是强调积极的自由，主动在立法机制上对生命科技发展中的风险因素可能引发的新问题进行制度化的设计，积极规定公民在当代社会事务中享有哪些权利，逐步从消极自由向积极自由过渡。[②]

自由在生命科技研发与应用法治中也是重要价值理念之一。社会发展的历史就是人为了自由而争取自身权利的发展史。自由是法治应有之义，“自由需要法律加以固定和完善。”[③]“法是自由的载体和存在方式。”[④]离开自由，法治建设将是一句空洞的口号。法律是保护自由的，而不是限制自由的。[⑤] “法律是扩大自由的手段而非遏制自由。正义与自由的观念息息相关。”[⑥]

生命科技法治必须以保证公民自由为前提和基础，自由是生命科技立法的目标和基础。我们欲加快生命科技开发和应用进程，为人类造福，就需要法治上的保障。在积极自由社会环境下，意志自由是法治探索的重点领域，人的积极自由彰显了当代生命科技法治对当事人权利的保护，使公民之间的民事法律行为

---

① 高兆明：《黑格尔“法哲学原理”导读》，商务印书馆 2010 年版，第 40 页。

② 近现代文明中提出的自由是反抗封建统治者的有力武器。自由在发达国家发展早期具有推动价值。为人类社会提出的历史上具有里程碑的价值表达之一，极大地调动了公民和法人以及其他社会组织的参与社会生产和财富积累的积极性。在自由资本主义时期从政府到公民都崇尚个人的自由，是使主体具有免于公权力干涉的消极自由，这也成为“天赋人权”理论对于人人权利平等的自然性归宿。

③ 吕世伦、文正邦：《法哲学导论》，中国人民大学出版社 1999 年版，第 515－522 页。

④ 高兆明：《黑格尔“法哲学原理”导读》，商务印书馆 2010 年版，第 41 页。

⑤ [英]洛克：《政府论》(下篇)，张玉梅、丰俊功译，北京大学出版社 2014 年版，第 36－38 页。

⑥ 吕世伦、文正邦：《法哲学导论》，中国人民大学出版社 1999 年版，第 515－522 页。

的意思自治属性得以体现出来,活跃了生命科技应用相关民事法律关系的建立,促进了社会经济的发展。积极自由也与人类的伦理、道德观念有着密切联系,二者相辅相成,使公民和立法者都能够从伦理的角度作出法律行为,使得法治理念和制度深入人心,也切实有效地落实到社会治理上。所以,法律确认自由,在一定程度上保障了公民的权利的实现,它是保障自由的手段。

在生命科技发展的当代,生命科技法律包含了对自由的无限追求。生命科技本身由于自由理念的推动,从而获得发展的动力,人工辅助生殖技术的运用、研究性克隆技术的运用和基因检测技术的运用都需要法治对人的自由进行保障才能有效推进。如果法律对于此做出了不合理的限制,就会阻碍生命科技的发展,公民就会对生命科技法乃至整个法治建设产生怀疑和批判,这就说明生命科技的应用会促使立法者制定符合当代自由精神的法律。[①] 例如,在人工生殖领域,该项技术发展至今已经是比较成熟的生命科技,随着人工辅助生殖方式的不断涌现,人们依靠此项技术实现生育的空间范围就越大。从实践上看,有些国家法律已经明确授予特定的公民群体在特殊情况下,享有应用人工生殖技术的权利,这也是各个国家立法的一致趋势。[②] 因为,如果法律对人工辅助生殖技术应用予以禁止,则有违背各国宪法保障公民生育权之嫌。[③] 由于生育自由受到宪法的保护,所以对于效力等级较低的规范性法律文件对生育自由限制性规定情形下可以寻求宪法保护。在此前提下对权利的范围须进一步进行明确,以使权利得到有效的实现。此举解决的主要问题是在生命科技运用中对于侵犯公民人身自由的行为能否可以寻求法律途径予以纠正。我们同时还应当看到,在上述人身自由得以扩展的情形下,任何自由也都是有边界的自由,任何权利也是有限度的权利。[④] 例如,若法律规则对采取人工辅助生殖技术应用不加以限制,则会导致该技术的滥用。此外,也不是任何主体均可以自由地实施该项技术,而是适用对象必须符合国家的计划生育法律、法规,且必须是符合医学要求的育龄夫妇。

---

① J. Fisher. Biomedical Ethics: A Canadian Focus, 2009, p. 9.

② M. Smith. Reviewing Regulation of Assisted Reproductive Technology in New South Wales: the Assisted Reproductive Technology Act 2007(NSW). Law Med, Vol.16, 2008, p. 120.

③ K. Horsey. Law, Policy and Reproductive Autonomy. Medical Law Review, Vol.23, 2014, pp. 21 - 29.

④ 张燕玲:《人工生殖法律问题研究》,法律出版社 2006 年版,第 42 页。

二、身份权——冲击亲子关系和婚姻关系

身份权是当代民法中的一项重要权利。它体现民事法律关系中与特定主体之间的社会关系。这是一种社会关系和法律地位的统一体，其中蕴含的是法律保护的身份利益。身份体现的地位和利益必须是在特定的社会关系中，假如脱离了特定的社会关系，那么身份关系将不复存在。身份权是建基于特定的身份而依法享有的一项民事权利，其在生命科技应用中显示出重要的地位。与人格权不同的是，身份权更加强调亲属之间的社会关系。此项权利是通过某种行为或者事实而取得或消灭的。法律上规定公民作为自然人，从出生时起就与其父母等民法上的近亲属之间产生法律上的身份权。身份权的客体是基于身份而产生的利益。身份利益分为两个方面，它既包括身份权人自身的利益，又包括身份权法律关系中相对人的利益。身份权沿革史可以用西方法学界的观点“从身份到契约”来概括，但是在生命科技应用的当今时代，这种概括已经不能够全面地反映生命技术所形成的身份权新内涵，我们不能仅仅从“身份到契约”单一路径去理解，而应当从“契约到身份”的路径上开展研究。① 生命科技应用对传统法调整的身份权的冲击主要表现在亲子关系上和婚姻关系上。②

(一) 形成亲子关系多重性

传统意义上的父母和子女之间的法律关系受到了人工生殖技术应用的挑战。在传统行为和观念中，生育原本指两性结合的偶然结果，人类无法精确控制生育的结果。但是，由于人工生殖技术的应用使得生育成为人类能够精确掌控的事物，它是人类能够控制和利用的手段。这使得人类对有性生殖概念和方式有了突破性的发展。婴儿是可以“人工预制”的，生殖过程中的各个阶段和要素是可以分离的。人工生殖技术的应用使得人类后代的繁衍不需要自然血亲的生育行为，而只要有一定数量的遗传物质就能达到繁衍后代的目的。因为人类医学已经达到了人工授精和体外受精的技术水准，使得在社会关系中子女与父母之间有了生物学父母和社会拟制父母之分。③ 在立法上应当明确夫妻双方愿意抚养的社会学父母是其法律效力上的父母，这符合法律上规定的婚生子女和非婚生子女法律地位平等的立法趋势。立法者也应当审慎地考量人工生殖技术的

① 杨立新：《从契约到身份的回归》，法律出版社 2007 年版，第 87 - 90 页。

② 李晓农：《辅助生殖技术与亲子认定规则的变化》，载《中国卫生法制》2014 年第 1 期，第 50 页。

③ Joseph G. Schenker. Assisted Reproductive Technology: Artificial Insemination. Encyclopedia of Global Bioethics, July 16, 2016, pp.185 - 189.

应用可以适用的范围。人工生殖技术应用应当限定在有生理缺陷没有生殖能力的社会群体，适用范围不宜扩大。对于人工生殖中的代孕行为，各国立法上的立场有较大的差别。从身份关系上分析，贡献卵子的妇女没有生育下一代子女，代理母亲所生子女的身份问题涉及一个国家的法律制度的发展，社会关系中的伦理准则等规范，这些因素往往交织在一起，给法律规制提出了新的难题。在传统理论上，分娩与亲子的关系是固化不变的，但是在人工生殖技术应用过程中会产生提供精子和卵子的委托方主张的亲子法律关系。[①] 代理母亲生育行为的出现，使得亲子关系有了多重性，贡献卵子的妇女没有生育孩子。但是，未来相关的法律应当规定此种行为生育的子女归属于提供卵子者，否定代理母亲的分娩行为而获得身份权。[②]

（二）推动同性婚姻权利诉求正当化

婚姻关系在生命科技应用的影响下也呈现出新的特点。在传统社会中，婚姻与生育相统一，婚姻的目标之一就是生育。从远古到当代这个维系婚姻关系的主旨没有改变，婚姻、性和生育是“三位一体”的。[③] 婚姻关系是对性的规制，婚姻以生育下一代为目的，性是生育必经的途径。合法的婚姻关系对性的合法性提供了保障，并且对生育行为做出了法律上的一些限制。非基于婚姻关系的婚外性行为是违反法律的行为。此外，婚姻关系之外的生育往往受到社会公众的不平等对待。当代生命科技的应用使性与生育之间的必然联系被打破，使性与生育之间可以分离。生命科技的应用给人们的社会观念和生育观念带来了显著的变化，当代人对婚姻的本质有了极大的观念性的转变。生命科技的发展进步使得婚姻法上规定的不宜结婚的疾病范围逐步缩小，以前被认为不宜结婚的疾病被根本治愈，使许多不能形成的婚姻关系能够在当代有可能缔结为合法的婚姻关系。

另外，当代生命科技的发达也为同性婚姻合法化提供了医学依据。原因之一在于生命科技对同性恋的新的认知。“同性恋是指以同性为对象的性爱倾向与行为。”[④]同性恋者是以同性为性爱对象的个人，其在日常生活中能明显感受到被同性吸引，并有与同性发生性关系的欲望。同性恋者既包括男同性恋者，也

---

① 刘长秋、倪正茂、杨芳、丁春艳：《生命科技发展与法制建设研讨》，载《政治与法律》2008 年第 6 期，第 161 页。

② Kren, Nina. A Children's Rights Perspective on the Recognition of Legal Parenthood Following Cross-border Surrogacy Arrangements, 2015, http://othes.univie.ac.at/38136/, Feb. 22, 2017.

③ 姚建宗：《新兴权利研究》，中国人民大学出版社 2011 年版，第 214 页。

④ 李银河：《同性恋亚文化》，内蒙古大学出版社 2013 年版，第 5 页。

包括女同性恋者。[①] 随着生命科技研究的发展，在1990年5月17日，世界卫生组织在修改后的“国际疾病分类手册（ICD-10）之精神与行为障碍分类”中将同性恋从原有的“成人人格与行为障碍”的名单上删除，[②]实现了在医学上对同性恋者的重新认知，认为同性恋不是一种疾病，而是和正常的自然人一样的社会群体。生命科技的发展为同性恋者主张自己的权利提供了坚实的医学依据。世界史中的同性恋文化始于古希腊。[③] 国外学者经过研究发现社会对待同性恋者经历了三个阶段，态度也并不相同：社会最初把同性恋当成一种疾病，予以强制治疗，随后，社会显现出更大包容性，不再强迫同性恋群体改变自己。[④] 在当代，同性恋群体不再需要被“矫正”。进而，研究者进一步从当代法治的角度提出维护同性恋者的新民权范式，让每个同性恋者都能主张和实现自己的权益。[⑤] 同性恋群体虽然是少数群体，但是这个群体和异性恋群体的权利是平等的，同性恋之间建立婚姻关系已经在许多国家和地区得以实现，这是一种当代法治发展的大趋势。每个人都可以享受到法治文明的硕果，可以主张自己获得幸福的权利，立法者依据尖端医学理论，重新审视当今时代的自然人的权利，进行法律制度设计，才能使最大多数人获得最大程度上的幸福。法治发展过程应当对新生事物加以合理地引导、确认和保护。只有从全社会成员的权利赋予和利益实现的角度来考量，才能在法治建设中达到法律效果和社会效果的统一。权利视角下的同性恋者主张建立法律承认的婚姻关系，是他们合意以终生共同生活为目的的结合，是他们设权性的意思表示。当代民事法律已经确立，只要当事人的意思表示真实，对社会其他权益主体的权益和社会公共利益没有危害，就应当受到法律的承认和保护。意思自治是当代私法所蕴含的重要原则。婚姻自由也体现了意思自治原则，法治建设只有充分遵循这一原则才能调动私权利主体的积极性，促

---

① 李银河：《新中国性话语研究》，上海社会科学院出版社2014年版，第304页。此外，关于人类的“性”文明史的系统性研究可参见李银河主编：《性爱》，生活·读书·新知三联书店2017年版。

② 2012年5月17日，世界卫生组织驻美洲的办事处泛美卫生组织，就性向治疗和尝试改变个人性倾向的方法，发表一份用词强烈的英文声明《“Cures” for an Illness that Does Not Exist（为一种不存在的疾病“治疗”）》。声明强调，同性恋性倾向乃人类性向的其中一种正常类别，而且对当时人和其亲近的人士都不会构成健康上的伤害，所以同性恋本身并不是一种疾病或不正常，并且无须接受治疗。世卫在声明中再三指出，改变个人性倾向的方法，不但没有科学证据支持其效果，而且没有医学意义之余，并会对身体及精神健康甚至生命造成严重的威胁，同时亦是对受影响人士的个人尊严和基本人权的一种侵犯。

③ ［日］海野弘：《友爱与背叛——西方同性恋历史研究》，张洋译，东方出版社2016年版，第2-3页。

④ ［法］弗洛朗斯·塔玛涅：《欧洲同性恋史》，周莽译，商务印书馆2014年版，第17-19页。

⑤ ［日］吉野贤治（Kenji Yoshino）：《掩饰：同性恋的双重生活及其他》，朱静姝译，清华大学出版社2016年版，第2-5页。

进社会的发展。世界各国的立法绝大多数对婚姻自由权利的行使都采取宽松的态度,绝对禁止的情形很少。同性恋者只要是达到国家规定的法定婚龄,具有完全民事行为能力且意思表示真实,就应当允许他们建立起合法的婚姻关系。

西方国家在法治建设中对同性婚姻关系作了充分的应对。在一些国家和地区,通过了同性婚姻法案,为公民对待自身的婚姻问题提供了多样的选择路径,这是当代法治发展的一种具体体现。例如,1989 年 10 月 1 日,丹麦成为第一个认可同性结合(same-sex union),允许同性伴侣进行登记的国家。2001 年 1 月 1 日,荷兰成为第一个法律认可同性婚姻的国家,同性婚姻家庭享有传统家庭所享有的一切待遇。2003 年 1 月 30 日,比利时继荷兰之后,成为世界上第二个承认同性婚姻合法的国家。2015 年 6 月美国最高法院做出一项历史性裁决。美国最高法的 9 名大法官以 5 比 4 的结果裁决同性婚姻合法,这意味同性伴侣今后可在全美 50 个州注册结婚。2016 年,我国台湾地区的“台湾民意基金会”针对 1 098 名20 岁以上台湾成年人所做的调查,46.3%的民众赞成同性婚姻,45.4%则表示反对。台湾针对同性婚姻合法性的争议由来已久。上述调查数据也为我国台湾地区的同性婚姻合法化起到极大的推动作用。[①] 从生命科技角度而言,如果生命科技对同性恋者的研究没有达到对其充分肯定的阶段,就不会形成法治在这一领域快速发展的境况。相比而言,世界范围内仍然还有许多国家的法律并不承认同性婚姻的合法性。在中国急速转型期,新生事物层出不穷,法治建设还不够完善,在生命科技研发与应用刚刚兴起的当代中国,从科研机构到应用机构以及普通民众对于同性恋以及同性婚姻都有着不同的认识,这导致无论从立法还是司法角度都无法对同性婚姻者的权利加以承认。例如,2016 年 4 月 13 日,在湖南长沙芙蓉区法院开庭审理了国内“同性恋婚姻维权第一案”。经法庭审理,芙蓉区法院认为,《中华人民共和国婚姻法》对申请结婚以及办理结婚登记的基本程序等作了专门规定,中国相关婚姻法律、法规明确规定结婚的主体是指符合法定结婚条件的男女双方。法院称,孙、胡二人均系男性,申请结婚登记显然不符合中国婚姻法律、法规的规定,因此原告二人的诉称理由不能成立。综上所述,该院依法驳回原告的诉讼请求。[②] 孙、胡二人不服,上诉到湖南省长沙市中级人民法院。长沙市中级人民法院认为,根据起诉状,本案孙文麟、胡明亮的诉讼请求是请求判令芙蓉区民政局为其办理结婚登记。根据《中华人民共和国

---

① 新华网:《台湾推动同性婚姻合法化引发社会争议》,http://news.xinhuanet.com/2017-05/24/c_1121030368.htm(访问时间:2017 年 5 月 24 日)。

② 参见湖南省长沙市芙蓉区人民法院(2016)湘 0102 行初 3 号行政判决书。

婚姻法》第二条、第五条、第八条等相关规定，办理结婚登记的必须是男女双方。两位上诉人均为男性，明显不符合法律规定的办理结婚登记的条件，其要求判令被上诉人为其办理结婚登记，理由不成立。上诉人认为根据宪法等关于平等和人权的要求，婚姻登记排除同性是歧视，对同性申请婚姻登记应予办理，理由不成立，不予支持。故法院终审驳回上诉，维持原判。[①]

上述案件说明，在目前的法律适用中，依据宪法进行诉讼保护同性恋者的婚姻权和身份权难以实现。宪法的概括性的、原则性的规定弱化了宪法的司法适用性。专门的部门法关于同性恋者婚姻权和身份权的规定在目前也处于缺位状态。同性恋者通过违宪审查和具体的诉讼要求维护其身份权并无法律依据，致使公民通过司法救济途径排除行政机关以及其他组织和个人干预其行为的诉求难以实现。

从立法的角度来讲，在我国的法律渊源中，宪法对国家事务和社会关系做出了概括性的、统领性的规定，对于公民的平等权和婚姻权的内涵并没有具体作出规定。在宪法中有关于中华人民共和国公民在法律面前一律平等的规定，[②]以及禁止破坏婚姻自由的规定。[③] 但是宪法没有对权利的主体和权利的内容加以具体的规定，致使权利的主体和内容处于不明晰的状态。那么，关于权利主体的保护以及权利内容的具体规定就应当由宪法的下级位阶的法律和法规加以规定和实施。如果要对同性恋者婚姻的权利加以规定，则应当在《婚姻法》和相关法律中作出具体规定。只有同性婚姻权利得到确定的情况下，同性婚姻关系才能得到确立，同性恋者的身份权才能得到法律的保护。这一领域的法律修改，必须在全社会对同性恋群体的知晓和认同程度为基础的前提下，同性婚姻才能够纳入立法议程。这就是本书第一章第二节中所研究的“权利正当性主张的社会普遍接受”相关权利理论。权利兴起的根本动因是对利益的主张。权利主张的前提是法治社会发展进程对于权利主体的确认。特别是对于生命科技研发和应用中的权利而言，必须要获得社会上的认同和足够的社会认知度，并且这种权利还必须具有政治上的无侵害性，甚至是助益性。就同性恋者的同性婚姻权利主张而言，这种主张至少在政治上没有侵害性，也未侵害到他人的利益。权利保护所反映的是社会治理中的基本原理，即“该社会相信它的所有成员生而平等，他们

---

① 参见湖南省长沙市中级人民法院(2016)湘01行终452号行政判决书。

② 《中华人民共和国宪法》第三十三条规定：中华人民共和国公民在法律面前一律平等。

③ 《中华人民共和国宪法》第四十九条规定：婚姻、家庭、母亲和儿童受国家的保护。禁止破坏婚姻自由，禁止虐待老人、妇女和儿童。

的权利受到平等的关心和尊重。”①基于利益的权利主张，就是每个社会成员对于自身社会政治地位的积极的利益表达。利益主体进行利益表达的目的就是为了满足自身的利益要求，保护和增进自身的利益。“利益表达是当代社会公民必须享有的权利。”②生命科技研究和应用，在医学上对同性恋群体重新加以客观地评价，对纠正社会公众对同性恋群体的偏见，维护同性恋者的权利具有极大的促进作用。

三、财产权——限缩物权适用和更新债权制度

生命科技在研发和应用中与物权和债权都有着紧密的关联性。基因、胚胎等人体组成要素或器官并不能认定为是法律上的主体，而应当将其纳入客体的范畴进行规制。因而，人体组织或器官产生了所有权的问题。从法学理论上讲，人身上的所有器官和组织在脱离人体之前，都属于本人所有，任何捐赠的人体器官或者人体组织被用于指定的用途之外，则属于侵权。但是基于社会利益和公序良俗的规则，对于能够危及人体健康或公共安全的人体医疗废物，不得交由患者本人处理，即使这个医疗废物所有权属于患者。这是法律对生命科技应用规制过程中，对患者所有权进行的限制。物权是现代社会经济结构和社会秩序的基石。社会成员的个人人格的实现，也必须有其能够支配的物质。物权中的所有权是个人具有独立自主性的基础，任何法律人格的建立都是建立在所有权基础之上的。假如没有所有权，则法律人格也无从谈起。总的来说，物权能够使权利主体对其行为和法律关系中的相关人产生责任感，在契约中要求义务相对人全面履行自己的义务，并且它还能约束权利人的相关权利。例如，人体器官或组织的所有权具有特殊性。它可以分为积极权能和消极权能两个方面。从积极权能角度而言，主要是指权利人对自己器官或组织的占有、处分和使用的权能。但是，所有权中应当包含的收益权能基于器官移植的捐献性质以及人的尊严的特殊性，以区别于传统法治理论中的所有权，不宜归入此处的所有权范畴。③ 从消极权能角度而言，主要是排除他人对人体器官或者组织的非法获取或侵害。由于所有权属于绝对权，权利人排除他人的非法干预主要依据就是法律赋予所有权人的物上请求权。所有权人可以依据物上请求权对非法获取或侵害其所有物

---

① ［美］罗纳德·德沃金：《认真对待权利》，信春鹰、吴玉章译，中国大百科全书出版社1998年版，第16页。

② 张惟英、姚望：《当代中国利益表达机制构建研究》，载《科学社会主义》2007年第6期，第73页。

③ 刘晓惠：《器官移植中供体的民事法律保护》，载《中国卫生法制》2006年第2期，第26页。

者请求返还。“对于妨害其所有权者，得请求除去。”[①]这就是物上请求权所起的作用。但新的问题是，如果被非法获取的人体器官或者组织已经成功植入到第三人的人体中，则无论该第三人是善意还是恶意，原所有权人均不得行使返还请求权。因为，原所有权已经不复存在，该人体器官或者组织已经属于第三人人格中的不可或缺的一部分，为了保障第三人人格的完整性，原所有权人不得主张以上权利。“此类物权的内容与行使不同于一般理论中的物权，应受到一定的限制。”[②]

当代财产权中的债权也随着生命科技的发展和应用而受到影响。债权制度的产生虽然晚于物权制度，但是发展较快，它能够使财产依据当事人之间的契约而转移，保障了社会发展中的财产流通，在社会发展中也具有重要的作用。债权主要通过合同、侵权等行为而产生。

生命科技的发展赋予了合同法中涉及的相关权利新的内涵，就合同之债而言，主要体现在对当事人知情权的进一步尊重，在知情权的保护标准上也大幅度有所提高。法律要求在生命科技应用时，当事人的同意是明确表示的同意，这就排除了一般交易中允许的默示同意的情形。这是因为生命科技的尖端性和高风险性，普通自然人一般不具有这个方面的专业知识水平，需要相关的医疗机构和医务人员秉持合同法中的诚实信用原则，详实地向对方当事人披露有关信息，法律也明确规定相关医疗机构和医务人员应当履行这项义务。在活体器官移植过程中，禁止对捐献者作任何推定或变相推定同意。对于死体器官移植，也要禁止推定捐献者同意捐献自己的器官或组织。作为法定的例外情形，在死者生前不反对并且其直系亲属同意的情况下推定死者同意进行器官移植，这尊重了权利主体的权利，同时也实现了社会利益的需要。

此外，人体器官是一种具有强烈人身依附性的特殊物，人体器官的捐献属于特殊的赠与合同，因为合同法律关系的标的物特殊。所以，我们应当对其适用特殊的规则，否则就会把人体器官归入普通财产流转理论来讨论，将器官移植之类的生命科技应用的重大事件产生的相关权利置于模糊不定权利的状态，不利于生命科技视域中的合同之债的实现。在器官捐献中，如果我们把捐献者的捐献自己器官的行为规定为无偿的、普通的赠与行为也是不符合法理和情理的，这会使捐献者处于不公平的地位。所以，根据器官捐献的特殊性，应当给予捐献者一

---

① 梁慧星、陈华彬：《物权法》，法律出版社 2002 年版，第 64 页。

② 李燕：《生命科技背景下的人体与民法上的物》，载《政法论丛》2009 年第 3 期，第 63 页。

定的经济补偿。[1] 这种人体器官捐献补偿应当与人体器官买卖区别开来，因为后者把人体器官视为普通财产买卖，是违法的牟利活动。[2] 此处所讲的特殊规则，归根到底就是一种新型的附条件赠与合同。即“采用补偿性的捐献方式让渡自己宝贵的器官或组织。这在一定程度上切实维护了社会公平原则，也能有效缓解人体器官供求之间的紧张状况。”[3]“在器官供求关系严重失衡的现实情况下，应当强调国家的器官给付义务。国家履行给付义务的主要方式是建立健全促进器官捐赠、满足移植需求的各种法律和制度。”[4]这个特殊的捐赠法律规则还应当包含受赠主体的规定，相关法律应当明确受赠的主体，将其限定在有权开展移植的医疗机构和确需器官的患者。这也就排除了其他任何主体从事器官捐赠的行为。

生命科技对现行侵权之债理论也有很大影响。侵权法是保护权利的法，也是保护人权的法，对于私权利的保护，在很大程度上都要依靠侵权法来完成。侵权法律制度的发达程度，体现了一个国家法治的发展水平。[5]

我国侵权法律制度对私权利的保护，越来越注重“以人为本”的立法理念。《民法典》的价值理念就体现了对人的理性关怀。[6]《侵权责任法》把保护当事人的合法权益放置于核心地位，这符合我国法律治理中将制裁领域转化为补偿领域的重要实践上的转变。生命科技法的创制应当在《侵权责任法》的基础上进一步将补偿与预防两个领域并重，进行生命科技损害救济的理论与实践上的探索。

在《侵权责任法》中，立法者在民事权益的列举位序上，将公民的生命健康权利排列在首位，体现了我国的法律制度对于生命权益的尊重。[7] 将“以人为本”作为指导性的理念，把公民的生命健康权列为最重要的法益进行保护的立法指导思想。[8] 当代《侵权责任法》非常注重对人的生命的保护，在医疗事故纠纷中

---

① S. D. Halpern, A. Raz, R. Kohn, M. Rey, D. A. Asch. Regulated Payments for Living Kidney Donation: an Empirical Assessment of the Ethical Concerns. Annals of Internal Medicine, Vol.152, 2010, pp. 358 - 365.

② H. J. Smith. The Ethical Implications and Religious Significance of Organ Transplantation Payment Systems. Medicine, Health Care and Philosophy, Vol.19, 2016, pp. 33 - 36.

③ 吴汉东：《高科技发展与民法制度创新》，中国人民大学出版社 2003 年版，第 54 - 56 页。

④ 韩大元、于文豪：《论人体器官移植中的自我决定权与国家义务》，载《法学评论》2011 年第 3 期，第 29 页。

⑤ 任元鹏、姜柏生：《浅谈高新生命技术对财产权的影响及法律调整》，载《科技与法律》2011 年第 2 期，第 58 页。

⑥ [美]艾伦·沃森：《民法体系的演变及形成》，李静冰、姚新华译，中国法制出版社 2005 年版，第 269 页。

⑦ 王利明：《民法总则研究》(第二版)，中国人民大学出版社 2012 年版，第 3 页。

⑧ 唐义虎：《生命科技的最新发展与侵权责任法的制度回应》，载《北方法学》2010 年第 2 期，第 30 页。

已经具有关于医疗机构举证责任倒置的相关法律规则体系，这些法律制度设计应当被生命科技法律制度所吸收和借鉴。《侵权责任法》还对于生命权益受损建立了合理的归责体系，这也给生命科技法的编纂提供了宝贵的法治理论与实践上的经验。这为生命科技相关债权制度的未来发展提供了专业性的立法空间，也体现了生命科技法治中的全面保障人权原则。

生命科技对侵权责任立法的影响主要体现在：

第一，生命科技不断发展的现状，促使侵权法保护的权利范围扩大。现代侵权法主要集中在调整物权、财产权受到侵害的损害赔偿领域。随着知识产权等无形财产权在社会发展中的地位日益提升，以及人格权的发展，侵权法律制度将两大领域的侵权行为也纳入调整范围之中。特别是人格权在生命科技发展的环境中得到了较快发展，人格权作为侵权法的保护对象被纳入侵权法中，在人格权受到侵害时，如果与物权等财产权发生冲突时，人格权显然比财产权更加重要，应当受到优先保护。这体现了当代侵权法律制度乃至整个法治理论把人格尊严、人身价值和人格的完整性置于优先保护地位的价值取向。[①]

第二，在风险社会中，侵权行为的种类出现多样化，社会的发展催生侵权行为复杂性和多样性。[②] 生命科技实施过程中出现了新型侵权行为。例如，买卖胚胎行为、代孕行为、器官克隆行为、器官移植、人体试验等，有些侵权行为还损害了当事人的隐私权、知情权、名誉权。新型侵权行为将成为法治发展中的严峻问题，这也是当代侵权之债立法发展的重要方面。

四、知识产权——拓展知识产权客体和深化知识产权伦理

本书第一章研究的生命科技的特征，使生命科技有关的知识产权属性得到充分的展现。知识产权作为一种无形的财产权在推动社会发展中显示出越来越重要的作用，它有别于传统有形物的财产权。作为一种新型的民事权利，其发展过程就是一个科学技术不断创新和法律制度日益完善的过程。知识产权与科技文明相伴而生，是推动近现代社会的主要推动力量，它在科技创新和商业发展中日益显示出举足轻重的作用。就社会成员的利益而言，知识产权是法律制度确定相关权利人对科技成果的独占权利，以获取经济利益，实现对科技创新的激励

---

① 李本森：《生命价值的法律与经济分析——中国生命赔偿法律的改革路径》，载《中国社会科学》2011年第6期，第80页。

② 王成：《医疗侵权行为法律规制的实证分析——兼评〈侵权责任法〉第七章》，载《中国法学》2010年第5期，第114页。

机制,使权利人获得利益,客观上也实现了社会利益,推动社会经济长足发展。在积极发展生命科技进程中,对生命科技创新者权利的保护,有利于提高生命科技科学研究人员和机构的劳动积极性。生命科技的发展和不断创新过程中,需要投入大量的财力和人力,并且生命科技研发和应用存在着未知的风险,知识产权必须应当尽快应用到实际需要中才能及时为社会发展需求服务。它既有专属性又有实践性的特征,所以针对生命科技发展环境中的知识产权进行保护具有制度设计上的紧迫性。

生命科技的发展在很大程度上丰富了知识产权客体制度的内容,也增进了传统的知识产权法律制度改革,主要表现在以下方面。

首先,根据本书第一章阐释的生命科技具有物信一体化特征,其发展实现和促进了人类社会发展主要依靠物质资源消耗向信息资源利用的转变,是知识经济对推动人类社会发展的比重逐步上升甚至超越物质经济的标志。知识经济已经逐步成为发展生产力的核心动力。"生命科技突破了生物间的种间、属间甚至界间的界限。"[①]对于传统知识产权来讲,一物一权的传统民事法律理论能够解决权利主体的界定问题,而且权利的归属有完善的法律依据作为支撑。但是,对于生命科技的快速发展而言,现有法律的规制能力就显得杯水车薪。以基因科技发展为例,基因科技研发的过程需要基因测序、基因片段的提取和排列等程序,技术应用工艺极为复杂。[②] 因此,对于基因或者基因片段的权利归属有较大的争议,很难分辨明确。从受实验者身体中提取并且经过科学家的技术加工的基因应当归属于提供基因来源的公民,还是应当归属于科研机构或者研究人员,甚至还是应当归属于全人类共同享有。这是传统知识产权理论及当代法律制度较难回答的问题。此外,当代生命科技已经能够将人兽的不同基因片段进行剪切和链接,使不同界际的生物基因能够结合,从而造成法律关系客体间的区分度呈现模糊状态,这种情形的直接后果就是法律关系中的权利保护失利。

本书作者认为,在今后的知识产权的发展中,立法者应当确立"基因共享利益权"。该项权利可以包括在广义上的基因专利权之中,作为基因专利权的补充。立法者也可以单独将其作为一项权利予以设定。这能够为本书第三章所述平等主体间利益冲突的解决开拓更加广阔的路径。基因研究材料的提供者应当根据基因共享权享有一定范围内的优惠使用权。

---

① 姜柏生、杨芳:《高新生命技术的民法问题研究》,法律出版社 2010 年版,第 104 页。

② 曹素璋、高阳:《从基因科技公司看制药业中管理者认知与创新战略的平衡》,载《中南大学学报》(社会科学版)2010 年第 5 期,第 71 页。

其次，生命科技影响着知识产权取得的条件。以我国为例，对于科学发现的事物，专利法规定不授予专利权，而对于发明才能授予专利权。这在其他国家也有类似的规定。在基因科技的研发过程中，通过生命科技分离出来作为研究对象的基因是属于科学发现抑或是技术发明，在知识产权法理论与实践中存在不同观点。欧盟《关于生物技术发明的法律保护指令》对生物科技和基因工程对相关产业领域发挥的日益增长的重要作用非常重视，而且该《指令》认为，生物科技发明的保护对欧盟的产业发展将具有重大意义。所以，该项《指令》规定，通过当代科技手段获取的与人体分离的基因可以构成发明，即使是科学发现，如果其符合可专利性的条件，也能够取得专利保护。① 我国学界也有坚持"淡化发明与发现的区别"的观点。②

本书作者认为，生命科技应用中的发明和科学发现的界分已经处于次要的地位，或者说区分的意义不大。在生命科技研发和应用中，一些科研工作是对客观实在的揭示，显然属于科学发现，所以不能被授予专利。但是，人体生物客观实在的筛选和技术处理，以及生命科技处理后的临床应用技术成果，则应当被认为是可以授予其专利权的科技发明创造。③ 这是知识产权法积极地将生命科技发展过程中产生的技术成果纳入调整范围的体现，其适应了未来生命科技法治建设的需要。

此外，在生命科技的不断进步过程中，我们还应当注重知识产权伦理的深入

---

① 参见欧盟《关于生物技术发明的法律保护指令》：第(8)鉴于对生物技术发明的法律保护并不需要创设单独法律以代替国家专利法的规定；鉴于为充分考虑满足专利性要求的有关生物材料的技术发展，生物技术发明的某些特别方面需要调整到或加入专利法中，国家专利法的规定仍然是对生物技术发明给予法律保护的主要基础；(9)鉴于在某些情况下，比如排除植物和动物品种以及生产动植物产品的主要是生物学的方法的可专利性，建立在以关于专利和植物新品种的国际公约基础上的一些国家法的概念，对于生物技术和一些微生物发明的保护产生了不确定性。鉴于统一，澄清这些不明确性是必要的。

② 李晓霓、李晓农、刘瑞爽、王岳：《基因科技的法律问题研究——"发明"基因？"发现"基因？》，载《中国卫生法制》2005 年第 4 期，第 21 页。

③ 美国麦利亚德基因公司(Myriad Genetics, Inc.)自 20 世纪 90 年代末起，就对 BRCA1 和 BRCA2 基因拥有专利权，并且开发出这两个基因的突变诊断方法，每一次检测收费高达数千美元，年度获利甚至达到 4 亿美元。2009 年，代表多个医疗集团、患者及研究人员的美国公民自由联盟(ACLU)、公共专利基金会(PUBPAT)等就此发动诉讼，主张相关的权益。2010 年，纽约南区地方法院判决麦利亚德公司不能拥有这些专利。但是，联邦巡回上诉法院又推翻了这一判决。2012 年，联邦最高法院要求联邦巡回上诉法院重新审理，但联邦巡回上诉法院再次支持了麦利亚德公司。最终，在 2013 年 6 月 13 日，美国联邦最高法院全票判定：单纯分离出来的人类基因与自然状态结构无异，不能申请专利，而人工合成的 c-DNA 则可以。因而 BRCA1 和 BRCA2 基因专利无效。但判决同时确认人工合成的 c-DNA 可以申请专利。参见 Association for Molecular Pathology et al. V. Myriad Genetics Inc.. et al., Vol.569, U.S.. 2013, pp. 12 - 398.

研究。当代知识产权伦理主要支柱是功利理论。[①]“功利理论立足于社会福利的增加与社会效率的提高，来论证知识产权的正当性。”[②]当代生命科技飞速发展，使人类掌握了利用生命科技手段改造生物世界的能力。生命科技的触角已经可以伸向生命奥秘的深处进行研究与应用。人类的欲求具有无止境的特点，就其积极的一面而言，它是人类改变自身和社会客观存在的动力源泉。但是，人们不能忽视其消极性的一面。人类依据其欲望随心所欲地改造生命体世界会造成社会伦理的混乱。“伦理道德逐渐在经济和物质化的维度里失去作用。”[③]人类可以通过生命科技对人体基因申请专利，从而使基因专利掌控在少数人手中。那么，身体中有部分基因相同的人们都有可能被指控侵犯该项专利权，从而被专利权人运用知识产权的手段所约束。“知识产权的功利化色彩愈加浓重，而伦理领域已显现出利益和价值失调的问题。”[④]此外，在医事领域救死扶伤和治病救人的医事伦理已经演化成社会伦理准则，并且根深蒂固。在已经形成的传统伦理环境中，全社会对自然、对社会、对生命的理念具有稳定性。由于生命科技的研发和应用对知识产权提出了新的权利保护问题，使知识产权与社会伦理的关系不仅更加紧密，而且更加复杂。[⑤]

“知识产权收益权是知识产权的一项根本权利。”[⑥]从生命科技的科研开发来看，科研机构和科学家们投入其中的人力、物力和财力相当巨大，而且在开发新技术的过程中需要承载着巨大的压力和困难。对研发成果的知识产权保护是完全必要的，这样才能保障科研机构和人员的研究积极性，以促进生命科技的持续发展。但是，从社会伦理角度来讲，如果对生命科技给予知识产权保护，势必会对人们治愈疾病之路增加阻碍的因素。因为一项生命科技被授予专利权，归根到底保护的是科研机构和人员的经济利益。那么，在专利成果形成之前的人力、财力、物力的投入用金钱来衡量，数额是极其巨大的。人们为了使专利权成果应用能够带来经济效益、收回成本，以及推动相关生命技术的可持续发展，生

---

① 在西方国家知识产权理论中，对知识产权进行伦理考察，影响力最大的理论主要包括三种：一是功利理论；二是人格理论；三是劳动理论。

② 彭立静：《知识产权伦理研究》，中南大学博士学位论文，2009年，第2页。

③ 盛善雷：《知识产权法的伦理迷失与制度救赎——以利益平衡原则切入》，载《法商论坛》2012年第2期，第49页。

④ 盛善雷：《知识产权法的伦理迷失与制度救赎——以利益平衡原则切入》，载《法商论坛》2012年第2期，第50页。

⑤ 卢彪：《当代生命科技伦理研究的新向度》，载《扬州大学学报》(人文社会科学版)2006年第5期，第30页。

⑥ 彭立静：《知识产权伦理研究》，中南大学博士学位论文，2009年，第2页。

命科技专利成果应用的费用必然较高。这给本来就已经矛盾凸显的医患关系增加了冲突的诱因。我国正处于社会快速转型期，这一过程也伴随着各种社会矛盾在一定时期和部分领域激化现象的发生。

目前的医疗领域正在发生剧烈的改革，看病难、看病贵的矛盾问题虽然已经有所纾解，但是从总体上讲，广大公众对医疗费用过高、医疗资源匮乏的现象普遍存在不满意的情绪。虽然我国已经建立起系统化的医疗保险和社会保险体系，对公民的医疗费用给予一定比例的保障，这是法治发展进程中对私权利切实维护的表现。但是有些医疗项目和药品在医疗保险负担的目录范围之外，需要公民自费支付。生命科技成果应用很可能需要患者自费负担，而这对于患者家庭而言将会是高额的费用。[①] 这对普通家庭来讲只能在痛苦中生存或者死亡，不符合救死扶伤和治病救人的医事伦理和社会伦理准则，极易造成社会的混乱，出现社会秩序危机，而造成这种非人道后果的原因就是对生命科技相关的知识产权保护。科技时代在不断地进步之中，对知识产权制度的发展与研究伴随着传统理念和新的时代背景相互碰撞和交融。在传统的知识产权是否应当给予保护的理念中，认为如果不授予某项生命科技相应的知识产权就可以在一定程度上避免生命科技知识产权应用造成的医治费用过高的情形发生，减轻患者高额的医疗费用负担，最大范围地维护公民的生存权利和健康权利。但是，我们应当注意，从生命科技研究和开发机构的角度而言，如果没有知识产权的制度保护，将会降低研究开发高新生命技术的积极性，在新兴生命技术上的财力和人力投入就会大大减少，最终导致临床技术开发迟缓、患者得不到救治的局面。就法治社会而言，整个社会的公民生命权利、健康权利的保护不能实现。即使对某些生命科技不给予知识产权保护，也同样存在着大量患者负担不起医疗技术应用费用的情况。如此，生命科技的知识产权保护与医疗费用的负担并不存在必然的关联性。

在生命科技应用崛起和相关权利兴起的当代，对权利的保护范围和采取的方式是当代法治的重要议题。知识产权保护对于在生命科技研发与应用的环境中个体权利实现具有实质上的推动作用。在法治环境中，对生命科技研发成果给予知识产权保护是必要的，但是，我们应当对“知识产权制度伦理性问题，从多层次、多角度的辩证视角来考量。”[②]在知识产权制度伦理性考量过程中，既要看

① Angelina Jolie. My Medical Choice, Hela Medical Choice. http://www.multibriefs.com/ViewLink.php? i=52aa0e308b496, May 14, 2013.

② 彭立静：《知识产权伦理的学说体系构建》，载《求索》2008 年第 11 期，第 103 页。

到其积极性的一面,又要研究其消极性的一面。否则,"过分强调生命科技相关知识产权保护的积极面或者消极面,都不利于知识产权制度的发展和完善,甚至会加速知识产权制度的变异",[①]所以,在生命科技法律制度发展中,我们应当避免上述不利因素,使知识产权制度能够适应生命科技快速发展的需要。

第二节 基因科技应用的相关权利保护和法律规制

基因技术相关权利的内涵和界分是基因权私法规范的核心。在生命科技相关权利发展中,应当主要从权利功能的角度去分析。这一私法规范可以称为权能及其限度。依据公民人格权本质上所具有的开放特征,基因权可以进一步划分为平等权、隐私权和公开权等子权利。它们共同构筑了基因权利的体系,并且在生命科技发展中不断深化。[②]"基因权利是公民基于基因而产生的综合性权利,它应该成为公民的基本权利。"[③]这是我国今后法治发展的重要领域,在此方面,立法者可以借鉴民事法律制度发达的法国,对基因权利进行立法,以适应基因权利保护的现实需求。《法国民法典》所采取的回应基因技术的法律规范,无论在立法形式还是规范内容上,都对我国未来的相关立法具有启益。[④]

一、基因平等权

基因平等权是一项以反基因歧视为基点而展开的,要求平等对待基因的人格权利制度设计。[⑤]生命科技为人类实现生命权利价值提供了多样化的路径,同时也须面对许多由此而生的负面影响。我们要在生命权利的探索中找寻到一些能够帮助人们明确认识方向的基点,才能以此为支撑点,保障人类社会继续前行。它所蕴含的信息权利保护及其衍生的基因歧视相关法律问题、社会治理问

---

① 姜柏生、杨芳:《高新生命技术的民法问题研究》,法律出版社 2010 年版,第 106 页。

② Lee M.Silver. The Meaning of Genes and "Genetic Rights". Jurimetrics Journal, Vol.40, 1999, pp. 9-19.

③ 张小罗、张鹏:《论基因权利——公民的基本权利》,载《政治与法律》2010 年第 5 期,第 117 页。

④ 《法国民法典》,罗结珍译,北京大学出版社 2010 年版,第 4-5 页。法国民法典在第一卷(人)第一编(民事权利)在 2002 年、2004 年和 2005 年的几次修订法律以后,增设了第三章(对人的遗传特征进行检查、通过遗传特征对人进行鉴别),从而专门规定了"基因权"。在第二章中,还有关于"尊重人的身体"的规定。法国民法典中的基因权利主要包括人的尊严、人体及其组成部分的非财产性、人体和基因的完整性、基因检查的科学和医疗目的、禁止基因歧视等方面内容。这些方面值得我国在基因权利立法中进行借鉴。

⑤ 《法国民法典》第 16-13 条规定:"任何人都不因其基因特征而受到歧视。"

题，在当下生命科学领域是一个值得研究的，并且也是至关重要的问题。[①] 我国发生的基因歧视案件反映出的问题就是基因医学科技应用引发的负面社会效应，即基因歧视法律问题是当代法治发展中的非常重要的议题。随着基因技术应用的推广和深入，基因技术能够触及的社会生活领域呈现出急速增长的态势。近年来，在就业、医疗、保险、婚姻等诸多方面都出现了基因歧视的案件。这其中以劳动关系中的基因歧视问题和保险关系中的基因歧视问题最为突出。

（一）法治视野中的基因歧视

虽然基因案件最早发生在欧美国家，但是随着全球科技发展浪潮的势不可挡，尤其是人类基因组计划的不断向前推进和基因医学技术的快速发展，在全球范围内的基因歧视案件逐年增加，引发了法学理论界的浓厚兴趣，这也对法治实践提出了新的议题。市场经济的发展促进了我国保险业和就业市场的发展，推动了这两大领域的制度化建设深入发展，基因检测等生命科技的应用逐步在保险市场和劳动力市场推广开来。人体基因检测等生命科技是劳动合同和商业保险合同签订的前提条件，因为合同的一方认为这可以确保另一方的身体素质检查的全面性，是签订合同的科学依据，但这种做法随之而来的后果是基因歧视案件的逐步增加。[②] 本书导论中所述的广东省佛山市基因歧视案是我国类似案件中的典型代表，是未来法治改革进程中必然涉及的领域。

我国范围内的基因歧视案件的增加，会推动我国基因歧视立法工作的发展。就目前而言，我国反歧视基本法处于空白状态，在反基因歧视具体立法方面也尚未全面启动。已经有学者在法学理论中对基因歧视立法的宗旨和具体工作提出了构想，开展了详细地研究，提出了基因信息权利。基因信息流通中的法律关系研究的核心问题就是基因权利，以及由其兴起的基因歧视问题的相关制度化规范性建构逻辑的深入探究。“在基因信息流通与基因隐私保护出现权利纷争后，社会成员对于基因信息尚未形成人类所能够普遍接受的权益分配正义标准，关于基因信息的流通更是缺乏明晰的行为指引规则。”[③]有学者提出，基因信息权利中的基因隐私权属于权利体系的一个重要组成部分，有学者还对基因知情权和基因隐私权进行了系统性的研究[④]，或者研究了我国宪法层面如何应对就业

① 王康：《基因平等权：应对基因歧视的私法政策》，载《东方法学》2013 年第 6 期，第 52 页。

② 李成：《我国就业中基因歧视的宪法问题》，载《法学》2011 年第 1 期，第 79 页。

③ 何建志：《基因歧视与法律对策之研究》，北京大学出版社 2006 年版，第 98 - 99 页。

④ 邱格屏：《人类基因的权利研究》，法律出版社 2009 年版，第 64 - 98 页。

中的基因歧视问题[1],以及就业基因歧视防范的对策。[2] 这些都对基因平等权保护具有支撑作用,防止了不公平的基因歧视,为劳动力市场和保险业商场中出现的基因歧视现象的法律规制奠定了坚实的理论基础。

基因歧视案件在生命科技应用事务中逐渐增加,使基因平等权的诉求成为法律规制的社会根源。基因歧视中的"歧视"一词,可以理解为一个不含有贬义的中性词汇,意思是差别化对待。这种差别化的对待应当附有一些前提条件。例如,基因本身的致病性以及人们预设的基因的差别,对基因进行筛选和分类,具有合理性的前提基础。但是,还有一种处理方式是受到法律上禁止的不合理的差别对待,这与上述的差别化对待是不同的处理模式。不合理的差别对待是基因科技应用法律规制中的"基因歧视"。[3]

基因歧视的根源来自与正常基因比较而言,其从实际和感知差异上产生对异常基因的歧视。但是何为正常或者异常基因在生命科技的研究中并没有统一的标准,并且随着基因技术的不断发展可能还会发生界定上的变化。基因技术的研究成果表明,每一个自然人都可能携带致病基因、变异基因或者当前所谓的缺陷基因,但是这些异常基因不一定都会导致发病,甚至随着生命科学研究的深入,可能会成为给自然人带来益处的基因。基因歧视不仅仅针对个体自然人,而且也影响着此类基因族群和家庭的利益,对现行法律所调整的社会关系和保护的法益形成巨大的冲击。

在法律上对所谓"缺陷基因"的差别对待是一种歧视行为,应当予以禁止。商业保险市场和劳动力市场对表现正常的自然人的不合理对待,仅仅是由于这些对象先天携带某种当代医学认为的"缺陷基因"。[4] 法律规范以及法律原则所制裁或者约束的是人们的外部违法行为,但是它可能被市场经济中的利益主体不合理地运用,成为不公正对待权益相对人的工具。被歧视者并没有实施法治环境下应当受到制约的行为,却被不公正地对待,这不符合法律关系中的公平原则。因为从实务中来看,目前的科学研究对基因是否有缺陷存在着不同的界定标准,而在其性质的界定上也存在着较大的分歧,科学技术的发展也将对基因是

---

① 李成:《我国就业中基因歧视的宪法问题》,载《法学》2011年第1期,第79页。

② 胡玉浪:《论就业基因歧视及其防范对策》,载《山东科技大学学报(社会科学版)》2009年第5期,第32页。

③ T. Lemke. Beyond Genetic Discrimination, Problems and Perspectives of a Contested Notion, Life Sciences, Society and Policy, Vol.1, 2005, pp. 1 - 19.

④ P. S. Miller. Is There a Pink Slip in My Gene? Genetic Discrimination in the Workplace. Journal of Health Care Law & Policy, Vol.3, 2000, pp. 225 - 265.

否有缺陷作出重新定性。其次，从保险人和用人单位的角度来讲，对投保人或者劳动者采取不公正的差别对待的依据是，仅仅凭借他们体内携带有目前的生命科技认定的隐性"缺陷基因"，这种判断标准具有片面性。这种做法脱离了公正对待或者被保险人的合理范围，将决定建立和解除法律关系的基础建立在罹患某种疾病的致病基因上，而这种致病因素仅仅是目前生命科学技术的某个判断标准下的一个概率性结果，明显缺乏公正性。劳动者与用人单位建立和维系劳动关系的基础应当是劳动者履行职务的实际能力，而不是建立在患有某种疾病的可能性上。实务中的这些做法是不公正的、带有歧视性的对待方法，法律原则和法律规范都应当予以禁止。综观市场经济运行中的各个领域，保险和劳动力市场的经营主体均在法律关系对象的选择上采取更加审慎和苛刻的态度，以最大限度地保证合作对象各项条件的完美性，以降低损耗的经济利益，最大限度获取利润。近年来，在我国劳动力市场的有关基因歧视的诉讼已经不是个案。"用人单位不适当地把人体基因结构及其缺陷作为衡量工作能力标准的结果，这是一种对个体差异的偏见。"[①]虽然目前我国的保险行业尚未出现保险人要求投保人在投保时做基因检测或者采集其家庭成员的基因信息，以此来决定是否承保的报道。但是，市场经济大环境中的基因科技应用领域会波及包括保险行业在内的其他行业。基因科技在保险行业的应用是市场经济推动下的大趋势。在法治发展进程中必须对这一新兴领域开展前瞻性的调研和法律创制工作，明确保险市场相关主体的权利，规制保险业中发生不合理的差别对待问题。

根据保险业自身特征和市场经济运行主体的发展需要，保险公司对被保险人的基因状况开展检测工作确实能够反映将来合同的风险程度，合理性的差别对待在保险业实务中相当常见，也是保险法以及相关法规所允许的做法。但是，如果采用基因检测技术测评基因的优劣，从而将其作为保险合同签订的决定性因素，则不符合保险行为的法律规范调整的根本目的。[②] 就我国合同法理论而言，这种对待方式有碍于合同主体权利的实现，也不符合立法者促进合同成立并生效的立法意旨。用机械性的决定标准故意拟制疾病风险因素，在很大程度上排斥了投保人的投保机会利益，因而属于不合理的差别对待。在法定条件下，如果被保险人的基因信息是已经被揭示且致病概率较大的基因缺陷，那么，保险人对被保险人的差别对待是否有法律意义上的基因歧视行为，则有待于进一步的

① 李成:《我国就业中基因歧视的宪法问题》，载《法学》2011 年第 1 期，第 79 页。

② International Labor Organization. Equality at Work: Tackling the Challenges, International Labor Conference 96th Session Report I(B), 2007, p. 48.

利益衡量。

为此，世界范围内有关基因权利保护的国际公约和《宣言》为各国法治进程中的权利保护提供了重要的制度框架，为各个国家在本国法律中禁止基因歧视行为提供了主要参照和执行的依据。[①] 总体而言，它们承认人类基因研究和应用为社会发展起到的推动作用及其本身的未来发展前景，但都特别强调在基因科技的研发和应用中保障公民的自由、[②]权利和尊严的实现，禁止基于基因缺陷针对相对人的不合理歧视，[③]极力维护“保障人权”的法治理念，在法治层面对基因歧视行为所致的侵害人权行为起到遏制作用。

（二）基因平等权的权能及其行使界限

在法治环境中，基因歧视行为侵犯了宪法和民事法律保护的人格权利。由于基因歧视行为的出现，导致了基因平等权不能得以实现。在当代基因科技开发和应用中，相关权利主体追求和实现基因平等权仍然是宪法以及民事法律规制中的应有之义，在新兴人格权的法治建构进程中有明确的科技依据。在法律规制上，不承认正常基因和缺陷基因的原因在于，就法治目的而言，损害基因平等权的基因歧视行为违背了人的平等和尊严的法律价值。法治理论研究与实践中坚持的基因平等权在自然科学技术应用中得到了印证。基因组科学研究的公认结论是人类仅仅有一个基因组，个体之间的基因差异相当微小。基因序列差异概率在客观上大约只有千分之一。[④] 并且这种差异表现出来的基因多样性是自然界正常和有益的外部表现，差异并不代表基因有优劣之分。当代生命科学技术研究表明，一些致病基因有可能发生性状和机制上的变异，演变成抵御某种疾病的基因。基因之间的差异对人类的进化和人类社会的演变具有积极的推动作用。所以，从人类社会的进化和演变的角度而言，不存在绝对的正常基因和缺陷基因的优劣之分。所有的基因都是平等的，都在漫长的进化过程中忠实地复制着自身。“由人类基因的这种本质属性能够延伸到人类个体和种的存在。”[⑤]

---

① M. H. Tan. Advancing Civil Rights, the Next Generation: the Genetic Information Nondiscrimination Act of 2008 and beyond, Health Matrix, Vol.19, 2009, p. 63.

② 吴文新：《基因科技与身心二元论的消解——对人性技术化的沉思》，载《自然辩证法研究》2001 年第 10 期，第 24 页。

③ 这类公约和《宣言》具有代表性的是 2003 年《国际人类基因数据宣言》，规定一个人的基因数据不得被用于侵犯他人的人权、基本自由或者人类尊严，如果侵犯他人的上述权益即为歧视。此外，在 2000 年的《欧盟基本权利宪章》同样规定了基于基因特征为依据的任何歧视是应当禁止的行为。1997 年的《在生物学和医学应用方面保护人权和人的尊严公约》对公民受到的基因歧视行为明确加以禁止。

④ 范冬萍、张华夏主编：《基因与伦理——来自人类自身的挑战》，羊城晚报出版社 2003 年版，第 195 页。

⑤ 王康：《基因权的私法规范》，中国法制出版社 2014 年版，第 201 页。

基因平等权就是在法治理念中确认基因差异并非是基因优劣之分的衡量标准，从而使每个公民在法治社会中的人格尊严、价值、人格平等得到切实维护。[①]

基因平等权包括形式上的平等和实质上的平等。从形式上的平等而言，法治实践中不考虑个体表面上的差异，反对给予同等条件下的不平等对待，禁止歧视行为。法律渊源中的各个效力层次，都要求对法律关系主体作形式上的平等原则。它是一种理想化的目标，也是权利主体能够反对基因歧视行为的法律依据。从人格权利保护的角度而言，平等权利的规定不但具有宣誓性，而且更能彰显出法律明文规定中的人文主义精神。从实质上的平等而言，它虽然并非机械地将最直接的无差别权利实现作为法律规定加以列明，而是坚持公平正义原则下的差别对待，这是一种差别化的修正平等。实质意义上的平等包括机会平等和差别对待原则，将具体差别作为考量因素，在遵循机会平等原则的前提下能够达到利益的合理分配。在当代市场经济的法治环境中进行差别对待，并且兼顾公平原则就是正义。具体来讲，就是针对携带致病基因的个人和群体，法律允许合理性范围内的差别对待，这种实务上的处理方式仍然被认为具有正义性。现实中的基因歧视在于纯粹依据基因检测结果而作出的机械性判断，在法律关系的建立上作出否定的判断，这是不合理的差别对待。推动基因权利人积极地在就业市场和商业保险市场环境中实现基因平等权，最大限度地消除基因歧视以及因基因歧视行为引发的权利救济诉求，是生命科技法律规制的必要环节。

在基因平等权的实现过程中，法律制度应当注重正义和非正义的边界，防止在个案中达到正义，却在整个社会中兴起对基因“缺陷”者的歧视。在法治建设中应注重对基因科技应用新领域相关权利的考量，包括权利相关人的权利诉求。应在法律规范中规定基因歧视的评判标准、明确合理性差别对待的适用条件。在基因歧视行为的界定上运用利益衡量的方法分析具体的对待情境，在个案中进行利益衡量和价值判断，同时结合多元正义原则实现基因平等权。

（三）基因平等权的规范架构及制度设计

人类基因是自然的产物，个体基因的差别亦是自然演化的结果。这种差异是自然进化中的选择过程，人类生命科技无法对其进行改变。假如某种缺陷基因与某种疾病相关联，在目前的医学技术条件下不能有效克服的情境下，则会被界定为“缺陷”基因。在原始状态下形成了个体之间的不平等。但是，在法律治

① 胡朝阳、周旋：《基因科技发展的人权影响及其法律调整》，载《科技进步与对策》2010 年第 15 期，第 32 页。

理层面，可以通过法治理论、法律规则等制度上的设计并且结合伦理准则、公共政策，对“自然选择”的结果进行矫正，以达到基因平等的实现。

我们通过法律规则设定相关权利范围的法治建构路径，是实现基因权利的最重要手段。法律确保了社会治理的有章可循。[①] 基因科技应用相关法律规范是立法者预防自然选择导致社会发展中不合理差别对待的有效途径。消除基因歧视，实现基因平等，此举目的在于防止因不合理的差别对待基因缺陷者的基因歧视行为，也能防止法治社会中的基因科技应用所引发的社会分裂。在法律治理中只有纠正自然选择结果而引发的不公正对待，才能达到自然选择和社会矫正之间的平衡，强化社会矫正正义重要性的理念。因为基因多样性以及它们之间的差异是推动人类进化的基础，使人的尊严得以强化，为基因平等权的实现奠定基础。基因平等权要求在法治中适用形式正义和实质正义，用法律所包含的正义来消除基因歧视。具体就实质意义上的平等而言，法律规制必须区分机械型的差别对待和矫正型的差别对待。在当代生命科技法治理论与实践中更加需要强调对待缺陷基因现象，应审慎对待不同利益诉求，科学地进行利益衡量，从而实现法治环境中的矫正正义。

我们应当注意到，在法律规范的适用中，如果相关主体针对自然选择仍然采取不合理差别对待的基因歧视措施，则无疑是违背了法律规范蕴含的矫正正义立法宗旨的行为。如果当事人在法治进程中积极有效地维护基因平等权就能避免“基因决定论”引起的社会中歧视性的意识形态和行为，究其原因在于基因平等权不得因为所谓的“缺陷基因”所暗示的有关致病风险的不确定性而被剥夺。恰恰相反，应当在法律治理中对基因差异实行合理性的区分对待。

基因平等权作为一种新兴权利，它旨在消除基因歧视行为。当在这一领域法律规定尚属空白之时，基因科技应用就依赖于生命伦理准则发挥调整作用。[②] 正如前文的分析，将有实用价值的伦理观上升为法律规范是一种必然的趋势。只有在法律规范中积极体现和维护权利平等，才是最为稳定和主要的规制路径。法律规范的介入能够增强社会治理的刚性力量，并且能够明确列举出基因科技发展中涉及的人权、人的尊严相关具体规则，克服伦理准则着重从应然角度提出义务性准则[③]，致使实然性的法律规范进入刚性调整基因歧视的路径。

---

① Sonia M. Suter. The Allure and Peril of Genetics Exceptionalism: Do We Need Special Genetics Legislation? Washington Law Quarterly, Vol.79, 2001, pp. 669 - 748.

② 谢志青:《基因科技发展的伦理学思考》,载《江西社会科学》2009 年第 10 期,第 50 页。

③ 甘绍平:《作为一项权利的人的尊严》,载《哲学研究》2008 年第 6 期,第 85 - 86 页。

从法律规制角度而言，联合国以及国际组织的相关《宣言》和《声明》为我国立法者进行反基因歧视立法提供了重要的参考来源。例如，联合国教科文组织的《世界人类基因组与人权宣言》在第2条和第8条中规定："每个人无论他们的遗传差别如何，都享有受尊重的权利"。"每个社会成员有权根据国际法和本国法对于干扰其基因组的直接或者间接损害，均有要求公正赔偿的权利。"《关于人类基因组数据库的声明》(2002)明确规定，应该保护自然人、家庭和社群，防止歧视。这些《宣言》和《声明》被各国在法律创制过程中所体现或者引用。欧洲一些国家和美国在反基因歧视立法方面具有先进经验。法国、瑞典、亚美尼亚、塞尔维亚等国家都制定了反歧视法，明确把基因歧视行为归入歧视的定义范畴，并且在法治发展中不断完善。

我国根据现实国情和法治发展的需要，可以适当借鉴上述国家相关立法经验，在将来的保护基因平等权方面开展和完善立法。具体而言，第一，应当借助《中华人民共和国民法典》正在编纂的契机，研究新兴权利，对权利体系进行扩充，把基因平等权纳入立法范围，将基因歧视行为列为法律禁止的行为。第二，在宪法中增加基因平等权保护的条文，以示国家对新兴权利的重视和与时俱进的法治理念。第三，在刑事法律中借鉴瑞典刑法的立法经验，对基因歧视并严重破坏法益的行为纳入刑事处罚范围，规定对实施此类行为的人判处徒刑的同时，可以并处罚金。

此外，我国立法应当根据未来基因科技发展所产生的基因平等权保护的实际需要，采取颁布单行法律、法规的形式，规定禁止基因歧视行为的条款，形成反基因歧视的法律体系，切实保护基因平等权。现阶段的我国《民法典》编纂过程中虽然未把备受瞩目的人格权单独列为一编，但是，在生命科技法治发展的现阶段，人格权应当随着基因科技应用所形成的新的权利问题作出"扩容"，这也是我国法治发展中私权利发展的大趋势。所以，在我国《民法典》中明确规定公民享有"基因平等权"是必要的。在民商法的发展中，应当以《保险法》中基因权利保护的相关立法为立足点，明确规定商业保险中的基因检测手续是法律授权性事项而非义务性事项，即被保险人的基因检测不是保险合同生效的法定要件。是否要进行基因检测应当由被保险人自行选择决定，保险人不得采取欺诈、胁迫的手段要求被保险人基因检测。即使要进行基因检测也不得将检测结果作为是否建立保险合同法律关系的唯一依据。在《劳动法》及其相关法律、法规中应当规定，用人单位对劳动者进行岗前基因检测和在岗期间进行基因检测均应当遵循劳动者自愿原则，用人单位不得强迫、引诱劳动者进行基因检测，不得将基因检测结果作为拒绝建立劳动法律关系或者解除劳动法律关系的理由。在“缺陷”基因携带者劳动过程中，不得对劳动者采取加重劳动负担或减少劳动报酬等歧视性的限制措施。法律禁止用人单位利用劳动者的基因信息进行盈利活动。禁止任何用人单位、任何机构或个人通过非法途径购买劳动者的基因信息。违法者将由劳动行政管理部门予以处罚。

上述法治改革和发展的构想还可以借鉴美国的《基因信息非歧视法》(GINA)，该法明确规定了禁止基因歧视的最低标准。[①] 在生命科技应用全球化背景下的当代，其立法背景和我国具有相同之处，值得我国未来的《反基因歧视法》立法过程中予以借鉴。法国和美国在基因平等权保护方面均选择了法典化的立法路径，这种路径对公民尊严和公民自由的保护均有助益。[②] 在我国未来的《民法典》《反基因歧视法》以及《就业促进法》等相关立法和完善过程中，应当注重基本国情与基因科技应用状况的研究，重点考察利益的博弈与沟通，[③]这些利益关涉到基因权利的行使和实现。在形成翔实可靠的立法依据之后，法治建设应当秉持以私法规范为核心，以公法规范为补充的立法理念，及时顺应生命科技发展趋势推进立法工作。确定基因平等权的内容和范围，在实质上加强基因平等权和基因知情权、基因隐私权等权利的体系构建，逐步构建基因平等权保护的框架，有效规制利益之间的博弈，使之达到平衡。

二、基因隐私权

基因隐私权是一项以隐私权为基础并细化的权利制度设计。基因科技的应用和发展使基因信息的重要性日益凸显。但是，由于我国现有法律体系对基因信息的保护尚处于起步阶段，基因隐私权的法律保护领域处于不发达的境况。这使得基因隐私权的保护成为当今法治发展中亟待解决的问题。

---

① Sec. 101，102，103，104，Genetic Information Nondiscrimination Act of 2008.2008 年美国通过的《基因信息非歧视法》(GINA)，是反基因歧视领域的一部很先进的法律。其中，关于保险基因歧视的第一编于 2009 年 5 月 21 日生效，关于雇用基因歧视的第二编于 2009 年 11 月 21 日生效。在禁止基因歧视方面，根据该法规定，保险人不得基于基因信息而调整团体的保险费，不能以个人基因信息或疾病、障碍症状信息作为增加其他团体成员甚至雇主保险费的理由。保险人也不得要求投保人进行基因检测，不得仅基于基因信息而提高保险费或者拒绝提供健康保险。对于社会保障法规定的附加医疗保险的保险人也同样有类似要求。在禁止雇用基因歧视方面，该法规定，雇主也不得单纯以基因信息为依据而作出雇用、解雇、职位、薪酬或其他任何与雇用行为有关的决定。

② P. Kakuk，Genetic Exceptionalism，Encyclopedia of Applied Ethics，2012，pp. 445 - 452.

③ 麻锐：《民事权利要素与我国民法典体系构建》，载《甘肃政法学院学报》2016 年第 5 期，第 41 页。

（一）基因科技应用促进基因隐私权的保护

在当代法治社会中，对基因信息采取保护措施的数量激增，它已经逐步成为普遍性的权利诉求。[①] "因为基因信息的泄露，将会导致公民个人的身体信息和未来生活全部或者部分暴露在公众面前，使其丧失私人生活的私密性。"[②]"基因隐私权的保护已经超出了个人权利保护的情感诉求，而是应当加快建立理性的制度选择的过程。"[③]在法律上确认公民个人的基因隐私权不仅是由于基因信息的特殊性，而且是出于法治环境中对个人信息的层级化保护的理性考量。

基因科技的应用激发个人基因流通利用以及个人隐私权利保护的诉求。传统法中对于隐私权的保护采取概括性的、原则性的模式，这种模式不足以全面应对基因科技应用过程中的新挑战。针对基因科技进步带来的法律治理挑战，立法者必须进行法律制度上的创新，采取对基因信息加以特别保护的个人信息层级化保护进路，以适应基因科技应用的需要，提高法律规制基因信息应用的效率，使法律能够及时、有效地保护公民个人隐私。[④] 这种改革进路可以达到法治环境中的公民基因信息合理流通利用和个人基因隐私权利保护之间的平衡。

从法律对权利的保护角度而言，公民个人的信息按照不同种类和私密程度可以分为不同的层级加以保护。我国法律对于公民基因信息的保护应当根据上述原则将公民个人的基本信息和个人的基因信息，以及普通医疗信息区分开来，分别予以保护。这种保护途径可以使法律对公民个人隐私权的保护更加精细化，也使得公民个人的信息流通不会偏离法律规制的轨道。[⑤]

在应对基因科技应用给法律规制和法学理论研究带来挑战的过程中，我们最重要的任务就是创设新的权利。通过创设新的权利这一立足点来推进既有法律制度和法学理论的发展和改革，以应对基因科技应用对现有法律制度的冲击。当代社会生活的复杂性日益增强，当事人实施的信息流通和应用行为已经成为公民个人生活的有机组成部分。此外，随着生命科学技术的发展，信息行为的比重正在急剧增长，对信息的掌控就会成为公民个人与外界建立各种社会关系的重要组成部分。信息作为一种利益资源，它不仅具有人格利益，而且还能为信息

---

① Heather Widdows, Caroline Mullen. The Governance of Genetic Information. Cambridge University Press, Vol.18, 2009, pp. 267 - 273.

② 王利明：《侵权责任法研究》，中国人民大学出版社 2011 年版，第 438 页。

③ 罗胜华：《基因隐私权的法律保护》，科学出版社 2010 年版，第 87 页。

④ Heather Widdows, Caroline Mullen. The Governance of Genetic Information. Cambridge University Press, Vol.18, 2009, pp. 267 - 273.

⑤ 覃英：《基因科技隐私法律问题》，载《科技信息》2009 年第 13 期，第 378 页。

掌控者带来可观的经济利益。[①] 这两个方面的利益相互交融,关系紧密,推动人类从有形空间向无形空间探索。信息隐私权和网络隐私权等积极的信息控制权的重要性正在日益凸显。[②] 隐私权不再是过去法律界定上的"消极独处权",而是在法治发展到一定阶段所要求的"积极控制权"。[③] 在法律经济学上,可以将其整合成信息利用和隐私保护的制度安排。在个人隐私权保护的范围内,权利人有权禁止他人收集其信息的一种产权。在法律层面解决对公民个人的隐私权与他人的利用权之间的平衡问题,积极地预防他人利用本人信息的主张和行为。隐私权法律制度是国家在权益冲突的当事人之间分配"信息产权"的制度安排,[④]该制度反映了当代生命科技法治建设的作用既是法律对公民个人信息产权的界定,也是法律对社会成员之间围绕基因信息利用与公民隐私权保护过程中形成的利益博弈所进行的平衡。在利益博弈的过程中,需要相关法律的规制才能使利益达到总体上的平衡,但这种平衡会随着生命科技研发和应用的发展过程中出现的新的利益诉求而被打破,所以这种平衡也是暂时性的平衡状态。公民个人会围绕个人信息利用与个人隐私权保护而展开新一轮利益博弈,直至达到未来某个阶段的相对平衡状态。

(二)基因信息权益之间的博弈分析

基因科技的权益博弈源自隐私权对信息利用的调控作用。隐私权具有控制信息流通的工具性价值。基因隐私权调控着基因信息的流通,从信息流通的角度而言,基因隐私权是基因信息流通的调控阀。它是法律制度对于基因信息合理流通的制度化设计。[⑤] 在基因隐私权范围内收集和利用当事人的信息必须取得权利人的同意,须保持强大的数据隐私保护方法。[⑥] 在基因隐私权范围之外,他人可以在不违背法律和社会公共利益的情况下合理利用公民个人的基因信息。由于基因科技的飞速发展,基因隐私权的范围界限不清,法律规制权利过程

---

① N. C. Manson. The Medium and the Message: Tissue Samples, Genetic Information and Data Protection Legislation, Ocean Science Discussions, Vol.10, 2009, pp. 435 - 469.

② 罗胜华:《基因隐私权的法律保护》,科学出版社 2010 年版,第 41 页。

③ Alan F. Westin. Social and Political Dimension of Privacy. Journal of Social Issues, Vol.59, 2003, p. 431.

④ 祝丹娜、宫福清:《基因隐私权的伦理和法律问题探究》,载《中国医学伦理学》2016 年第 3 期,第 424 页。

⑤ N. C. Manson. The Medium and the Message: Tissue Samples, Genetic Information and Data Protection Legislation, Ocean Science Discussions, Vol.10, 2009, pp. 435 - 472.

⑥ E. S. Dove, M. Phillips. Privacy Law, Data Sharing Policies, and Medical Data: A Comparative Perspective,Medical Data Privacy Handbook. Springer, 2015, pp. 15 - 39.

中又充斥着习惯、政策和传统文化等因素，使得基因信息利用又形成了新的权益冲突，打破了现有权益之间的平衡状态，激励着博弈双方变动现有的制度安排，以攫取基因科技应用所产生的利益。权益的博弈打破了隐私权所调控的权益平衡状态，那么，法律制度就必须通过改革建立一个新的平衡临界点。目前，主要矛盾在于缺乏一套为全体社会成员公认的关于基因信息流通和隐私权保护的有效法律制度，必须在原有权益的博弈基础之上展开基因信息利用与基因隐私权保护的权益平衡工作，重新进行当事人之间基因信息利用和基因隐私权益的分配。

（三）基因隐私权保护的规范架构与制度设计

隐私权作为一种法律概念及权利，是西方法治的产物，后广为世界各国所接受。隐私权是公民个人能够将自己的私领域不被其他任何人主张权利的法律手段。生命科技法治环境中的隐私权是一种积极的权利，是个人对自身信息的积极控制权。[①] 所以，它在生命科技法治语境中从消极被动的概念逐步演变成积极主动的意涵。基因信息是人格的一部分，“它是自然人所享有的保持和维护自身基因信息私密性的人格权利。”[②]随着生产力的发展，人类认知世界和探知世界的能力取得了突飞猛进的进步，可谓今非昔比。人类不断地欲想获得更多重要的信息并进行技术性处理以形成一定的科学依据来满足自身发展的需求，推动社会的可持续发展。在此情势下公民个人作为社会属性的生命个体也不可避免地被列为信息调查、收集和分析的对象，这是公民参与社会分工所形成的必然性结果。[③] 法律制度中应当设立隐私权，才能够抵制外界对信息的获取、知悉和对外传播。所以，在当代生命科技法治语境下对基因隐私权作出法律制度上的设计是必要的。

纵观世界法治演进的历史，隐私权在各国法治中起到重要作用。“美国的历史，对于其核心而言就是隐私权的历史。”[④]在美国1791年11月的权利法案(Bill of Rights)中第一次正式对隐私权进行了表述。在20世纪初美国佐治亚州高等法院的一个案件中，法院宣布隐私权是州法的组成部分。法院认为，对侵害当事人隐私权的赔偿并不是以损害的发生为构成要件。[⑤] 此案标志着普通法第一次

---

① 王利明:《隐私权概念的再界定》，载《法学家》2012年第1期，第109页。

② 王康:《基因权的私法规范》，中国法制出版社2014年版，第227页。

③ 罗胜华:《基因隐私权的法律保护》，科学出版社2010年版，第119页。

④ 王康:《基因权的私法规范》，中国法制出版社2014年版，第227页。

⑤ Pavisich V. New England Life Insurance Co.(SUPREME COURT OF GEORGIA) 122 Ga. 190; 50 S. E. 68; 1905 Ga.

对隐私权承认，具有隐私权发展的里程碑意义。在大陆法系的德国民法典中没有规定隐私权，但是在德国法院判例和学说中都对隐私权利在不同程度上予以承认。法国民法典将隐私权写进了第一编，该法明确规定了应当保持、维护自身基因信息私密性的人格权利，即基因隐私权，以示立法者在法治进程中对隐私权的重视。[①] 基因隐私权是隐私权的一个分支，欧洲理事会《人权与生物医学公约》第 12 条规定："预测性的基因检测只能用于健康目的或者健康科学研究。"[②] 德国《基因检测法》规定所有的基因检测活动都必须以公民本人对检测用途的知晓为前提，而且检测活动的开展必须由有检测资格的医师进行，必须由专业人员才能开展基因技术的应用工作。对此，值得我国基因隐私权相关立法进行借鉴。

从我国目前的部门法体系和立法工作现状来看，我国法律体系没有关于隐私权的具体法律保护的规定，在最高的私领域——基因领域更加没有涉及。在我国现行宪法中有规定中国公民人格尊严不受侵犯的原则性规定。《民法通则》中第 101 条已经有关于公民名誉、人格尊严不受侵犯的规定，但并不含有具体的隐私权的保护。我国《侵权责任法》第 2 条有关于保护公民隐私权的规定。[③] 最高人民法院在 20 世纪 90 年代公布过"擅自公布他人的隐私致他人名誉受损，应当定性为侵害他人名誉"[④]的司法解释。所以这些都是关于公民隐私权的零散的规定，对于加快建立独立的隐私权乃至基因隐私权机制，我国法学研究人士和司法界逐步形成共识。我国一些著名的法学家现阶段在参加《民法典》人格权法编的过程中，拟将基因隐私权的相关规定纳入人格权法编。这其中已经有明确的规定，即未经本人同意，不得公开自然人的身体基因密码。可见基因隐私权随

---

① 《法国民法典》第 16－11 条规定：只有在司法程序中需要采取的调查措施或预审措施的框架内才能通过遗传特征对一个人进行鉴别，或者仅限于医疗和科学研究目的，或者仅为鉴别在由军事力量或隶属部队所开展的行动中死亡的军人之目的。民事案件中，仅在法官受理旨在确认亲子关系或者对亲子关系提出异议的诉讼时，或者仅在法官受理有关取得或者取消抚养费的诉讼中为执行其命令采取的证据调查措施时，才能进行此种遗传特征的鉴别。在进行鉴别之前，应当明确征得当事人的同意，除当事人生前已明文表示同意之外，在其死后不得进行任何遗传特征的鉴别。为医疗或科学研究目的进行遗传特征鉴别时，实施此种检查之前，应当在按照规定将检查的性质和目的告知当事人之后，采用书面形式征得当事人的明确同意。所表述的同意应当写明鉴别的目的，此种同意可随时不需任何形式撤销之。第 16－12 条规定：只有按照最高行政法院提出资政意见后颁布的法令规定的条件得到认可的人才有经授权的资格进行遗传特征的鉴别；在司法程序中，前述之人还应当是在司法鉴定人名册上登记的人。

② Article. 12 Council of Europe, Convention on the Protection of Human Rights and Biomedicine.

③ 《中华人民共和国侵权责任法》第 2 条规定："侵害民事权益，应当依照本法承担侵权责任。本法所称民事权益，包括生命权、健康权、隐私权……"

④ 参见最高人民法院 1993 年 8 月 7 日公布的《关于审理名誉权若干问题的解答》第七条第三款。

着生命科技的发展,越发显现出重要的地位,作出基因权利的相关规定是适应了时代发展的需要。《中华人民共和国刑法修正案》(九)(2015 年 11 月 1 日起施行)也具体规定了侵犯公民个人信息的刑事处罚措施。①

首先,在基因隐私权保护的立法过程中,立法者必须确立基因隐私权的权利边界。就家庭成员之间的隐私权利和利益都必须要相互得到维护。公民个人对于基因隐私知晓的权利不是一种绝对权利,在某种程度上它是应当被限制在一定范围内的权利。作为基因检测的信息不仅与被采样者本人有关,而且还牵涉到被检测者的家庭成员。家庭成员对于共同的基因信息都具有基因隐私权利保护的基本需求。法律规范中必须贯彻第三人隐私利益兼顾的法治理念,在保护被检测者个人的基因信息的同时,也要对作为家庭的第三人的基因信息加以保密,而不能仅仅保护某一方的利益,应当适当协调各个利益主体之间的利益冲突,因而公民个人对基因隐私权的行使应当遵循共同责任和商谈的原则。

其次,对于基因隐私权的保护应当遵循合法性原则。个人基因信息隐私的保护能够辐射到的最大范围,在基因上的私领域可以触及的最远的界限就是基因隐私权在法律上的边界。在社会成员的细胞基因组序列的公开事件中,检测机构如果仅将其作为科学实验和研究的目的将其发布,就会侵犯这一类基因信息携带者的利益,使其被排斥在正常的社会生活之外而遭受歧视。基因信息提供者是被检测者还是被参与到基因研究过程之中,其并没有任何针对研究问题的发言权。法律在此问题上必须给予其保护,将科学研究和应用对基因信息提供者造成的侵害降低到最小的限度,“以实现研究者和隐私权益相关人之间的利益达到平衡。”②

最后,在基因隐私权的保护问题上,法律制度应当确立公民个人的基因信息取得和利用,以及流通过程中的告知后同意原则,这也是在当前立法中最紧迫的任务。在涉及公民本人的基因信息的采集和利用过程等领域,逐步建立法律制度上的具体要求,尽可能使“告知后同意”程序制度化,实现个人的基因隐私权益。根据科斯交易成本定律,在法律上确立告知后同意原则,并且加以积极贯彻,实际上是对权利的归属给予了法律上的明确界定,促进市场机制作为基因隐

① 中华人民共和国刑法修正案(九)(2015 年 11 月 1 日起施行)将刑法第二百五十三条之一修改为:“违反国家有关规定,向他人出售或者提供公民个人信息,情节严重的,处三年以下有期徒刑或者拘役,并处或者单处罚金;情节特别严重的,处三年以上七年以下有期徒刑,并处罚金。违反国家有关规定,将在履行职责或者提供服务过程中获得的公民个人信息,出售或者提供给他人的,依照前款的规定从重处罚。窃取或者以其他方法非法获取公民个人信息的,依照第一款的规定处罚。”

② 项剑、谷振勇:《基因检测技术与基因隐私权法律保护》,载《科技与法律》2009 年第 5 期,第 89 页。

私权的保护手段来发挥作用。交易成本理论揭示了现实社会中存在的交易成本,经过法律的控制可以有效减低交易成本。法律体系能够维系私人之间的契约的履行。“法律体系越是完备,社会管理体系和执行力度越强,则当事人之间所订立的合约特定性就越小。在公权力主体(例如法院)帮助公民执行契约时,更加具有规范性和可预测性,这也意味着交易成本的降低,政府也降低了订立契约活动的成本。它提供了一个衡量和度量的标准体系。”①因此,在法律制度中建立告知后同意原则,在涉及公民个人基因信息采集、利益和流通等各个环节建立法律制度上的规定,有助于促进基因隐私权的保护。国家在法治中通过私权利的确立,并建立有效保护的规则,是沿着有效益和安全的治理模式推进法治进程的主要途径。在美国摩尔诉加利福尼亚大学董事会一案(Moore v Regents of the University of California)中,作为行为人的科研机构就应当在公民本人的基因信息的采集和利用过程中采取告知后同意原则,建立科研机构和被采集基因者之间的法律效力范围内的商谈途径,以被采样者可以接受的条件为前提,取得被采样者的同意,方可进行科研活动以及信息的发布。② 所以,在“家长主义”“医疗父权”的理念下,确立告知后同意法律原则和相关规则,是今后基因隐私权建设中的必经环节。③

在现有关于隐私权研究和发展的各项法律规范基础上应当进一步规定:

(1) 在法律规范体系中对隐私权的内容进行扩充,以立法形式确定新型的隐私权——基因隐私权。当事人在基因收集和利用等环节,应当切实遵循告知后同意法律原则,保障行为人同意行为作出的自愿性、真实性。④

(2) 对于基因隐私权,法律规范应当将基因隐私权相关规则涉及的假定条件、行为模式和法律后果等构成要素全面纳入法律条文,以保证基因隐私权法律规范的完整性。

(3) 法律规则应明确基因隐私权的主体是自然人,基因隐私权应当被包含在民法隐私权之中,在民法典中明确规定基因隐私权,并且明确规定基因隐私权

---

① [英]思拉恩·埃格特森:《经济行为与制度》,吴经邦等译,商务印书馆2004年版,第18-29页。

② M. King, M. Henaghan, Genes, Society and the Future, The Advisory Committee on Reproductive Technologies: The Role of Public Consultation in Decision-Making. Social Science Electronic Publishing, Vol.152, 2011, pp. 343-349.

③ 郭明龙:《论患者隐私权保护——兼论侵害“告知后同意”之请求权基础》,载《法律科学:西北政法学院学报》2013年第3期,第85-86页。

④ 汪冬泉:《医疗中告知后同意法则之研究》,载《中国石油大学学报:社会科学版》2013年第4期,第44页。

是一项基本人权。

(4) 明确基因隐私权的客体是公民个人的基因资料信息。

(5) 明确基因隐私权的内容可以参照现行民法隐私权的规定,其中包括基因隐私保密权、基因隐私利用权、基因隐私维护权、基因隐私支配权。

(6) 对于侵害公民基因隐私权的行为可以比照普通民事行为的违法后果承担停止侵害、赔礼道歉、恢复名誉、消除影响、经济赔偿等法律责任。情节严重的侵权主体应当追究其刑事责任。

(7) 各基因信息接触组织和机构应当严格保管公民个人的基因信息资料。禁止无关的行政部门、组织和人员接触基因信息。对作废的基因信息资料和实验研究样本应当进行无害化匿名处理。

(8) 法律应当规定为公共卫生需要、国家食品药品监管需要、国家数据统计需要等领域可以合理公开基因信息的例外情形。

(9) 法律应当对同意书文本的内容作出示范性的规定,要求科研机构在"同意书"中传递基因信息被采集者详实的告知信息,具体说明基因采集所形成的利益关系和利益分配,以及风险概率。①

(10) 在民事诉讼法、刑事诉讼法和行政诉讼法等程序法的适用中,针对绝对不公开审理案件所指的个人隐私作出扩大解释,将基因信息隐私纳入个人隐私的范围。

三、基因公开权

公开权发端于美国,是英美国家法律理论研究中的组成部分。它是人格权中的子权利,是个人对其人格标志进行商业利用的固有权利。② 无论是英美法系的美国还是大陆法系的日本,都将公开权作为人格权的一部分加以研究。公开权具有其特殊性,它立足于人格权,并且可以一元性地解释其受害人遭受的财产损失和精神损害。③ 在我国目前的法律规范中尚未有公开权的明确规定。法学理论界关于公开权的争论屡见不鲜,学者们对公开权的界定尚未达成完全一致。有些学者认为公开权就是财产权的一种。④ 有些学者认为应当将公开权纳

---

① 罗胜华:《基因隐私权的法律保护》,科学出版社 2010 年版,第 321 页。

② J. Thomas McCarthy. The Right of Publicity and Privacy. Clark Boardman Callaghan, 1992, p. vii.

③ [日]五十岚清:《人格权法》,葛敏译,北京大学出版社 2009 年版,第 140－152 页。

④ 张民安:《公开权侵权责任制度研究》,中山大学出版社 2010 年版,第 3－6 页。

入隐私权的范围,结合隐私权进行研究。[①] 有些学者认为公开权是一种抽象的人格权。[②]

本书作者认为基因公开权属于具体人格权范畴,它应是人格权的子权利。基因公开权的实质是对基因进行商业利用的权利。它除了具有人格的特征外,还因其强调利益分享而具有财产权的色彩。“基因公开权是公民个人所应当享有的,对公民自身的基因享有公开利用和享有利益分配的人格权利。”[③]基因具有人格地位,除此之外,它还能产生财产价值。基因科技的商业应用已经和商业价值密切相关。在基因科技发展的环境中,基因所有者对基因科技的商业应用利益分配问题提出了相应的诉求。基因公开权作为一种新兴的人格权,正是在当代法律制度上对财产性诉求的一种制度回应。它是基因科技研发中所产生的属于参与者或患者的财产利益和福利。[④]

(一) 基因公开权的权能及其行使界限

基因公开权作为基因人格权的一项子权利,是一种积极的人格权。公开权的客体是人的基因,基因公开权意指公民个人对其所有的基因人格利益享有控制和获益的权利。当这种控制和既得利益被侵害时,基因人格利益主体能够消极地提出权利诉求。在当代法治发展进程中,基因权利主体对自身基因是否提供给医学科研机构、是否用于商业领域,并且如何对相关利益进行分享均有自主权。[⑤] 所以,在生命科技语境中,基因公开权也是一种积极主动的权利。基因公开权具有巨大的财产价值,它反映了基因人格权的商业利用价值。基因公开权的内涵分为两个方面。第一个方面是“公开利用”,第二个方面是“利益分享”。[⑥]公开利用是指人类基因用于商业领域,这里需要明确的是,公开利用并不等于所有的基因科技研究活动均以应用于商业领域为目的。例如,为了公共利益对公民个人进行基因检测、基因实验等基因技术发展和研究不应当被纳入“商业目的”范畴,这是为了公共利益为目的的基因利他主义特性所决定的。基因技术的研究和开发成果的产业化以及专利化等方面,则属于“商业目的”。这就涉及基

① 马特:《人格权与财产权关系考——以隐私权线索》,中国法制出版社2007年版,第179-189页。

② 杨立新:《人格权法》,法律出版社2011年版,第180-191页。

③ 王康:《基因公开权:对人类基因的商业利用与利益分享》,载《安徽大学学报(哲学社会科学版)》2014年第2期,第130页。

④ Dennis F. Thompson. Understanding Financial Conflicts of Interest. The England Journal of Medicine, Vol.329, 1993, pp. 573-580.

⑤ W. Andre. Torrance: DNA Copyright. Valparaiso University Law Review, Vol.46, 2011, pp.26-37.

⑥ 王康:《基因权的私法证成和价值分析》,载《法律科学:西北政法学院学报》2011年第5期,第57页。

因公开权的“利益分享”。它是指当事人对自身特定基因人格利益所产生的商业价值的获益。[①] 通过基因技术获益的前提是基因公开权的行使。基因研究参与者对以本人基因基础上研发出的科技成果是否投入到商业领域,以及是否用于医学研究实验有权自主作出决定。基因研发机构应当与基因提供者进行充分的协商。在公共利益领域,科研机构为了公共利益进行研究和开发的成果由基因研究机构享有。除特别约定之外,服务于公共利益的基因研究过程中取得的相关知识产权也应当由研发机构所享有。如果研发机构将研究成果投入到商业领域,以营利为目的,获取的财产性收益应当与基因提供者分享。因为该收益源自当事人提供的独特基因,当事人决定将其自身的基因作为科研的必要材料提供给科研机构,其实是提供给科研机构大量的信息,价值巨大。所以建立一个公平、合理的利益分享机制是必要的。

财产利益的分享权是基因公开权内涵中应当保护的内容。从基因公开权的法理角度而言,人的基因是人格价值的宝库。在司法过程中,法官应当秉持自由主义的哲学原理,将人的基因作为财产利益法律关系客体加以保护。[②] 生命科技研究中,基因提供者的财产性诉求是基因公开权的外在表现形式,其深层次的法理基础在于基因人格的财产属性。每一个时代的财产关系反映的是这个时代的生产力状况和交换方式。人格性的财产关系也属于财产关系范畴,所以人的基因作为一种人格也具有财产属性。在生命科技法治进程中,人基因上的财产诉求是不可回避的问题。对于基因医学中产生的经济利益,应当建立法治环境中的利益互惠分享机制,实现“分享正义”。从法理上而言,基因研究中的基因样本提供者在社会利益需要的情况下,应当将自身的基因提供给研究机构,使其研究成果能够有效地服务于社会。另一方面,法律制度应当保障基因样本提供者在产生财产利益的情况下,能够参与利益分享,这是“分享正义”的体现。

基因公开权的行使应当有一定的界限,因为基因公开权与其他的人格权相比应当受到限制。基因公开权的界限就是基因人格利益商业目的的合理性。由于基因个体属性和共同属性的双重特性,基因不仅仅是由个体完全自主控制的

① 王康:《基因权的私法规范》,中国法制出版社 2014 年版,第 243 页。

② 在美国摩尔诉加利福尼亚大学董事会一案(Moore v Regents of the University of California)中,法院没有承认人体组织的财产属性,认为原告不能对基因享有财产权,不能获得相关财产收益。法院是在公共利益和个人利益之间进行利益衡量之后,作出的判断。以维护公共利益为重,让个人人格与财产利益让位于公共利益。但这并不意味着司法上对基因财产利益的认知就停滞不前,法院也并没有明确剥夺基因财产收益。随着法治的发展这种利益诉求必然会反映在大量的案件中,承认并实现基因财产利益是未来法治发展的必然趋势。

领域，而是涉及家庭成员、基因种群，甚至“基因共同体”的特定事物。所以各个主体之间均具有连带的关系，而这种生物学延伸出来的连带关系会涉及法律关系上的连带。在法律上不仅要形成对个体尊严、个体利益的保护，也要对更大范围的基因族群、基因共同体的利益进行有效保护。[①] 这就意味着对基因权利主体在行使基因公开权获取利益的过程中，应当既具有合法性，又具有合理性。基因权主体只有在法律框架内兼顾各方主体的权益，才能对来自自身的特殊基因进行合理的利益分享。

（二）基因公开权是利益分享的制度保障

在本书第三章中阐释的 PEX 利益分享机制是一种新型契约实践的模式，研究 PEX 模式对平等主体间的利益分享更具有现实的意义。PEX 国际（PEX International）作为公益性组织，该组织将人体组织样本提供给研究者时，是要求研究者支付相关费用的。该组织还要求必须与研究者一起共同拥有取得的知识产权。法律也鼓励这种生命科技应用模式的存在和发展。PEX 的运行模式类似于全球区域性的经贸组织，它提供给当事人一个利益分享的平台，在产生利益的过程中又规定了各方的利益分配机制。在平台运作和分配给特定当事人利益之前必须以研究机构认同和加入该组织分享基于研究成果产生的相关知识产权和商业利润为前提。

PEX 模式在目前看来是一个先进的利益分配模式。通过基因科研机构和基因样本提供者之间的合作，提高了利益分配的准确度和效率，减少了利益的争议，对促进社会利益的增长和利益的分配平衡具有极高的实践价值。PEX 模式中的各个利益主体能够依靠 PEX 平台，享有利益分配的权利。在 PEX 今后的运行过程中将主要依据法律规范的支撑，相关司法判例也会逐步增多，这些都能为基因公开权的深入研究提供法学理论和司法实务上的依据。PEX 已经成为人的基因商业利用和利益分享的典范。

基因公开权私法规范是包括 PEX 在内的利益分享模式的法律制度保障。它有效地调整利益主体的范围、利益的大小以及利益分享的方式等方面。基因公开权以基因利用的经济逻辑为基础。基因利用是以生命资源和商业利润之间的联系为前提，重点就是商业营利行为。基因提供者在利益分配中是一个必要的主体。[②] 样本提供者贡献了基因科学研究的生物材料，它可以被称作是基因

---

① 陈凡、赵迎欢：《论基因技术共同体的社会责任》，载《科学研究》2005 年第 3 期，第 325 页。

② 贾小龙、王祎敏：《基因专利保护问题研究——基因资源提供者参与分享基因专利利益探讨》，载《北京航空航天大学学报（社会科学版）》2006 年第 4 期，第 49 页。

科技发展的“首要材料”。在当代生命科技应用的条件下，人体组织可以通过先进的技术转换成各种生命形式。这些“生命材料”有较大比重将投入到经济领域。基因提供者在提供生命材料的同时，甚至还担负起临床试验的责任，他们自身在基因科技研发过程中面临着各种医学技术的实验风险，风险结果难以预测。[①] 这是生命科技应用中的风险资本，我们如果运用投资和回报的经济运行结构来解释就是属于投资的部分。但是这并不表明政府、科研机构、个人之间的利益出现不平衡。只不过基因提供者提供的基因样本材料对基因科技发展的价值创造起了较大的作用，甚至可以说基因研究的前提是源自基因样本提供者。所以，“我们应当注重保护基因样本提供者的财产利益。”[②]如果这个主体缺位，基因研发和应用必将是镜花水月。突出强调自然人应当享有的基因公开权就是维护基因提供者个体利益分享制度的正当性。除了自然人（基因样本提供者）之外，政府、基因科研机构等其他基因研发和应用利益主体也可以获取一些利益回报。在基因科技应用行为的法律治理中，我们对待各种利益冲突，应当进行协调，各方利益必须同时兼顾，利用 PEX 平台或者其他类似的运作模式，切实体现尊重个人利益和维护公共利益的制度关怀。

（三）基因公开权的未来立法构想

基因公开权的设立能够有效解决基因人格商业利用问题，在法律规范上具有可行性。虽然我国现行法律规范中尚未出现基因公开权的法律规定，从世界范围来看，各国也极少在法律规范中明确规定基因公开权。[③] 但是这并不代表基因公开权在基因科技法治进程中就不重要，恰恰相反，它作为一种新兴权利在生命科技应用法治中重要性逐步显现。从我国正在编纂的民法典和人格权法的发展趋势来看，在基因权私法规范中确立基因公开权是必要的，也是可行的。为了应对基因科技应用中产生的利益争议及其分配，我国未来颁布的《民法典》或者《生命科技基本法》在编纂过程中都应当确立自然人所享有的，在一定条件下对自身特定基因公开利用和利益分享的人格权利。这是法律规制利益冲突的有效途径。

基因公开权作为基因权所属的一项子权利，能够在人格权领域解释基因人

① 田野、郭晓庆：《基因提供者的利益分享机制研究》，载《社科纵横》2013 年第 9 期，第 79 页。

② 张炳生、陈丹丹：《论人体基因提供者在基因技术专利中的利益分享》，载《环球法律评论》2008 年第 4 期，第 47 页。

③ 在民事法律制度较发达的法国，其《民法典》中主要规定了基因平等权、基因隐私权、基因自主权等权利，并没有基因公开权的条款。

格商业利用和利益分享问题。基因公开权是在传承现有权利体系的基础上对现有权利体系的新发展。人格商业利益的获取主要是通过当事人之间订立契约自主形成,其权利实现的依据是人格权基本理论,或者是参照姓名权、肖像权的相关规定。除此之外,还有具体人格权被侵害之后,权利人提出救济性的权利。这属于被动行使人格权的一种行为。目前亟待解决的问题是在法律规范中应加快确立基因公开权。在立法过程中,立法者应当根据基因公开权具有人格权和财产权的双重属性,将基因公开权拟制成具体人格的一个权能,这是一个比较合理的立法路径。通过若干个相关权利的整合与抽象,建构出一个独立的具体人格权——基因权。[①] 以此为前提,将基因公开权、基因隐私权、基因平等权都纳入基因权的范畴,作为基因权的权能和内容。

立法者在立法中确立基因公开权的人格与财产双重属性的同时,应当与基因材料无偿捐赠行为的非财产性区分对待,将二者区别开来。在基因公开权的理念指引下,立法者应当建立基因样本提供者参与基因科技研发成果的后续商业利用所形成的利益分配的机制,以此来达到基因样本提供者和基因研发机构,以及社会公共利益之间的平衡。这种法律制度上的分配机制体现的是一种动态推进性的利益分配平衡机制。法律制度应当设定一个相当长时间的利益分享期,在此期间内产生的基因科研成果进行商业转化的收益,均应当分配给利益各方。特别是在法律制度中设定,首先应当注重基因样本提供者的利益保护和实现,从而在法律制度上排除一次性获益的运作模式。

另一方面,在立法研究中,立法者应当把基因公开权与和基因财产权的权利保护路径区别开来。基因财产权的前提条件是将基因作为财产来对待。基因公开权虽然与基因财产权具有重合的部分,但是也具有自身的特征。基因财产权的概念范围比较狭窄,它的内涵不能包括基因的人格属性,这种单一的权利保护思路不能满足基因科技研发和应用相关权利保护的现实需要。

第三节 人工生殖科技应用的相关权利保护和法律规制

人工生殖是指使用人工辅助生殖技术,帮助不孕不育夫妇解决生儿育女问题的生命科学技术。由于不孕不育夫妇不能完成自然条件下的生育,就需要借

---

① 张云:《人类基因的法律地位探析》,载《重庆科技学院学报(社会科学版)》2010年第2期,第35页。

助当代先进的人工生殖方式来达到他们孕育下一代的目的。[①] 拥有下一代是每个公民的权利，这个权利就是生育权。在美国权威的法律辞典中表述为“reproductive rights”[②]“to generate offspring by sexual or asexual means”。[③] 我国法学家在多年前就提出生育权作为法律上的定义，它不仅仅是指人的生命不受非法剥夺的权利，而且这一概念还应当包括每一个生命得以延续的权利。[④] 这种权利是自然权利，它是每个公民与生俱来的权利。这个自然权利不是以国家法律、法规是否有规定为依据，而是关于人的本性的法则。所以，它是不可被剥夺或者让与的权利。除了生育权之外，还有人工生殖中的相关权利，对这些权利的研究是推进人工生殖技术应用法律治理的必经路径。

一、生育权

《孟子·离娄上》中有：“不孝有三，无后为大”的记载。这表达了国人对传宗接代的深厚情感和文化底蕴。[⑤] 对于因不能生育或不宜生育的社会成员来说，通过人工生殖的方式实现生育后代的愿望是正当的社会需求。当代世界主流观点认为，“生育权是人的基本权利，生育权不仅是妇女的基本权利，也是男子的权利；既是人格权，也是身份权。生育权是人工生殖的权利基础。”[⑥]“禁止人工生殖就是对人的生育权的侵犯，这也成为许多研究者论证人工生殖合法性的法律依据。”[⑦]我国宪法中没有关于生育自由的规定。生育权集中体现在《人口与计划生育法》和《妇女权益保障法》中。[⑧] 国家机关在制定法中的生育的概念在严格意义上讲就是指“生殖”。所谓生育权就是指生殖权，它包括传统意义上的生殖权，还包括不孕不育群体的生育自由。

---

① Vanessa L. Pi. Regulating Sperm Donation: Why Requiring Exposed Donation Is Not the Answer. Duke Journal of Gender Law & Policy, Vol.16, 2009, pp. 383 - 389.

② Black's Law Dictionary, 17th ed.. Bryan A. Garner, 1999, p. 1305

③ The American Heritage Dictionary, 2016, p. 1050.

④ 刘长秋、刘迎霜：《基因技术法研究》，法律出版社 2005 年版，第 29 - 32 页。

⑤ 沈秀芹：《儒家伦理视野下生命科技伦理观之构建》，载《山东大学学报(哲学社会科学版)》2009 年第 6 期，第 118 页。

⑥ 刘士国：《人工生殖与自然法则》，载《人民司法》2014 年第 13 期，第 31 页。

⑦ 张燕玲：《人工生殖法律问题研究》，法律出版社 2006 年版，33 页。

⑧ 《中华人民共和国人口与计划生育法》(修改)自 2016 年 1 月 1 日起施行。本法第十七条规定：“公民有生育的权利，也有依法实行计划生育的义务，夫妻双方在实行计划生育中负有共同的责任。”本法第二十二条规定：“禁止歧视、虐待生育女婴的妇女和不育的妇女。”《中华人民共和国妇女权益保障法》(修改)第三十八条规定：“妇女的生命健康权不受侵犯。禁止歧视、虐待生育女婴的妇女和不育的妇女。”第五十一条规定“妇女有按照国家有关规定生育子女的权利，也有不生育的自由。”

我们在明确了生育权的定义之后,还应当分析权利和自由的关联性。一般认为,权利与自由既有联系又有区别。“自由是权利的内涵之一,自由是指个体不受国家或者他人的干涉,并且可以自由地行使之权利。”[①]“自由强调不被政府侵犯介入的空间,权利则强调有所主张。”[②]除了这种观点之外,正如本章中对人格权的分析中所阐释的,也有法学家认为自由可以分为积极自由和消极自由两个大类。积极自由其实是一种积极的参与公共决策的权利和自身对有关事物的一种积极掌控主张。消极自由则是指公民个人不受他人和组织干涉,按照自愿的原则做任何事情。[③] 由这样的两个大类自由的划分为基础,逐渐发展成为人权法和一些国家宪法学领域的研究标准。随后就出现了“积极权利”与“消极权利”的区分。积极权利意指国家权力的行使是促进权利实现的必备要件,如果国家权力不积极主动地干预,公民的某项权利也得不到保障;而消极权利则是指公民相关权利的实现是以国家权力的不作为为前提条件的某项权利。生育权利是一项抵御国家权力不当干涉的权利,它属于自由权的一种,权利主体可在最大程度上行使自主决定权。但是,我国法律对公民生育权的保障也是有一定限度的,这种自由并非没有边界,特别是在选择生育数量的自由方面。

生育权在以往的社会形态中并不受到重视,甚至可以说没有存在的理论基础。对于生育权被正式地提出距今只有大约二百年的时间[④],在更早期的社会中并不存在生育权。在以往社会中的人们将生育作为上天给予人的恩赐,它与自然经济占主导的经济运行方式合为一体,被认为是上天对人类的“安排”。在国际人权文件中明确生育权是20世纪70年代的事情。从世界范围而言,虽然许多国家的法律尚未规定有关生育权的具体条款,但是生育权作为一项新兴的权利如同人类的繁衍一样,具有极强的生命力。“生育权的宪法属性应当也同样适用于不孕不育人群。他们拥有利用人工辅助生殖技术生殖的宪法性权利。”[⑤]在20世纪,随着国际人权运动的发展,生育权逐渐得到国际社会的认同,并且逐步发展起来。目前,越来越多的国家认为人工辅助生殖是公民的一项基本权利。1968年的联合国世界人权会议上产生的《德黑兰宣言》宣布父母对生育子女的

---

① 美国法学家,分析法学的代表人物之一,韦斯利·纽科姆·霍菲尔德(Wesley Newcomb Hohfeld)认为,自由是一种无须他人的协助即可任意行使的权利。

② 张燕玲:《人工生殖法律问题研究》,法律出版社2006年版,第35页。

③ 达巍等:《消极自由有什么错》,文化艺术出版社2001年版,第143-145页。

④ 19世纪妇女运动组织首次提出生育权的概念,这种权利是狭义上的生育权,在当时来讲仅仅是指妇女才能行使的权利。

⑤ 汪丽青:《人类辅助生殖私法调整机制研究》,法律出版社2016年版,第18页。

个数和间隔时间均有自主决定权。这是联合国文件中首次将夫妇的生育权作为一项基本权利。[①] 与此相类似的规定还体现在1974年的联合国《世界人口行动计划》中，该国际人权文件也规定了父母对生育子女的个数和间隔时间均有自主决定权，并且权利主体还有以此为目的，获得相关信息和方法的基本权利。在随后的20世纪90年代的许多国际会议都将生育权作为基本人权加以肯定和阐述，[②]进一步推动了生育权的深化发展。从当代生育权的研究境况来看，生育权不再局限于特意为了妇女专门规定的一项权利，而是当代生命科技法治下的一项人权。[③] 生育权的主体由妇女扩大到所有夫妻和个人，内容从自由扩大到对社会利益负责和对后代负责。[④] 国际性人权文件从主体和内容上对生育权内涵进行扩张性地释义反映了国际上已经认同生育权不仅是夫妇的，而且是人的基本权利。

二、人工生殖子女的知情权

人类辅助生殖技术的日益成熟造福了广大的家庭，对社会的稳定和发展均有助益作用。但是传统亲子关系也受到极大挑战[⑤]，这其中也涉及人工生殖子女对血统父母的知情权问题。此问题源自人工生殖技术应用中精子捐献者的身份是否应当保密，以及如何保密，在这个问题上学界观点尚未统一。[⑥] 在此方面应当构建一套合理的法律规制机制，这体现了立法过程中的利益衡量。

（一）捐精者身份匿名的选择路径

“捐精是人工授精中最关键的要素。”[⑦]对于捐精者身份是否公开的问题，一种观点认为，“隐匿精子捐献者的身份，假如精子捐献者有一些遗传性的疾病或

---

① 联合国《德黑兰宣言》第16条规定：“家庭及儿童之保护仍为国际社会所关怀。父母享有自由负责地决定子女及其出生间隔的基本人权。”

② 此类国际会议和人权保护文件具有代表性的是1994年召开的国际人口与发展会议上通过的《国际人口与发展行动纲领》。

③ 湛中乐、伏创宇：《生育权作为基本人权入宪之思考》，载《南京人口管理干部学院学报》2011年第2期，第15页。

④ 谷丽娜：《生育权法律基本问题探讨与救济研究》，载《科研》2016年第10期，第305页。

⑤ 杨芳：《人工生殖模式下亲子法的反思与重建——从英国修订〈人类受精与胚胎学法案〉谈起》，载《河北法学》2009年第10期，第117页。

⑥ R. Thorpe, S. Croy, K. Petersen, et al.. In the Best Interests of the Child? Regulating Assisted Reproductive Technologies and the Well-Being of Offspring in Three Australian States. International Journal of Law Policy & the Family, Vol.26, 2012, p. 259.

⑦ V. L. Pi. Regulating Sperm Donation: Why Requiring Exposed Donation Is Not the Answer. Duke Journal of Gender Law & Policy, Vol.16, 2009, pp. 399-401.

者带有显著的遗传特性，就可能会在接受者不了解捐献者遗传特性的情况下把这些不良的基因传递给后代。”[①]这损害了后代的生命健康权和后代的知情权。从宏观角度而言，人工生殖技术应用的推广势必造成人口素质的下降。另一种观点则认为，将捐赠者的身份保密，有利于保护捐赠者的隐私，有利于血统子女的成长，并且能够有效避免因捐赠者身份泄露以后的法律上和伦理上的纠纷。[②]

本书作者认为，捐精者的身份应当予以保密，对于保密的方式有三种选择。第一种是单盲原则，即捐精者不知道接受者的身份，但是接受者知晓捐精者的身份，接受者有选择捐精者的权利。第二种是双盲原则，即捐精者和接受者互相都不知道对方的身份，生育的子女也不知晓捐精者的身份，所有的相关人员信息都由医疗机构掌握。第三种是三盲原则，即医疗人员、捐精者和接受者都不知道授精主体的具体情况。实施人工生殖医疗技术的医师也不知晓精子的来源。实施这种手术的精子来源按照随机分配。[③] 这三种保密方式都有各自的特点。

本书作者认为，单盲原则只是保护了接受者的权益，对捐精者的权益保护不足，所以不宜推广。三盲原则保密性最高。这种保密方式对捐精者身份和接受者身份都起到了保密效果。实施手术的医师也不知晓精子的来源。这种方式能够做到生殖资源的公平配置。但是这种方式也存在弊端，它容易导致近亲繁殖。这不利于保护社会公共利益。相比较而言，双盲原则更加科学，可行性程度最高，有利于保护相关主体的隐私权，而且能够在医师的指导下获得最佳的治疗效果。

（二）人工生殖子女的知情权

本书中的人工生殖子女的知情权专指人工生殖子女对血统父母的知情权。在目前的我国法律和司法解释中认定异质人工授精中，所生子女应视为夫妻双方的婚生子女。[④] 最高人民法院在《关于夫妻关系存续期间的人工授精所生子女的法律地位的复函》中就有明确的规定，接受人工生殖技术应用的夫妻与子女

---

① Z. Berend. Sex Cells: The Medical Market for Eggs and Sperm By Rene Almeling. University of California Press, 2011, pp. 15 - 23.

② E. Blyth, M. Crawshaw, L. Frith, et al.. Donor-conceived People's Views and Experiences of Their Genetic Origins: a Critical Analysis of the Research Evidence, Law Med.. Vol.19, 2012, pp. 769 - 789.

③ Almeling Rene. Sex Cells: The Medical Market for Eggs and Sperm, Berkeley. University of California Press, 2011, p. 4.

④ 邵福忠：《从法律视角看人工辅助生殖技术的开展》，载《中国卫生事业管理》2009 年第 5 期，第 328 页。

之间的权利义务关系适用《婚姻法》的有关规定。[①] 从不孕不育夫妻角度来讲，他们要求隐匿捐赠者的身份信息是符合常理的。但是从血统子女的角度而言，这必将影响子女的知情权。[②] 但"从法理和伦理的角度上讲，子女知晓其亲生父母是理所应当之事。"[③]如果捐赠者的信息泄露，会导致异质人工授精的意义丧失，造成家庭的纷争和破坏社会的稳定。匿名和知情是一对对抗性权利，各国在法治实践中，法律规定不尽相同，立法者在这个问题上也颇费脑力。我国法律对于人工辅助生殖应用中所生子女的亲子关系的认定问题，缺乏系统性的规定。我国最高人民法院关于适用《中华人民共和国婚姻法》若干问题的解释(三)中规定了非婚生子女的认领之诉中所采用的证据规则，但是没有涉及亲子关系认定的实体法规范。[④] 从当代各国的法治实践来看，总体而言，各国将人工生殖技术应用目标的实现放在优先保护的位阶，子女权利的保护放在次要的位阶。这体现了立法者在审慎权衡相关权利冲突之后，得出优先保护生命科技应用相关广大受众整体利益优先的法治理念。这也与本书第三章阐释的，生命科技应用引起的社会利益和个人利益发生冲突时，应当以社会公共利益优先实现原则相一致。英国的《人工授精与胚胎法》(Human Fertilization and Embryology Act, 1990) 虽然对子女的知情权有所规定，但是，行使权利所需具备的条件以及材料尚未明确，对于子女知情权的行使形成了一定的含糊性。[⑤] 此外，英国法律还规定，人工生殖子女在结婚的时候，只有为了防止出现近亲繁殖造成的伦理危机和先天性疾病的后果，才能够查明提供者的信息。[⑥] 法国则采取更加审慎的立法态度。在法律原则上禁止公开精子提供者的个人信息，只有在人工生殖子女需要进行医学治疗时，医疗人员才能够查阅提供者的个人信息。[⑦]

---

① 最高人民法院在 1991 年 7 月 8 日《关于夫妻关系存续期间的人工授精所生子女的法律地位的复函》中指出："在夫妻关系存续期间，双方一致同意进行人工授精，所生子女应视为夫妻双方的婚生子女，父母子女之间的权利义务关系适用《婚姻法》的有关规定。"

② 王寨华:《人工生殖法律问题研究》，载《学术界》2011 年第 2 期，第 192 页。

③ J. R. Severson. Sperm Donation: Ethical Aspects. Springer, 2014, pp. 169 - 176.

④ 汪丽清:《人类辅助生殖私法调整机制研究》，法律出版社 2016 年版，第 174 页。

⑤ G. Britain. Human Fertilization and Embryology Act 1990. Halsbury's Statute Engl G B, Vol.300, 1990, pp.105 - 161.

⑥ J. Millbank. Identity Disclosure and Information Sharing in Donor Conception Regimes: The Unfulfilled Potential of Voluntary Registers. International Journal of Law Policy & the Family, Vol. 28, 2014, pp. 223 - 256.

⑦ M. Grynberg, L. Hesters, T. Thubert, et al.. Oocyte Cryopreservation Following Failed Testicular Sperm Extraction: a French Case Report with Implications for the Management of Non-obstructive Azoospermia, Reproductive Biomedicine Online, Vol.24, 2012, pp. 611 - 613.

《联合国儿童权利公约》明确规定子女有知晓父母的权利。[①] 在法律上明确规定人工生殖技术应用的子女有知情权的国家是奥地利、瑞士和瑞典。瑞士制定的相关生殖技术应用联邦法规定，实施人工生殖技术的医疗机构应当把相关的医疗记录保存，待人工生殖子女成年以后转交身份管理局保存，成年的子女有权利请求该局提供相关身份资料。这是我国法律对此类问题可以借鉴之处。

就我国目前的法治实践来看，国家应当立法规定接受人工生殖技术的夫妇是人工生殖子女法律意义上的父母，生殖资源提供者与人工生殖子女没有法律关系。[②] 生殖资源提供者的个人信息应当保密，这涉及他们的隐私权的维护。[③] 当提供者的隐私权和人工生殖子女的知情权发生冲突的情况下，应当依据法律对双方的合法权益进行平衡。[④] 知情权和隐私权都是人权的重要组成部分，二者之间不可能由任何一方占主导地位。立法者在法律创制过程中，应当把社会利益的实现放在首要地位，这样才可能真正理解隐私权与知情权之间的对立和统一的关系，以及由这种关系延伸出的立法过程中的利益衡量。在人工生殖立法中，应该规范人工生殖技术的应用，规范相关参与主体权益的保障，规范经济利益的获取等。[⑤] 立法者应紧紧围绕促进人类最大幸福的核心，在人工生殖立法过程中，将人类社会的权益作为根本出发点和归宿，对个体权益加以合理地约束、限制，是当代我国法治中应当遵循的做法。[⑥]

第四节　器官移植科技应用的相关权利保护和法律规制

人体器官移植法律规制是生命科技应用法律规制的主要领域之一。我国器官移植总数仅次于美国，但对于十几亿的人口基数和亟待救治的患者来说可谓

---

① 《联合国儿童权利公约》第四条规定："缔约国应采取一切适当的立法、行政和其他措施以实现本公约所确认的权利。"第七条规定："儿童出生后应立即登记，……以及尽可能知道谁是其父母并受其父母照料的权利。"

② Britain G.. Human Fertilization and Embryology Act 1990. Halsbury's Statute Engl G B, Vol.300, 1990, pp.105 - 161.

③ S. O. Corley, M. Mehlman. Sperm Donation: Legal Aspects. Springer, 2014, pp. 143 - 155.

④ E. Blyth. Genes are us? Making Sense of Genetic and Non-genetic Relationships Following Anonymous Donor Insemination. Reproductive Biomedicine Online, Vol.24, 2012, p. 719.

⑤ S. Penasa. The Italian Regulation on Assisted Reproductive Technologies Facing the European Court of Human Rights: the Case of Costa and Pavan V. Italy, Vol.57, 2012, p. 155.

⑥ 郭自力：《生物医学法的几个重大理论问题》，载《浙江大学学报（人文社会科学版）》2014 年第 4 期，第 20 页。

是杯水车薪,供需比例严重失衡。除去数量指标,“器官移植后的患者存活时间和生存质量指标均不能和发达国家的情况相提并论。”[①]其主要原因并不在于医学技术层面,关键在于法律规范的缺失。英国和美国人体器官移植技术应用较早,相应的人体器官移植立法也产生较早,立法较为发达,走在了世界的前列。就我国的人体器官立法而言,相关立法起步较晚,与西方国家相比尚有较大的差距。人体器官移植最早的立法是上海市人大常委会在 2000 年 12 月 15 日通过的《上海市遗体捐赠条例》(本条例自 2001 年 3 月 1 日起施行)。[②] 我国第一部专门规定人体器官移植的地方法规是 2003 年 8 月的《深圳经济特区人体器官捐献移植条例》。该条例对我国的具体国情进行了分析,并且借鉴了欧美国家先进的立法经验,对我国的器官移植立法具有积极的推动作用。2007 年国务院颁布的《人体器官移植条例》是我国人体器官移植效力最高的立法,也是目前规制人体器官移植方面最重要的立法。它较为系统全面地规定了我国人体器官移植制度。就目前而言,我国还没有制定统一的《器官移植法》,器官移植参与者利益不能得到法律上的有效保障。[③] 器官移植立法还在曲折中探索和前进。毫无疑问,能够扫除器官移植附带阴霾的关键手段就是合理有效的法律规制。器官移植技术在能够被娴熟地掌握的情况下,最为亟待解决的是法律制度设计。在法律制度设计中必须针对现有器官移植的实践,深入研究器官移植技术应用相关权利,这是器官移植法律规制中心环节。器官移植科技应用主要涉及的权利是知情权、自主决策权、隐私权。

一、知情权

器官移植手术中的病患知情权是指与医生告知义务相对称的,在特定手术之前,知悉手术风险和预期效果的权利。从权利的结构上看,知情权和自主决策权是知情同意权的两个方面,与知情权相对应的是医生的告知义务,与自主决策权相对应的是医生对患者自律性的尊重。[④] 就知情权而言,在信息化和全球化

---

① 蔡昱:《器官移植立法研究》,法律出版社 2013 年版,第 32 页。

② 此条例第二条规定:本条例所称遗体捐献,是指自然人生前自愿表示在死亡后,由其执行人将遗体的全部或者部分捐献给医学科学事业的行为,以及生前未表示是否捐献意愿的自然人死亡后,由其近亲属将遗体的全部或者部分捐献给医学科学事业的行为。

③ 刘长秋:《澳门器官移植法研究——澳门器官移植法及其对大陆器官移植立法之启示》,载《法治研究》2009 年第 5 期,第 29 - 31 页。

④ D. Hallinan, M. Friedewald. Open Consent, Biobanking and Data Protection Law: Can Open Consent be “Informed” under the Forthcoming Data Protection Regulation? Life Sciences, Society and Policy, Vol.11, 2015, p.1.

发展的当代,知情权逐渐成为人的最为重要的权利之一。社会成员越来越关注这个与自己利益休戚相关的权利。知情权又被称为知悉权或者知的权利。我国台湾地区称其为"资讯权"。广义上的知情权指的是公民、法人以及其他组织享有的获取、知晓其应当掌握之各种信息的自由和权利。"知情权属于基本人权范畴,是一种宪法性权利。知情权的产生是政治民主化和大众民主权利发展的一种必然要求和结果。"[①]在美国的20世纪60年代的"权利运动"推动下,知情权在世界范围内被广泛地接受,并成为一项极具国际影响力的权利。随着知情权作为一项基本人权的发展与演变,其内涵不断扩充,已经突破了传统的公法领域而进入私法领域。在当代法治环境中,知情权已经涉足公法领域和私法领域,而器官移植技术应用过程中的患者知情权显然属于私法领域中的知情权。

我国相关法律并没有明确规定患者的知情权,只是通过规定医生的告知义务间接地表达患者所享有的知情权。在器官移植过程中,患者需要知晓(医生应当告知)器官移植过程中的风险和预期效果。具体应当包括:所建议实施的治疗方案的目的、性质和预期效果;达到治疗目的的过程中所可能遇到的风险因素(这种风险因素是指医疗机构应当告知的实质性风险因素。即这些风险因素信息会直接影响相对人作出选择其他医疗方案或者拒绝医疗方案的决定。);有无备选治疗方案,或者风险因素更小的方案;实施该项方案的理由和建议。当然,在人体器官移植中供体也享有知情权,这主要体现为利害关系人之间相关信息的知情权。"在德国《器官移植法》的修订中明确规定了选择模式,法定机构将向年满16周岁的民众提供有关人体器官捐献的详细解说资料,并定期书面询问其是否愿意捐献。"[②]为实现其权利,受体与医疗机构应当履行相应的如实告知与器官移植有关的真实信息的义务,并且不得隐瞒,否则将影响供体对其器官捐献行为的自我判断,属于无效的医事法律行为,对此产生的当事人的损失,侵害方应当承担赔偿责任。

知情权是一种前提性和基础性的权利。它的实现程度对权利主体的其他各项具体权利实现均有重要作用。在我国目前的人体器官移植应用中,秉持无偿和公益原则,供体往往承载更多的法律义务,其所享有的权利也是非常有限的。所以加快供体一方的权利体系建设,保障供体的知情权是亟待解决的重要问题。

---

① 王凤民:《论人体器官移植供体知情权与人格权法律保护体系构建》,载《科技与法律》2010年第6期,第16页。

② 曾见:《论当前人体器官捐献的激励措施与问题——德国〈器官移植法〉修订的启示》,载《医学与哲学》2016年第10期,第78页。

针对现行法中知情权保护制度设计的缺位，本书认为可以考虑两条解决进路。一条进路是以宪法权利视域去研究供体知情权，另一条进路是以民事权利视域去研究供体知情权。从不同的立足点观察和分析知情权，得出的完善途径亦不相同。如果以宪法权利视域来构建知情权，意味着在宪法中明确规定知情权，并对其内涵和外延都作出明确的规定。这对于器官移植技术应用中供体一方当事人的知情权的保护是有益的，而且其效力等级较高。但是，宪法权利进路进行的建构必须要有前期理论积淀和权利保护实践经验的提炼，这个过程比较漫长，无法在短期内解决人体器官移植中亟待解决的权利问题。如果从民事权利视域去研究知情权是从狭义上分析知情权。采取此种进路可以立足于现行法的相关规定，对现行法律制度的缺漏之处及时填补和调整，以解决人体器官移植应用中的具体问题。针对人体器官移植技术应用的现状和立法精神，本书倾向于在目前情境下，最重要的就是首先采取民事权利规制视域范围内对知情权进行研究和完善。对人体器官移植中的供体一方对受体一方和医疗机构的相关信息知情权加强现实的保护和满足，推动人体器官移植朝着公益性和无偿性方向发展，促进供体器官捐献事业的发展。在具体的相关权利都得到切实保护以后，再从更高效力位阶的宪法权利层面对知情权进行全方位、多角度的整体制度设计，并且对相应的制度进行构建，从而实现对人体器官移植供体知情权的宪法性保护。①

二、自主决策权

人体器官移植中的自主决策权是指，“患者对即将发生于自身的侵袭性医疗行为，按照自己独立的意志，作出同意、拒绝或选择等的权利。”②“人体器官移植必须反映人的自主性才能具备尊严的正当性，即体现供体和受体的自我决定权。”③但自主决策权并不是绝对的，人体器官移植过程中的自主决策权是有内在界限和外在界限的约束。

美国纽约州著名法官卡多佐（Benjamin Nathan Cardozo）在 Schloendorff v. Society of New York Hospital 案件中，首次明确提出了患者在医疗行为中享有自主权。在该案中，卡多佐认为，所有正常精神状态的公民，都有独立决定对自

① 王凤民：《论人体器官移植供体知情权与人格权法律保护体系构建》，载《科技与法律》2010 年第 6 期，第 16 页。

② 蔡昱：《器官移植立法研究》，法律出版社 2013 年版，第 110 页。

③ 韩大元、于文豪：《论人体器官移植中的自我决定权与国家义务》，载《法学评论》2011 年第 3 期，第 29 页。

己的身体作何处置的权利。医生对其进行治疗时须经过病患的同意,否则即构成侵权。[①] 这一判例是美国司法史上关于自主决定权的经典判例,并被世界其他法治国家所借鉴。接受治疗者的自主决策权是消费者权利、社会中的公民人格权利以及对自身的身体健康、生命以及自有决定权在宪法上的确立。[②] 自主决定权的地位与日俱增,在宪法理论中,它作为一项医患关系中包含的基本人权的理解已经逐步达成共识。[③]

现代法律赋予医生的权利是诸多的,医生在医疗过程中占据独断的主导地位。因为此来源于法律对医生的权利的保护,而病患却处于被动的地位。随着时代的发展和变迁,病患的自主权越来越多地体现在法律规范和原则中,沿用医生主导型的权利机制在当代有削弱的趋势。"我们每一个人都有使自己的生命具有某种价值的生命自主决策权利,就像一位书画者使他的画作成为有价值的物品一样。"[④]法律保护个人的尊严,第一,是保护人的生命和健康安全;第二,是确保个人人格而形成的合法权益追求。这种法律保障的人格尊严要实现,这在某种意义上是病患的自主权开始萌芽和发展的表现。也即,病患的自主权是建基于本人知情权基础之上的权利。[⑤] 人性的尊严由三大部分所构成,包括确保生命与身体的完整性、达到人的基本生活水准、关涉自己的事物有自主决定权。

综观当代国内外人体器官移植的相关立法,可以总结出,针对人体器官移植,法律强调在摘取人体器官时应当得到当事人的知情同意。前文内容中所指的知情权是知情同意权利结构中的基础性权利,它是自主决策权的铺垫,它与自主决策权共同构筑了完整的知情同意权利结构。

就人体器官移植技术的应用总体现状来看,尸体器官移植是人体器官移植技术应用的雏形,所占的比重比较小。[⑥] 对于尸体器官移植方面的知情同意,是根据死者生前的意思表示或者其成年近亲属的意思表示而确定的。在一般情况下,死者生前已经明确表示捐献自己的器官;[⑦]或者死者生前没有表示捐献自己

---

① 王利明:《侵权责任法研究》,中国人民大学出版社 2011 年版,第 422 页。

② 王岳主编:《医事法》(修订),对外经济贸易大学出版社 2013 年版,第 46 页。

③ Jaime Staples King & Benjamin W. Moulton. Rethinking Informed Consent: The Case for Shared Medical Decision-Making. American Journal of Law & Medicine, Vol.32. 2006, pp. 430 - 499.

④ Ronald Dworkin. Justice for Hedgehogs. The Belknap Press of Harvard University Press, 2011, p. 8.

⑤ 黄丁全:《医事法新论》,法律出版社 2013 年版,第 209 页。

⑥ A. Li, I. Michelle, J. Stephen, A. Tong, H. Kirsten. Interventions to Increase Willingness for Deceased Organ Donation: A Systematic Review. Hong Kong Medical Journal, Vol.24, 2013, pp. 1 - 5.

⑦ S. Jan Kirsten, A. C. Howard. A proposal to Increase Deceased Organ Donation through an Altruistic Incentive, 8th International Symposium 2013, 2015, p. 544.

的器官，其直系成年亲属在特定条件下可以决定捐献死者的器官。[①] 活体器官移植是现阶段人体器官移植的主要形式，数量所占比重比较大，所以器官移植过程中的供体一方的知情同意权及其衍生的其他权益问题更应受到法律的关注和调整。

（一）内在界限

人体器官是人的身体的组成部分，人的生命健康离不开各个器官的有效运行。所以，人体器官是人的生命健康的基础，拥有健康完整的人体器官是人重要的权利。摘取人体器官是对这种权利的严重侵害。在法律制度设计上，确立相关权利人知情同意权利是极其必要的，它是保护当事人权利的有效手段，也是合法地进行人体器官移植行为的保障。[②] 在一般情况下，得到承诺的行为不违法。行为人实施的侵害行为得到了受害人的同意或者承诺，就相当于被害人对自己的权利进行了处分，不具有违法性。特别是在民事法律制度领域更加注重权利人对自己权利的自由处分。在日本和德国，具备一定的条件情况下，为移植而摘取活体器官的行为不违法。这些条件包括：必须向器官移植供体一方说明摘取器官的风险；必须有器官移植供体一方真诚捐献器官的真实承诺；必须考虑器官移植供体一方的健康状况，只有在器官摘取手术过程中不会对其造成危险的情况下才能实施摘取器官的手术。这也就意味着，人体器官移植过程中的自主决策权是有界限的。这个界限分为两类，一类是内在界限，另一类是外在界限。

知情同意权利结构中的自主决策权并非不受任何限制，它不应被滥用。自主决策权的内在界限针对的是权利主体自身决定的自主性，实现自我意识的正当性。为了有效规制人体器官移植技术的滥用以及道德风险，保护公民的权利，立法者在人体器官移植法律规则中必须强调器官移植供体的一方当事人具有完全民事行为能力。器官移植供体的一方当事人捐献器官应当形成书面形式的捐献意愿。对已经形成的捐献协议书，自主决策权人可以通过法定程序将其撤销。在人体器官移植技术应用过程中，无民事行为能力人或者限制民事行为能力人即使同意摘取其器官，也属于无效的承诺。[③] 权利代表着自由，权利主体可以选

---

① D. S. Goldberg, S.D. Halpern, P. P. Reese. Deceased Organ Donation Consent Rates among Racial and Ethnic Minorities and Older Potential Donors. Critical Care Medicine, Vol.41, 2013, pp. 496 - 497.

② 杨立琼：《我国人体器官移植的立法问题探析》，载《西南交通大学学报（社会科学版）》2011 年第 5 期，第 136 页。

③ D. Morgan. Legal and Ethical Aspects of Organ Transplantation, Principles of Organ Transplantation. W.B. Saunders Company, 2002, p. 330.

择行使也可以选择不行使权利，以及如何行使权利。虽然生命健康权是典型的人格权，权利主体能够自由地行使，但是生命健康权与权利主体的人身密切相关，法律规范中应当明确，其自由处分的行为不是无所约束，而是受到一定条件限制的。例如，在活体器官移植过程中，摘取供体的一些重要的、决定人的生命安危的器官，法律是对其进行制约甚至是禁止的。[①] 这可能是由于权利人不具有判断能力情况下做出的决定。“显然，只有在自主的前提下，权利人行使权利时是其真实意思的明确表达，权利主体的自我决策权才具备形式的正当性。”[②] 权利主体在缺乏自主性和判断能力的情况下，其自主决策权必然受到约束。[③] 在哲学上，生理意义上的体格仅仅是人的物质载体。人的身体是意识化的身体，根据人的个体差异，身体有的时候会出现不完整的情形，但人格意识的持续存在和独立完整是必不可少的。在人体器官移植技术应用数量日趋增多的当代，法律制度应当强调人的独立性和不可替代性对自我决策权的保障作用，否则个人主义将会演化为庸俗功利主义，人体器官将会逐渐被剥夺人格性而成为纯粹的物，人越来越成为可以被组装和替代的“行走机器”，“成为移植技术的实验品、作品和原料来源，人类社会建立起来的人际关系和社群利益也会被视为羁绊而被抛弃。”[④]

（二）外在界限

与自主决策权的内在界限相对应的部分是外在界限。外在界限应对的是当事人的身体要素与他人、社会之间的关系，维系现实社会关系的正当性。

1. 遵循公共利益和公序良俗

个人的生命健康权利是公民个人的基本权利，但是权利人并不能任意、无限制地行使这些权利，而是应当遵循当代社会中的伦理准则和价值理念，维护公共利益和公序良俗。人体器官移植绝非是公民个人的自主权益，器官移植过程中也应当注重对公共利益和公序良俗的维护。避免器官移植以“延续生命”为名义破坏人的尊严和社会（家庭）结构，应维护社会成员共同构筑的价值观念和良好的社会秩序。在器官移植科技应用中，针对伦理进行审查的专门机构就是伦理审查委员会和其他与其职能相似的伦理审查机构。对于我国而言，伦理审查是

---

① A. Stephan, A. Barbari, F. Younan, Ethical Aspects of Organ Donation Activities, Experimental & Clinical Transplantation Official Journal of the Middle East Society for Organ Transplantation, Vol.5, 2007, p. 633.

② 韩大元：《生命权的宪法逻辑》，译林出版社 2012 年版，第 131 页。

③ 臧英、李志强、臧运金：《潜在器官捐献者捐献意愿的影响因素及对策研究》，载《医院与医学》2016 年第 1 期，第 23 页。

④ 韩大元：《生命权的宪法逻辑》，译林出版社 2012 年版，第 132 页。

一个新型机制性的建构。它是一个舶来品，但在我国从研究者到伦理委员会都没有接受过相关系统的理论和实践的指导。[①] 法律规范中也没有推进伦理审查工作的系统性规定。"在我国，实施人体器官移植技术的机构主动设立伦理审查委员会的比例较少。"[②]并且，"缺乏监管体系，无标准化操作规程，不同的伦理审查组织有可能得出迥然不同的审查结论，这将会直接影响到当事人的生命健康权益。"[③]法律、法规应当将人体器官移植过程中出现和变化的利益问题予以合理分配，妥善协调利益之间的矛盾。针对人体器官移植中的后果，规范性法律文件应对其产生的权益进行科学划分，依法建立临床医疗和科研人员的连带责任制度，在生命价值与传统之间探寻平衡，充分尊重和维护人的生命价值。

2. 尊重他人的尊严

从权利主体对自身权利的行使来讲，人体器官移植中的供体对器官的用途具有支配权。供体有权决策其器官捐献给特定的受体，但是也可能出现明确表示拒绝将自己的器官捐献给特定的人或者人群。[④] 与此相对应的情况是，受体也可能拒绝接受某个供体提供的人体器官。受体主要是担忧供体器官是否带有传染性疾病或者移植后的排异反应。虽然这些情况在人体器官移植数量中所占比例不大，但增长很快，逐渐成为平等权与自由权之间抗衡的难题，尤其是存在民族、种族歧视的情况下显现得尤为明显。[⑤] 虽然医师的主导权是保证医师有效工作的前提条件，[⑥]但在一般情况下，当事人的自主决策权是受到尊重的，违背自主决策权的器官移植行为会受到法律的惩罚。假如在人体器官移植过程中对当事人的自主决策权不予以回应，就是对自主决策权的践踏，当事人将会成为器官移植的工具。自主决策权体现了权利主体的尊严，但是很可能从侧面对自己的生命权和他人的尊严构成威胁。因而在生命、尊严和自主面前做出合理的选择往往是非常困难的，这些因素之间是一个动态的利益关系。禁止以器官作为歧视的工具，在具体的案件中要进行实际情况的分析，以达到个案平衡。

---

① 张新庆：《基因治疗之伦理审视》，中国社会科学出版社 2014 年版，第 222 页。

② 张利平、王莹莹、刘俊立：《我国医学伦理委员会组织与管理情况调查报告》，载《中国医学伦理学》2008 年第 6 期，第 128 页。

③ 吕丽娜、熊楠楠、常运立、杨放：《完善医学伦理委员会工作机制的思考》，载《医学与社会》2012 年第 2 期，第 26 页。

④ S. Bazmi, M. Kiani, S. Rezvani. Ethical and Legal Aspects of Organ Transplantation, 2010, p. 125.

⑤ 韩大元：《生命权的宪法逻辑》，译林出版社 2012 年版，第 134 页。

⑥ [美]罗伯特·汉：《疾病与治疗——人类学怎么看》，禾木译，东方出版中心 2010 年版，第 175－176 页。

“现代意义上的人的尊严体现了人只能是目的，不能是工具的人性尊严观念”，[①]器官移植应当尊重他人的尊严。面对现实的需要和尊严价值出现的紧张状态，[②]无论在何种情况下都不能牺牲人的尊严价值，任何时候也不能把人当做工具，否则，人类社会陷入伦理缺失的境地。这里所指的伦理尊严不仅是指人体器官移植中的供体的尊严，也指器官移植中的受体的尊严。[③] 假如在人体器官移植供求关系日趋紧张的现状中，拒绝日益增长的器官需求，也是对生命权利的一种歧视。[④]

三、隐私权

患者的隐私是指在由于医疗过程中所产生的、被医方获悉的，但不得对外公开的秘密信息。我国传统文化土壤并没有孕育“尊重隐私”的理念，“隐私”一词是来自西方国家的舶来品。虽然作为中华正统思想的儒家思想在一定程度上也有尊重隐私的教化，但是在“重群体、轻个人”的中华思想文化中，“隐私”这个极具个人主义色彩的概念曾经一度被忽视，欠缺发展的空间。[⑤] 家与天下没有明确的界分，在社会治理中常常不会被区别对待。由于隐私权观念的淡漠，我国法治环境中对患者隐私权的尊重问题未受到重视，患者在医疗过程中维护自己的隐私权的意识也相当淡薄。因此，捍卫自己隐私权利的意识尚未在社会中全面兴起，这势必给医疗过程中的隐私权保护形成了巨大的阻力。

（一）器官移植中隐私权保护的必要性

人体器官移植技术的应用给急切需要接受移植的病患重新扬起了生命风帆，看到了康复的希望。但是，这一对人类有益的科学技术也给器官提供者或者器官植入者带来了一定的负面影响。每个人对身体都追求完整性和独立性，无

① 沈秀芹：《基因科技对人性尊严的挑战及宪法应对》，载《山东大学学报》（哲学社会科学版）2012 年第 6 期，第 16 页。

② 随着《人体器官移植条例》的发布，本来就短缺的器官供体市场，缺口更大。根据《条例》，活体器官的接受人限于捐献人的配偶、直系血亲或者三代以内旁系血亲，或者“有证据证明与捐献人存在因帮扶等形成亲情关系的人员”。摘自民主与法制网：《揭秘器官移植内幕》，http://www.mzyfz.com/cms/benwangzhuanfang/xinwenzhongxin/zuixinbaodao/html/1040/2015-01-27/content-1104993.html（访问日期：2016 年 12 月 20 日）。

③ D. P. T. Price, Legal and Ethical Aspects of Organ Transplantation, Legal & Ethical Aspects of Organ Transplantation, Vol.28, 2000, p. 332.

④ 龚波、廖成娟：《论我国人体器官移植中器官公正性分配及法律规制》，载《医药卫生（文摘版）》2015 年第 9 期，第 288 页。

⑤ 蔡昱：《器官移植立法研究》，法律出版社 2013 年版，第 167 页。

论是器官移植中的供体还是受体，在进行器官移植中，其身体的完整性都受到一定的影响。对于器官捐献者而言，其捐献器官的行为必将给身体的完整性带来损害。对于器官移植受体而言，植入外来器官的手术对于自身身体的纯正性是一个挑战。器官的供体的社会背景以及器官是否能够完全融入受体，受体是否产生排异反应，受体的社会生活会产生什么影响，这些都是不可预测的未知因素。[①] 所以在人体器官移植中设立隐私权具有必要性。隐私权的发展反映了人们维护自己个人利益的需要。人体器官移植关系到个人对自己身体的处分，这其中必将涉及当事人的各种信息，对器官移植手术中的信息进行保密，防止损害当事人的人格利益。所以，应当对器官移植相关权利主体的隐私权进行保护，这也是在一定程度上对社会利益的维护，实现社会的安定有序。

(二) 器官移植中的隐私权保护的法律制度设计

2008 年 5 月，世界卫生组织执委会颁布了《世界卫生组织人体细胞、组织和器官移植指导原则(草案)》。该文件规定，组织和捐献器官移植活动必须随时接受调查，保护个人的信息，防止泄露供体和受体的有关信息。该原则明确了人体器官移植中的供体和受体的隐私权利，是一个国际性的指导性文件，对世界范围内器官移植中的隐私权保护产生了巨大的影响，为各国器官移植中隐私权保护的法律制度构建提供了蓝本。

在我国，目前还没有对器官移植过程中的隐私权进行专门规定的规范性法律文件。相关的隐私权保护可以零星见于最高人民法院的司法解释以及《执业医师法》。最高人民法院《关于确定民事侵权精神损害赔偿责任若干问题的解释》第一条中规定，违反社会公共利益、社会公德，侵害他人隐私或者其他人格利益，受害人以侵权为由向人民法院起诉请求赔偿精神损害的，人民法院应当依法予以受理。该司法解释明确规定了民事侵权行为侵害他人隐私权所应当承担的赔偿责任。此外，在《执业医师法》中，也同样规定了医师在执业活动中应当负有保护患者隐私的义务。[②]《执业医师法》和最高人民法院《关于确定民事侵权精神损害赔偿责任若干问题的解释》等规范性法律文件都对人体器官移植过程中

---

① “巨大的市场需求，导致器官移植市场一度混乱无序，而那些神秘的器官移植途径，更是给外界巨大的想象空间。”摘自民主与法制网：《揭秘器官移植内幕》，http://www.mzyfz.com/cms/benwangzhuanfang/xinwenzhongxin/zuixinbaodao/html/1040/2015-01-27/content-1104993.html(访问日期：2016 年 12 月 21 日)。

② 《中华人民共和国执业医师法》第二十二条规定：医师在执业活动中履行下列义务：……(二)树立敬业精神，遵守职业道德，履行医师职责，尽职尽责为患者服务；(三)关心、爱护、尊重患者，保护患者的隐私。

涉及的隐私权作出了明确的规定，对保护当事人的隐私权发挥了重要的作用，为我国进一步深化人体器官移植中的隐私权奠定了坚实的法律规范基础。[①]

未来我国的人体器官移植立法工作应根据器官移植中可能发生的当事人利益损害，设立器官移植隐私权保护的法律制度。具体应规定：

1. 尊重人体器官移植中的当事人知情权和隐私权

事前的保护性措施是一种防范性的措施。在人体器官移植相关主体的精神利益受到或者将有可能受到损害之前，尽可能采取措施防止其精神利益受到损害，或者降低其受到损害的程度。其中，尊重器官移植主体的知情权和隐私权，设立器官移植手术实施机构的告知义务和保密义务是最重要的步骤。

在器官移植过程中尊重当事人的知情权是一个广义上的概念，它不仅包括保障当事人的知情权的实现，而且它也设定了医疗机构充分告知义务。[②] 法律中应当明确规定医疗机构要充分尊重器官移植中当事人的知情权，在手术前告知当事人有关器官移植的相关信息，这种信息包括与人体器官移植相关的医学信息以及当事人在术后面临的社会风险因素(包括社会公众对当事人的接受度、舆论评价、法治环境等方面)。法律规定医疗机构的事前告知义务，提前让当事人认识到自己在器官移植手术后面临的风险，以此来自主决定是否进行器官移植手术，以及对相关信息采取保密措施的特别要求。[③] 此目的是体现尊重当事人的自主权的立法理念。

2. 设定医疗机构的保密义务

法律应当规定，实施器官移植的医疗机构对于在器官移植执业活动过程中所知悉的器官移植当事人信息予以严加保密，“不向无关第三者或者媒体泄露患者的隐私。”[④]建立人体器官移植当事人信息资料的存储和保密措施，并将当事人信息的存储情况告知当事人。未经过器官移植中的当事人的同意，或者基于公共利益的需要，不得将当事人的相关信息公开。否则，在器官移植过程中给当事人隐私造成侵害的，相关医疗机构和责任人员都应当承担相应的侵权责任。当然，对于侵权主体的范围不仅仅局限于器官移植医疗机构及其执业人员。任

---

① R. M. Veatch. Hippocratic, Religious, and Secular Ethics: The Points of Conflict. Theoretical Medicine and Bioethics, Vol.33, 2012, pp. 33-43.

② 陈玲、刘延、郭利英:《我国医疗告知义务履行判定标准研究》，载《医学与社会》2014年第6期，第88页。

③ 王辉、郑雪倩、高树宽、刘宇、纪磊、王玲:《医疗机构告知义务问题的相关探讨》，载《中国医院》2013年第5期，第9页。

④ 蔡昱:《器官移植立法研究》，法律出版社2013年版，第168页。

何对人体器官移植相关权利主体的信息予以不当披露、利用，甚至歧视等行为都应当认定为侵害了权利人的隐私权，实施侵害隐私权行为的主体应当承担相应的侵权责任。

在法定条件下，器官的摘取和移植的信息具有可追踪性，必须被详细收集、记录，并作为器官移植手术的资料，由专门机构予以存档。记录的方式和存档的机构由省级或以上卫生行政主管部门作出明确规定。

结　语

一、生命科技应用与当代法治社会发展密切相关

当代科学技术飞速发展，生命科技研发和应用不断取得日新月异的成果。它被广泛应用于临床医学实践。生命科技应用将在社会发展中肩负着维护公众生命健康的重任。它将在今后继续提高人的生命质量，使众多病患重新扬起生命的风帆，维护公众的生命健康利益。未来社会发展的两个重要支点是信息科技和生命科技，后者由于与人的生命和健康直接相关，所以显得更加重要。它是人类社会发展之根本所在。生命科技将继续助益于社会的发展。当代人类比以往任何一个时期都注重自身的生命健康，这就促使着人类去不断探索自身的奥秘。随着社会生产力不断发展，人类能够运用现有的社会生产力去实现生命科技的进步，用以造福于自身。生命科技是信息科技与尖端生命科学相融合的产物。它的发展不会仅仅局限于生命科技研发和应用本身，而是会涉及社会治理和多重社会关系，特别是向法律治理者提出了时代的新议题。也即我们需要进一步革新法律治理的方式和体系，才能适应生命科技研发和应用所产生的相关权利诉求。

我们把生命科技应用放置在法治环境中进行调整是当代生命科技应用和健康发展的必由之路。法治保障人类的利益、社会利益和个人利益之间的平衡，它具有全面性和建构性。在当今全球化的时代背景下，法治发展是全人类的事业，生命科技应用法律治理是人类共同探索治理风险和困境的应对策略。生命科技研发和应用使相关法律规制问题显得日益复杂，生命科技的迅猛发展与法律规制的相对滞后之间的矛盾日趋突出。为此，我们不能忽视生命科技研发和应用领域的法律规制问题。由于医学事业关系到广大公众的生命健康，其社会影响

面非常广泛,并且牵涉到诸多法律关系。所以,调整由生命科技研发和应用引起的新生事物产生的法律关系,保护相关新兴权利是法治发展进程中的重要领域。例如,医疗行为中,虽然患者和医疗机构在民事法律关系中是平等的主体,但是医疗机构掌握着专业的生命科技信息和设备,患者经常处于被动的地位。这种处于弱势地位的患者的权利需要法律加以保护和调整,才能公正地维护生命科技应用法律关系主体的权利和利益。如果缺乏法律的有效规制,势必导致生命科技被滥用和误用的情况发生。从现实的案例来看,生命科技研发和应用出现的违法甚至犯罪问题,反映出我国生命科技立法亟待加快步伐,并且加快研究生命科技发展引起的新兴权利。[①] 针对生命科技研发和应用的多样化、复杂化,及时完善立法,强化生命科技研发和应用的法律规制。

因此,我们无论在将来的生命科技立法中,还是在当代法律的适用中,都应当注重研究相关权利保护体系,并且对侵害权益的行为进行约束、调整和制裁。生命科技应用领域出现的问题可以通过缜密的法律制度设计加以解决。这就意味着在法律规制生命科技发展和保护当事人的权益方面,法治建设必须加快发展。这也要求传统法律治理路径的革新,而革新的内容包括权利的扩张和法律规制的创新。权利理论研究模式的转换,超越了目前的法学二元论架构,应在对立和统一的基础性架构上,重新阐释基因及其他生命分子的法律属性。更为重要的是,我们对其承载的财产法益、人格法益等法益重新界定和制度化,有利于法律对于生命科技应用领域进行及时有效地规制。

二、生命科技法治应以立法为先导进行建设

法治要发展,立法须先行。国家通过立法来调整和规范人们的行为。针对生命科技应用引起的技术风险、伦理风险和安全风险进行立法是当代社会发展提出的现实性新要求。[②] 这关系到法治建设的有效推进。生命科技立法的目的就是规范各种生命科技研发和应用。本书作者认为,在生命科技立法中必须坚持两个重要方面。第一个方面是我国生命科技立法在于防止生命科技研发和应用中的滥用行为,避免侵害相关主体的权益。第二个方面是我国生命科技立法应当促进生命科技研发和应用,使其在当代社会发展中进一步发挥重要作用。为此,生命科技立法的直接目的就是解决生命科技研发和应用中的权利保护的

---

① 刘长秋:《论生命科技犯罪及我国的法律对策》,载《四川警察学院学报》2009 年第 3 期,第 45 页。

② Lisa Oliver. Considering Surrogacy, Create Space, 2012, p. 11.

实际问题，实现法律对行为主体乃至整个社会的有效管理功能。生命科技的应用是“一把双刃剑”，技术本身是中性的，基因技术的运用、人工生殖技术等诸多生命科技的应用皆为如此，其初衷是为社会谋福祉。但倘若在技术发展过程中对其不加以限制，便可能有意或者无意地悖离原本造福人类生命健康的方向，最终给人类社会带来灾难。从生命科技的立法工作来看，立法总是通过制定一些命令性和禁止性的规范，对生命科技研发和应用进行一定程度上的限制。这种做法的目的在于对生命科技研发和应用中出现的新问题，运用法律的手段加以规制。所以，完善生命科技立法势在必行。将来的生命科技立法工作具体策略如下：

（一）对生命科技应用立法进行合理规划

立法规划是立法过程中的重要环节，它是确保科学立法的前提条件。我们只有对立法工作进行合理地规划，才能保证所立之法与我国经济和社会发展进程相统一，适应我国经济发展战略。立法规划是一个系统性的过程，需要立法者根据社会、经济的不同发展阶段和新生事物，及时制定、修改、补充、废止相关的法律、法规等规范性法律文件。坚决避免不适时宜的立法。否则，就会影响法律的实效，达不到立法所追求的社会效益和经济效益。同时，对社会、经济的发展产生阻滞效应。[①] 生命科技立法中仍然需要坚持立法规划。生命科技研发和应用立法关系到生命伦理的维护和人类自身生命健康的保障，它对生命科技应用新兴权利的保护具有直接的现实作用。[②] 所以，它对法治社会的发展具有无可估量的推动作用。在生命科技立法过程中，如果立法者讲究生命科技法律的体系性、严密性的规划，其所立之法就会进一步显现出严密性和科学性。它能有效应对生命科技应用中产生的新生事物，有效保障生命科技发展中的新兴权利，有效地防止生命科技的不当应用。假如生命科技立法工作不遵循合理的立法规划，则所立之法就会失去科学性和体系性。它不能够规制生命科技新生事物提出的法律问题，也难以防范生命科技的不当使用。这将会导致生命科技偏离服务于人的宗旨。所以，这体现出生命科技立法规划的极端重要性。

根据本书的研究，在现阶段而言，我国的生命科技立法规划应当划重点考量以下几个方面。

---

① 刘长秋：《论生命科技立法的理念与原则》，载《法商研究》2007 年第 4 期，第 54 页。

② P. Herissone-kelly. Determining the Common Morality's Norms in the Sixth Edition of Principles of Biomedical Ethics. Journal of Medical Ethics, Vol.37, 2011, pp. 584 – 587.

1. 根据现实的需求,改善法律滞后状况

根据生命科技发展的不同需求,及时修改、补充或制定相关法律、法规等规范性法律文件。在立法规划中,我们应当注重法律的适当超前性。我国生命科技立法的现状不但在某些生命科技立法领域没有达到适当的超前性,而且还显现出滞后性的弊端。有些生命科技法规则已经难以应对生命科技研发和应用对法律制度提出的挑战。这与生命科技法本应具有的规制生命科技研发和应用行为,保护生命科技新兴权利的目标渐行渐远。这一弊端将会直接影响我国国民的生命健康权的实现,损害公民的尊严。这就需要立法者在立法规划时,应当及时调查生命科技立法的空白之处,或者不符合时宜之处,在立法中贯彻适当超前立法的思路,及时改善相关法律滞后的状况。例如,我国基因技术应用相关规范性法律文件的规则和权利设置不能适用当代基因科技发展的需求,立法研究存在不足。在我国目前的法律规范中尚未有公开权的明确规定,而其他国家已经兴起的基因公开权利对基因技术应用相关主体是一个非常重要的权利。基因公开权是公民个人所应当享有的,对公民自身的基因享有公开利用和享有利益分配的权利。基因公开权的实质是对基因进行商业利用的权利。这一权利在市场经济环境中的重要性更加明显,它直接关系到市场经济主体相关利益的实现。再例如,目前国家法律所禁止的代孕行为,不但没有杜绝,反而越加猖獗。代孕行为禁而不止,其背后反映出的问题就是目前相关立法比较落后,难以发挥规制代孕行为的作用。这种困境促使着立法者在《人类辅助生殖技术管理办法》修改中,合理规划新的法律规范,或者规划出台《人工辅助生殖法》,以改观相关法律滞后状况。

2. 科学选择立法模式

立法者在立法规划中的一项重要工作就是立法模式的选择,此项工作涉及立法成本和法律实施的效果。为了节约立法成本和达到立法效果,立法者必须对生命科技立法进行合理规划,以增强法律规制相关生命科技应用行为的能力。例如,在人体器官移植技术应用方面,我国的立法者是采用统一所有的人体器官移植领域进行立法的模式,还是针对各种人体器官移植领域进行单独立法。这就需要我国立法者进行立法规划,得出最佳方案。

3. 与其他部门法建立联系

生命科技应用主要涉及民事法律领域,尤其是相关权利保护的问题。生命科技法中的权利理论在很大程度上建立在民法传统权利理论的基础之上。例如,民法理论中的人格权、财产权、身份权、隐私权等权利是基因技术应用中的相关权利的理论来源。基因技术应用发展出的权利是对这些民事权利的突破，以形成具有自身特点的权利体系。生命科技的滥用也可能牵涉到行为主体受到刑事制裁的后果。生命科技新兴权利的诉求还需要宪法中相关权利规定的支撑。这样就能够体现相关权利主张的合宪性。所以，立法者应当加强立法规划，注意与其他法律部门的协调。无论是民事法律部门，还是刑事法律部门，乃至国家的根本大法，在今后的发展进程中都应当含有关于生命科技应用的规定。具体而言，第一，应当借助《中华人民共和国民法典》正在编纂的契机，研究新兴权利，对权利体系进行扩充，把基因平等权等生命科技应用中的新兴权利纳入立法范围。第二，在宪法中增加基因权利保护的条文，以示国家对新兴权利的重视和与时俱进的法治理念。第三，在刑事法律中借鉴瑞典刑法的立法经验，对基因歧视导致严重后果的行为纳入刑事处罚范围。

（二）对生命科技法律进行体系性建设

从法理上讲，法律体系的建设最为重要的一步就是立法者制定出体现宪法精神的，并且能够引领整个领域的基本法。在法律体系中基本法起到主心骨的作用。法律体系以基本法为核心，建立起该法律体系的基本原则、基本制度和基本价值理念。其他下一效力等级的法律则依据基本法的原则、制度、理念，建立具体的制度架构。这样就能够组合成一个完整的法律体系，形成对生命科技应用新生事物全方位的法律规制能力。目前，我国没有颁布生命科技基本法，生命科技法律体系尚未形成。正如前文所述，基因权利是公民基于基因而产生的综合性权利，它应该成为公民的基本权利。“基因权利仅仅作为民事权利规定在民法中是不够的。”[①]目前，最需要解决的问题是生命科技方面的单独立法。由于生命科技基本法的缺位，其他的生命科技法律、法规、规章、办法等规范性法律文件“各自为阵”，尚未形成统一的价值理念和基本原则。在规定上也难免发生冲突。为了加强生命科技法体系性建设，目前立法工作亟待完成的任务是：

(1) 应加紧制定生命科技基本法，改善我国目前尚未制定统一的生命科技基本法的局面。通过体系化建设，扭转各个生命科技领域制定的条例、办法比较分散的状况势在必行。加快确立起一套可以统一适应于我国的生命健康法律基本制度和基本原则。这样才能形成一个真正意义上的、以基本法为核心的生命科技法律体系。

(2) 在制定生命科技基本法的基础上，进一步加快制定下一效力等级的相

---

① 张小罗、张鹏：《论基因权利——公民的基本权利》，载《政治与法律》2010 年第 5 期，第 117 页。

关生命科技地方性法规、部门规章，避免随着风险社会的发展形成的法律规制的空白。针对专门领域制定生命科技特别法，形成协调统一的法律法规体系。

(3) 提高制定生命科技法律的立法机关的等级，避免大量低层级的法律文件的产生，以改善法律约束力低的现状。

(4) 在生命科技基本法编纂期间，国家立法机关先对生命科技单行法律、法规进行梳理，颁布生命科技法律汇编。改善生命科技法数量多、内容分散、规则冲突、法律漏洞多、相互冲突的局面。

(5) 我国在生命科技法律体系建设中，还应当借鉴德国、美国等国家对生命科技立法的先进技术和经验。立法工作应注重在生命科技运用法律规制这一部分出台一些公法规范，也可以借鉴法国民法典从保护私权利的角度对生命科技法作出调整公民相关权利的规定。[①] 同时，在此基础上建立伦理规范与法律规范的互动机制平台，确保部门法规范的科学性。我国目前关于生命科技立法还未完全包含生命科技的主要方面，应当将有些亟待解决的生命科技应用问题纳入法律调整的范围，“使一些潜在的社会危险后果以及复杂的社会矛盾及时解决。”[②]

三、生命科技应用立法应与生命伦理紧密结合

生命科技法涉及的尖端生命科学技术研发和应用，是社会发展的强大推动因素，并且在不正当应用的情况下会产生负面效应。生命科技研发和应用产生的新情况新问题是对传统社会已经形成的伦理和法律规范的挑战和冲击。本书的第一章分析了生命科技应用悖离生命伦理的问题。在第四章中，作者已经分析了相关知识产权伦理问题。知识产权的功利化被夸大的结果就是人们容易忽视本体性价值追求，利益分配达不到平衡。人类社会在发展中逐渐积累了宝贵的科学文化知识和精神财富，逐渐形成了重视人的尊严、维护人的生命、健康的生命伦理观念。当代社会中，生命科技的迅猛发展，极大地影响着当代社会伦理观念。所以立法者必须对生命科技法的未来规划有清晰的目标，包括总目标和相关的规制机制、生命科技法与伦理的关系以及法律体系、权利保护等方面均应当细致地考量，力争能够对生命科技应用法律问题进行有效规制。全面和切实

---

① M. Grynberg, L. Hesters, T. Thubert, et al.. Oocyte Cryopreservation Following Failed Testicular Sperm Extraction: a French Case Report with Implications for the Management of Non-obstructive Azoospermia. Reproductive Biomedicine Online, Vol.24, 2012, pp. 611 – 613.

② 彭礼堂、董春芳:《论生命科技对法律的影响》，载《武汉公安干部学院学报》2005 年第 2 期，第 42 页。

地规制当代和未来的生命科技应用中的法律问题，以适应生命科技运用和发展的迫切需要。在当代风险社会，立法就是要对社会中存在的不同利益和利益之间的矛盾进行整合和重新分配，使得利益冲突得以化解。法律规范应当融合伦理，这是一种社会发展的必然要求和法治发展的动力。伦理在法治中不仅存在于法的创制过程中，而且在法的适用和法的执行过程中均需伦理因素的存在。因而无论从国家公权力行使的角度还是私权利保护的角度都应当遵循这样的原则。

从法理上讲，伦理与法律之间不能相互割裂开来，它们之间是相互交融的关系。具体到生命科技法律和生命伦理而言，生命伦理与生命科技法律有许多贯通之处，这种紧密关联性就决定了生命科技法律与生命伦理必须紧密结合，才能获得最大的社会实效。[①] 具体而言：

（一）生命科技法律的根源是生命伦理

从法学理论上讲，伦理是法律的基础。在生命科技法的发展进程中，更加体现"法律必须以伦理为基础"。[②] 生命科技法领域更加要注重生命伦理与生命科技法的结合，一旦生命科技法脱离了生命伦理的支撑，生命科技法将缺乏调整生命科技研发和应用的能力。内在的强制性只是表面的法治建构，法治的实质性建构需要法律的"深入人心"，这样才会真正得到有效的贯彻。法治的实质性建构必须应当融入伦理的因素，使法律具备一定的伦理性。立法的过程就是立法者采纳一定的伦理观念的过程。法律制度的确立和施行，其基础在于伦理观念的确立。在富勒的理论中，法律是最低限度的伦理。

可见法律离不开伦理的支撑，伦理是法律的先导。同样，生命伦理对生命科技法的创制具有导向性作用。"生命法尤为突出的特征就是伦理性。"[③]在生命科技法中，伦理对法律调整某些法律关系的不足具有弥补作用，生命科技法则是法律化的生命伦理。生命伦理学特别关注生命科技发展带来的伦理问题。[④] 广义的生命伦理学正视生命科技带来的伦理挑战，也评价生命科技应用对人类价

---

① 刘长秋、尹晓文：《生命法国际比较研讨会暨第四届法中生命法大会综述》，载《上海法学研究》2010年第6期，第3页。

② 谢志青、王萍：《人类辅助生殖技术的伦理问题与应对机制》，载《南昌大学学报》2008年第3期，第47页。

③ Jean Rene Binet. Bioethics and Law: From the Abundance of Sources to the Confusion of Gender. International Journal of Bioethics, Vol.23, 2012, pp. 18 - 25.

④ [加]许志伟著、朱晓红编：《生命伦理：对当代生命科技的道德评价》，中国社会科学出版社2006年版，第2页。

值的改变,使人们关注到社会生活和伦理之间的紧密关系。将生命伦理准则转化为具有强制力的生命科技法律规则,使社会应对生命科技研发和应用产生的问题更具规制效力。生命科技法和生命伦理是相伴相生的交融关系,所以在调整生命科技研发和应用中应具有统一性。生命伦理所谴责的行为也是生命科技法所禁止的行为,生命伦理所倡导的行为也是生命科技法所鼓励的行为。生命伦理具有强大的社会秩序维护作用。"它能够促进生命科技法不能强制的人体组织、器官捐献、骨髓捐献、血液捐献等诸多利他行为和公益行为顺利开展。"[①]生命科技法则可以为生命伦理倡导的利他行为提供法律制度上的保障,促进这些有益于公众个人利益和社会利益行为的实施。通过法律强制力的介入制裁违反生命伦理的行为,使社会发展保持平稳的态势。立法过程中必须考量伦理准则,用伦理来充实法律,以实现伦理和法律的紧密结合。

(二)生命科技法律与生命伦理肩负着共同的使命

法律和伦理皆有维护社会秩序和促进社会关系和谐的使命,生命科技法与生命伦理也无例外。当代生命科技的飞速发展给人们带来了福祉,也形成了负面的社会影响。这其中就有生命科技的不当应用对人们的生命健康和生命尊严的侵害。如何应对此类新生事物对社会形成的影响,是生命科技法和生命伦理共同的使命。"从控制论的角度而言,社会迫切需要以普遍有效的手段对生命科技活动进行规范,为人们趋利避害,否则后果难以预测。"[②]生命伦理和生命科技法正是对各种生命科技研发和应用进行有效规范的手段。生命科技法与生命伦理都注重保护生命科技研发和应用主体的尊严和自主性,保护生命科技应用中的相对弱势群体,这也是生命科技快速发展进程中保护人权的体现。生命伦理和生命科技都注重对生命科技应用带来的社会效果进行审慎地分析。生命伦理为生命科技活动提供准确的价值取向,生命科技法为生命科技研发和应用活动设定相关权利和行为规则。二者共同相互支撑,预防和减少各种生命科技研发和应用活动带来的负面效应。

当然,生命科技法律在二者之中是更加重要的一个,它以国家强制力作为保障,明确了生命科技应用中的相关权利和行为准则,对生命科技应用带来的负面效果具有直接的规制效力,能够有效预防和抑制生命科技研发和应用负面效应,促进生命科技快速健康发展。

---

① 刘长秋:《生命法学理论梳理与重构》,中国政法大学出版社 2015 年版,第 243 页。

② 谈大正:《全球化浪潮中生命法的人文精神和现实关注》,载《法治论丛》2011 年第 1 期,第 9 页。

四、加强以权利保护和法律规制为核心的法律体系构建

当代生命科技法必须要以风险社会为背景，研究生命科技应用相关权利的保护和法律规制。也即生命科技法律体系建设进程中，我们一方面要运用法治调整的路径，注重保护生命科技应用中生成的新兴权利。另一方面，我们也要注意对侵害新兴权利的行为或者滥用权利的行为进行法律规制。立法工作只有在权利、价值方面进行综合考量和论证，才能在新时代对生命科技发展起到保驾护航的作用。生命科技的运用会涉及许多新颖的私权利，例如基因隐私权、基因知情权、基因公开权。对于这些权利的私法规范可以和监管生命科技应用的法律并驾齐驱，形成合力，对社会关系进行调控和规制。当然，权利保护问题不可能一蹴而就，某些领域还暂时存在法律上的空白之处和模糊界限。如前所述，这就要建立其伦理与法律互动交流的机制，使伦理融入生命科技法律中，形成法律调整的坚实基础，将成熟和完善的伦理规范上升为生命科技法律。从权利的理论价值和现实作用而言，“权利是对我们最重要伦理价值的制度保护。它能够借助于法律的确认而使民众的正当利益得到保护”，[①]能够保证在法定的框架和范围内拥有自主性以及人们的尊严和人格得到足够的理论支撑和现实维护，从而保障以权利保护为核心的生命科技法的构建。

（一）权利设定应当与伦理审查机制紧密结合

法律常常会出现社会关系调整的空白地带。生命科技的飞速发展，对于社会整体发展而言，是有促进作用的，而且给社会成员的影响巨大。法律对于日新月异的新生事物不可能完全将其纳入调整的范围，法律“鞭长莫及”的领域广泛存在。[②] 法律与生命科技发展的不平衡状态要依靠伦理来发挥重要的作用。法律较之于伦理来说具有跨越式发展的特征，因为当代法律的创制需要应对社会发展中层出不穷的新生事物所形成的新的社会关系，而法律主要是一种应用性的社会规范。相对于法律来讲，社会伦理是依据一国的文化传统和伦理的积淀而产生的，是一个循序渐进推进的过程。在法律发展史上出现过很多从习惯到习惯法再上升为法律的过程的情形，这其中就有伦理的推动作用。立法者可以通过发现社会生活中的伦理，将其上升为法律，把它确立为法律规则来化解社会矛盾。由于人们对于某些社会关系已经有了产生法律规则之前的约定俗成的处

---

① Johnna Fisher. Biomedical Ethics: A Canadian Focus. Oxford University Press, 2009, p. 8.

② 张燕玲:《人工生殖法律问题研究》,法律出版社 2006 年版,第 241 页。

理方法，这就使得法律在实现个体权利上有着防范和化解社会风险的作用。

伦理与法治的关系应当是紧密的，权利的设定不可疏离伦理，二者应当并重。[①] 当代生命科技法只有建立在伦理的基础之上，才能够有效避免风险因素的形成。当代生命科技法则是保障社会伦理实现的坚实后盾。伦理规范在一定程度上影响着法律的创制和实施。人类社会发展中的伦理需要法律规则加以维护和规范化。英国法学家菲尼斯的理论认为，人类的善只有经过法律规范的强制力和确定力才能得到保障。[②] 这也就是指伦理主要由法律予以保障才能确定下来，规范人们的行为。

对于我国而言，伦理审查是一个新型机制。在我国从研究者到伦理委员会都没有接受过相关系统的理论和实践的指导。[③] 法律中关于伦理审查的规定缺乏系统性。所以我们应当在生命科技法律、法规中明确伦理审查机制的内容，以维护生命科技研发和应用中的相关权利。

第一，关于生命科技临床运用的标准应当进一步突出以人为本的新时代理念。在审查生命科技运用的具体方案时不仅要确立具体科学技术运用的参数标准，而且要进一步提高以人为本的标准。对于科学研究和临床运用人员的资格和实施技术条件进行评估，考量生命临床运用的真正目的和应用价值。对于应用中可能出现的参数不准确或者不合格的情形、应用过程中的不透明，要坚决停止相关生命科技的临床实施，以法律、法规的形式规定生命科技运用应当受到外部监督。对于国外已经实施的比较成熟的方案，规定伦理审查委员会可以简化相关的审查手续，但应当同时对生命科技的实施过程予以监管。

第二，对于需要选择实验的对象，法律、法规应当明确其知情权，使实验对象知晓相关的法律后果和实验科学后果。建立严格的标准对受实验者的选择和排除都要体现程序上的公正性。对程序进行审查和监督的权利要适当扩大，以提高监督的民主性和科学性。在生命科技运用中要结合实际情况进行风险与收益的权衡，对于成本较高的生命科技实施行为，对于不成熟的科技参与运用时都应当慎重启用。对于成本很高而收效甚微的治疗方案，法律应当禁止此类消耗社会资源的行为。对于公民的自主权予以尊重和保障，生命科技运用的信息要尽

---

① 夏锦文主编：《传承与创新：中国传统法律文化的现代价值》，中国人民大学出版社 2012 年版，第 157 页。

② 张燕玲：《人工生殖法律问题研究》，法律出版社 2006 年版，第 242 页。

③ 滕黎、蒲川：《国外伦理委员会的监管对我国的启示》，载《医学与哲学（人文社会医学版）》2010 年第 6 期，第 27 页。

量向社会公开。接受治疗的公民有自主选择医疗机构和医疗方法的权利。“法律、法规禁止医疗研究人员和执行人员对结束治疗的公民采取引诱的方式或胁迫的方式予以治疗。”[①]

第三，生命科技法律应当规定切实保护接受治疗者的隐私权利，保护医疗机构和研究机构的信息。对医疗机构的商业秘密予以保障，对于研究机构的专利权利予以保障。但是，法律、法规也要禁止医疗机构以保护相关涉密信息为由不公开相关医疗事件的过程和处理结果。

第四，法律、法规应当将生命科技应用中出现和变化的利益问题予以合理分配，妥善协调利益之间的矛盾。对于在生命科技运用中的不良后果要进行权利义务的科学划分，依法建立临床医疗和科研人员的连带责任制度。对于生命科技研究的过程需要向审查监督机构定期汇报资金来源情况。

第五，法律、法规应当建立一套有效的预防和处理生命科技医疗事件的解决机制，对生命科技医疗事件，根据事件影响范围的大小建立相应等级的报告制度，对于医疗实践的不良后果应当及时上报。对于相关的研究和调查报告应当不受行政干涉。对于专家库的建设要合理设置专业领域，在需要对专家参与研究和调查相关医疗事件时应当采取随机抽取的方式，做到公正、客观、透明，并接受公民的监督和其他相关机构的监督。

（二）权利研究和设定应建立回应型立法机制

从生命科技的立法角度而言，生命科技的研发和应用具有巨大的科学价值和市场价值，对其进行立法规范是一项复杂的工程。生命科技在医学上广泛地应用，展现了它积极价值的一面。正是由于它的积极价值才逐步受到公众的欢迎，使其有了进一步深化发展动力，也为生命科技开拓新的应用领域提供了良好的社会环境。但随之而来的是社会关系的复杂化，新兴权利的主张不断涌现。无论是基因技术的应用、人工生殖技术的应用，还是人体器官移植技术的应用都凸显出严重的法律规制问题。

生命科技运用引起的权利之间的冲突，是社会的风险因素。我国目前的法律体系应当对于新型的生命科技权利进行体系化的保护。通过法律规则设定相关权利的法治建构路径是实现有关权利保护的最重要手段。例如，我国的不孕不育夫妇占已婚夫妇总数的比重有上升的趋势。这对于我国人口的结构和今后的劳动力市场发展，乃至社会主义现代化建设却是不利的因素。他们有强烈的

① 张新庆：《基因治疗之伦理审视》，中国社会科学出版社2014年版，第226页。

生育权利诉求。国家法律应允许相关医疗单位应用人工辅助生殖技术为确有生育需求的不孕不育夫妇实施代孕，让他们实现血缘传递的梦想，这是保障公民权利的具体举措。从全面保障人权的角度而言，为了贯彻全面保障人权原则，就应当在坚持禁止代孕行为的大前提下，适当允许确有需要的代孕需求，这也是全面保障公民生育权的表现。

在私法制度博大精深的背景下研究个体权利是法律治理非常重要的任务。私法强调法治发展过程中的私权利主体的行为和后果，以及法律效益。尊重公众的权利、保护公众的权利、激发公民的自由意识与实践是法治现代化的立足点。从权利的生成和发展角度来讲，权利的诉求、权利之间的冲突和协调，贯穿了法律权利实践的始终。从权利制度的完善来看，必须对公民的实际权利诉求进行回应。这样才能体现立法过程中权利设定的科学性，才能在今后的司法实务中切实维护公民权利。所以在立法过程中建立回应型立法机制势在必行。“在权力与权利的有效互动之中，国家公权力演绎着多元民主与共建共治的新篇章。”[①]

在立法过程中建立回应型立法机制是实现科学立法的必要途径。这是社会发展达到有效治理效果的重要渠道。这种机制能够及时反映相关权利主体的权利诉求。法治面向于社会，服务于社会发展进步。回应型立法主要是通过社会对法律的需求，积极调整社会关系，努力增进社会协商，充分凝聚社会共识，推动社会治理制度的发展完善。法律所要实现的价值追求是结合社会发展变迁，不能脱离社会的需求而存在。这其中就有法律与个人权利的诉求的互动模式。权利的诉求始终是从个体的自觉意识再到群体性意识，最终成为社会中绝大多数成员的自觉意识。这样自觉的意识在整个社会层面的体现就是不同群体属性的社会主体最大限度地得到意见的沟通、协调，并且彼此达成基本共识。这种共识的达成就表明社会在整体上对于某项权利的需求给予了认同，或者对某种权利需求带来的消极后果给予了足够的容忍度。[②] 回应型立法机制的构建能够形成权利诉求达成共识的“平台”，使生命科技应用中的权利诉求能够得到重视，为法律制度中对相关权利的设定奠定基础。

诚如本书第二章所述，强压型、自治型和回应型的法治模式是社会发展中主要代表性的治理模式。它们之间是从较低级到较高级排列的，但这也不是简单

① 徐靖：《论法律视域下社会公权力的内涵、构成及价值》，载《中国法学》2014年第1期，第79页。

② 姚建宗：《新兴权利研究》，中国人民大学出版社2011年版，第14页。

的递进关系，而是在同一时代可能存在多种法律治理模式并存的情形。它们之间的比较不是从效果上去区分的，而是用当代法治的角度所做的分类，是否有推动社会发展的效果主要是由某种类型是否符合当时社会的发展需要来判定的。对于生命科技法治而言就是要求法治能够实时关注生命科技发展变化，及时地针对因生命科技运用出现的问题予以解决。总体上来讲形式法治已经不能适应当代生命科技法治的发展前景，形式主义法治的缺陷有力地召唤着法理学的革新。①

据上述缘由，在当代建构生命科技法治机制上应当建立回应型的立法机制，才能积极应对生命科技引发的社会风险。生命科技立法的回应型机制是未来法治建设中的方向。通过风险社会中的生命科技立法回应型机制的建设，使得社会的利益主体之间建立商谈和沟通机制。在生命科技风险社会中，使法律发挥重要的规制社会事务的作用。

在当前的风险社会，不同主体之间的利益或者价值的冲突促成了权利冲突的生成。我们欲建立多元利益之间的平衡机制，必须要进行理性地沟通与回应。沟通和回应机制在当代风险社会的立法中建立起来是必要的。这使社会关系中的各种权利冲突都纳入法治的场域，并积极拓宽多元价值和原则需求参与立法决策机制的路径。积极拓宽多元表达的路径，减少消极表达方式。例如，法律规定禁止人体器官、组织买卖主要是基于人体健康不能用金钱加以衡量，禁止人体的商业化交易和公民对自我身体的伤害。但是，生命科技应用中的基因提取与细胞培养都是在分子层面上操作的，其对人体组织的需求很小。因此，这些生命科技应用的操作与直接的人体组织、器官的买卖有着很大的不同，不足以引起风险和现实的危害。如果无视这些核心的不同点就会在利益的实现上形成不平衡的结果。如果在立法中压制基于上述原因的公民经济利益主张，就是漠视对公民基本权利的尊重。风险社会中的立法决策机制应当建立公民的利益表达和社会利益的双向表达机制，对于法治秩序予以回应，国家机关应当将生命科技引发的社会关系予以重视，这也是国家机关就社会利益进行整合与分配的机制。

构建回应型立法机制的目标是：

（1）公民利益和社会利益保持统一性，国家机关严格依据法律来治理社会，公民群体也通过法律来维护自己的合法权益。

（2）国家机关在法律治理中的决策在风险社会中占重要的地位，但是这种

① 何跃军：《风险社会立法机制研究》，中国社会科学出版社 2013 年版，第 117 页。

地位不能影响到个人权利的主张。在法治社会对于多元需求都应当予以重视和回应。法律的目的在法治中的民主协商和沟通机制运行中得以实现。[①]

（3）为了能够使立法的科学性和合理性功能普遍增加，需要保障参加立法主体之利益表达途径的畅通。

具体的回应型机制架构主要包括回应型机制的主体、回应型机制的对象、回应型机制运行程序三个方面。在这个机制当中，回应型机制的主体是立法决策者对于公民权利需求的回应。回应型机制的对象是生命科技风险社会中权利冲突之间的平衡。回应型机制运行的过程就是立法决策者与公民之间进行利益商谈、对话。在此机制框架内立法决策者直接与公民进行协商沟通，获得需要的立法决策信息和利益表达路径。这使立法者就生命科技风险带来动态变化对个体权利冲突、权利与权力之间的关系有更加深入的认知。[②] 这对于法治现代化建设是一项重要的科学推动机制。这种机制在生命科技法治中起到了深入认识风险因素和通过公权力与公民权的沟通和协商，进而合理设置和平衡私权利的作用。

（三）研究新兴权利保护和法律规制方式

立法者在具体权利研究和设定方面，除了立法机制的选择，还应当注重对典型的生命科技新兴权利的研究。例如，基因平等权作为一种新兴权利，它旨在消除基因歧视行为。当在这一领域法律规定尚属空白之时，基因科技应用就依赖于生命伦理准则发挥调整作用。正如本书主张的，将有实用价值的伦理观上升为法律规范是一种必然的趋势。只有在法律规范中积极体现和维护权利平等才是最为稳定和主要的规制路径。法律规范的介入能够增强社会治理的刚性力量，并且能够明确列举出基因科技发展中涉及的人权、人的尊严相关具体规则，克服伦理准则着重从应然角度提出义务性准则，致使实然性的法律规范进行刚性调整基因歧视的途径。我国根据现实国情和法治发展的需要，可以适当借鉴上述国家相关立法经验，在将来的保护基因权利方面完善立法。

正如本书第四章已经研究的基因公开权，它具有巨大的财产价值，它反映了基因人格权的商业利用价值。基因公开权的内涵分为两个方面。第一个方面是“公开利用”，第二个方面是“利益分享”。公开利用是指人类基因用于商业领域，

---

① 徐靖：《论法律视域下社会公权力的内涵、构成及价值》，载《中国法学》2014年第1期，第81页。

② M. King, M. Henaghan. Genes, Society and the Future, The Advisory Committee on Reproductive Technologies: The Role of Public Consultation in Decision-Making. Social Science Electronic Publishing, Vol.152, 2011, pp.343 - 349.

这里需要明确的是，公开利用并不等于所有的基因科技研究活动均以应用于商业领域为目的。基因公开权的行使应当有一定的界限，因为基因公开权与其他的人格权相比应当受到限制。基因权主体只有在法律框架内兼顾各方主体的利益，才能对来自自身的特殊基因进行合理的利益分享。基因公开权作为基因权所属的一项子权利，能够在人格权领域解释基因人格商业利用和利益分享问题。基因公开权是在传承现有权利体系的基础上对现有权利体系的新发展。

在人工生殖技术的应用中，应重点研究生育权、人工生殖子女的知情权、代孕母的堕胎权。例如，在法律规范中应当设立允许代孕母在医学证据明确的情况下享有堕胎权的法律规则，这是为了维护代孕契约法律关系主体利益的需要，也是为了实现社会公共利益的需要。在立法中和司法中对代孕母的利益和不孕夫妇的利益都应当兼顾。“生育权的宪法属性应当也同样适用于不孕不育人群。他们拥有利用人工辅助生殖技术生殖的宪法性权利。”[①]法律中规定一个已婚的公民享有生育权利，则可以推导出不能通过自然方式生殖的少数民众同样也享有生育权利。通过美国的 Lifchez 案件[②]和 Kass 案件[③]我们可以获知，美国的法律实践观点认为，人工辅助生殖是公民的一项基本权利。他们认为人工辅助生殖与自然生殖法律效力等同。这给我们是否应当在宪法中增设生育权的规定以启示。我国借鉴国外的相关立法经验还必须存在两个条件：第一，对我国国情而言，确有必要。第二，对外国的相关生命技术立法背景予以考察。只有满足上述两个条件才能完成有效的“制度连线”。此外，立法者在代孕问题上，也应当针对不同的需求人群作区别对待，以切实维护公民的生育权利。

在人体器官移植技术的应用中，针对人体器官移植技术应用的现状和立法精神，本书倾向于在目前情境下，最重要的是，首先在民事权利规制视域范围内对知情权进行研究和完善。先对人体器官移植中的供体一方对受体一方和医疗机构的相关信息知情权加强现实的保护和满足，推动人体器官移植朝着公益性和无偿性方向发展，促进供体器官捐献事业的发展。在具体的相关权利都得到切实保护以后，再从更高效力位阶的宪法权利层面对知情权进行全方位、多角度的整体制度设计，并且对相应的制度进行构建，从而实现对人体器官移植供体知情权的宪法性保护。

---

① 汪丽青：《人类辅助生殖私法调整机制研究》，法律出版社 2016 年版，第 18 页。

② Lifchez V. Hartigan. United States District Court, Northern District of Illinois, 735F. Supp.1361, 1990.

③ Kass V. Kass. Supreme Court of Nassau County, New York, 1995 WL 110368.

（四）生命科技成文法与案例指导制度相结合

我国目前关于生命科技法的表现形式仅限于成文法，由于上述的立法现状形成了法出多门和调整的空白。所制定的成文法会出现内容和效力冲突情况，不利于对私权利的切实有效保护。综观世界范围内的生命科技应用相关案例进行研究，能够完善相关的权利保护体系。我国最高人民法院自2010年开展案例指导制度以来，各级法院对于同类案件相关权利的保护有了统一的指导性标准，避免了权利实现的不统一。虽然在近年来对于生命科技的判例还比较少见，但是这是一个切实保障公民生命权益的新思路，对于成文法具有补充作用。

参考文献

[1] 江必新:《国家治理现代化:十八届三中全会〈决定〉重大问题研究》,中国法制出版社 2014 年版。

[2] 王利明:《我国民法典重大疑难问题之研究》(第二版),法律出版社 2016 年版。

[3] 王利明:《合同法研究(第三卷)》,中国人民大学出版社 2015 年版。

[4] [美]诺内特·塞尔兹尼克:《转变中的法律与社会:迈向回应型法(当代法学名著译丛)》,张志铭译,中国政法大学出版社 2004 年版。

[5] 王人博:《法的中国性》,广西师范大学出版社 2014 年版。

[6] 王人博、程燎原:《法治论》,广西师范大学出版社 2014 年版。

[7] 王人博:《中国特色社会主义法治理论研究》,中国政法大学出版社 2016 年版。

[8] 程燎原、王人博:《权利论》,广西师范大学出版社 2014 年版。

[9] 刘作翔:《多维度的法理学研究》,北京大学出版社 2006 年版。

[10] 刘作翔:《权利冲突:案例、理论与解决机制》,社会科学文献出版社 2014 年版。

[11] [美]罗纳德·蒙森:《干预与反思:医学伦理学基本问题》,林侠译,首都师范大学出版社 2010 年版。

[12] [法]莫里斯·奥里乌:《法源:权力、秩序和自由》,鲁仁译,商务印书馆 2016 年版。

[13] [美]汤姆·比彻姆、詹姆士·邱卓思:《生命伦理学原则》,李伦译,北京大学出版社 2014 年版。

[14] [美]罗纳德·M·德沃金:《生命的自主权——堕胎、安乐死与个人自由的

论辩》,郭贞伶、陈雅汝译,中国政法大学出版社 2013 年版。
[15] 王一多主编:《道德建设的基本路径》,载《哲学研究》1997 年第 1 期。
[16] 王利明:《法治:良法与善治》,北京大学出版社 2015 年版。
[17] 何建志:《基因歧视与法律对策之研究》,北京大学出版社 2006 年版。
[18] 颜厥安:《鼠肝与虫臂的管制——法理学与生命伦理探究》,北京大学出版社 2006 年版。
[19] [美] E.博登海默:《法理学——法律哲学与法律方法》,邓正来译,中国政法大学 1999 年版。
[20] 李猛:《自然社会—自然法与现代道德世界的形成》,三联书店 2015 年版。
[21] 黄丁全:《医事法新论》,法律出版社 2013 年版。
[22] 张新庆:《基因治疗之伦理审视》,中国社会科学出版社 2014 年版。
[23] 沈国明:《法治中国道路探索》,上海人民出版社 2018 年版。
[24] 刘长秋:《生命科技法比较研究——以器官移植法与人工生殖法为视角》,法律出版社 2012 年版。
[25] 王康:《基因权的私法规范》,中国法制出版社 2014 年版。
[26] 何红锋、赵军:《项目管理法律法规及国际惯例》,南开大学出版社 2013 年版。
[27] [英]H.L.A.哈特:《法律中的因果关系》,张绍谦、孙战国译,法律出版社 2005 年版。
[28] [英]H.L.A.哈特:《法律的概念》(第二版),许家馨、李冠宜译,法律出版社 2006 年版。
[29] 张俊杰:《法理学案例学教程》,人民出版社 2009 年版。
[30] 苏晓宏:《法理学通论》,法律出版社,2009 年版。
[31] 胡水君:《法律与社会权力》,中国政法大学出版社 2011 年版。
[32] 公丕祥:《法制现代化的挑战》,武汉大学出版社 2006 年版。
[33] 李猛:《自然社会——自然法与现代道德世界的形成》,三联书店 2015 年版。
[34] 陈金全:《西方法律思想史》,人民出版社 2012 年版。
[35] 曹茂君:《西方法学方法论》,法律出版社 2012 年版。
[36] 吕世伦、文正邦:《法哲学论》,中国人民大学出版社 1999 年版。
[37] 张永华:《民法的自然法学基础》,法律出版社 2012 年版。
[38] 刘长秋:《代孕规制的法律问题研究》,上海社会科学院出版社 2016 年版。

[39] 万慧进:《生命伦理学与生命法学》,浙江大学出版社 2005 年版。
[40] 张新庆:《基因治疗之伦理审视》,中国社会科学出版社 2014 年版。
[41] 胡长清:《中国民法总论》,中国政法大学出版社 1997 年版。
[42] 梁慧星:《民法总论》,法律出版社 2011 年版。
[43] 郭自力:《生命医学的法律和伦理问题》,北京大学出版社 2002 年版。
[44] 钟君:《社会之霾》,中国社会科学出版社 2015 年版。
[45] 杨小军:《中国法治建设现代化》,国家行政学院出版社 2016 年版。
[46] 高兆明:《黑格尔"法哲学原理"导读》,商务印书馆 2010 年版。
[47] 文正邦:《和谐社会法治保障新论》,中国政法大学出版社 2015 年版。
[48] [英]洛克:《政府论》(下篇),叶启芳、瞿菊农译,商务印书馆 1986 年版。
[49] 何勤华:《法治社会》,社会科学文献出版社 2016 年版。
[50] 李梅:《权利与正义》,社会科学文献出版社 2007 年版。
[51] 王泽鉴:《人格权法:法释义学、比较法、案例研究》,北京大学出版社 2013 年版。
[52] 杨震:《法价值哲学导论》,中国社会科学出版社 2004 年版。
[53] 张新庆:《基因治疗之伦理审视》,中国社会科学出版社 2014 年版。
[54] 胡志民:《法律基础与 HR》,华东理工大学出版社 2014 年版。
[55] 张燕玲:《人工生殖法律问题研究》,法律出版社 2006 年版。
[56] 杨彤丹:《权力与权利的纠结——以公共健康为名》,法律出版社 2014 年版。
[57] [美]罗纳德·德沃金:《认真对待权力》,信春鹰、吴玉章译,中国大百科全书出版社 2008 年版。
[58] 严存生:《西方法哲学问题史研究》,中国法制出版社 2013 年版。
[59] 张明楷:《刑法的私塾》,北京大学出版社 2014 年版。
[60] 庄友刚:《跨越风险社会——风险的历史唯物主义研究》,人民出版社 2008 年版。
[61] 胡玉鸿:《法治解决道德领域突出问题的作用研究》,中国法制出版社 2018 年版。
[62] 胡伟:《意思自治的法哲学研究》,中国社会科学出版社 2012 年版。
[63] 何跃军:《风险社会立法机制研究》,中国社会科学出版社 2013 年版。
[64] [美]穆瑞·罗斯巴德:《自由的伦理》,吕炳斌、周欣、韩永强译,清华大学出版社 2015 年版。

[65] [美]以太·亚奈马丁·莱凯尔:《基因社会:哈佛大学人性本能 10 讲》,尹晓虹、黄秋菊译,江苏凤凰文艺出版社 2017 年版。
[66] 沈宗灵:《现代西方法理学》,北京大学出版社 2007 年版。
[67] [英] 韦恩·莫里森:《法理学:从古希腊到后现代》,李桂林等译,武汉大学出版社 2003 年版。
[68] 周旺生:《立法学》,法律出版社 2009 年版。
[69] 骆军:《中国民事判例制度研究》,法律出版社 2012 年版。
[70] 胡建森:《走向法治强国》,法律出版社 2016 年版。
[71] 杨育正:《民法的解释与适用》,法律出版社 2012 年版。
[72] 王利明:《侵权责任法研究》,中国人民大学出版社 2011 年版。
[73] 黄丁全:《医事法新论》,法律出版社 2013 年版。
[74] [美] 汤姆·比彻姆、詹姆士·邱卓思:《生命医学伦理原则》(第五版),李伦等译,北京大学出版社 2014 年版。
[75] 马长山:《国家、市民社会与法治》,商务印书馆 2005 年版。
[76] 季卫东:《通往法治的道路:社会的多元化与权威体系》,法律出版社 2014 年版。
[77] 张立伟:《权利的功利化及其限制》,科学出版社 2009 年版。
[78] [德]卡尔·拉伦茨:《法学方法论》,陈爱娥译,商务印书馆 2003 年版。
[79] [美]艾伦·沃森:《民法体系的演变及形成》,李静冰、姚新华译,中国法制出版社 2005 年版。
[80] 强世功:《法律的现代性剧场:哈特与富勒的论战》,法律出版社 2006 年版。
[81] 张浩:《法律体系的自治性》,中国政法大学出版社 2012 年版。
[82] 周世中等:《马克思主义法学理论的探索与实践》,法律出版社 2012 年版。
[83] [加]大卫·戴岑豪斯:《合法性与正当性》,刘毅译,商务印书馆 2013 年版。
[84] 林毅夫:《新结构经济学——反思经济发展与政策的理论框架》,北京大学出版社 2014 年版。
[85] 程国斌:《人类基因干预技术伦理研究》,中国社会科学出版社 2012 年版。
[86] 李燕:《性别变更法律问题研究》,中国法制出版社 2014 年版。
[87] 费孝通:《乡土中国》(修订本),上海世纪出版集团 2013 年版。
[88] 韩大元:《生命权的宪法逻辑》,译林出版社 2012 年版。
[89] 刘治斌:《法律方法论》,山东人民出版社 2007 年版。
[90] [爱尔兰]约翰·莫里斯·凯利:《西方法律思想简史》,王笑红译,法律出版

社 2010 年版。

[91] [英]约翰·菲尼斯:《自然法与自然权利》,董娇娇等译,中国政法大学出版社 2005 年版。

[92] [德]哈贝马斯:《在事实与规范之间》,童世骏译,三联书店 2011 年版。

[93] [美]安德瑞·马默:《法哲学》,孙海波、王进译,北京大学出版社 2014 年版。

[94] 王岳、邓虹主编:《外国医事法研究》,法律出版社 2011 年版。

[95] 程新宇:《生命伦理学前沿问题研究》,华中科技大学出版社 2012 年版。

[96] 蔡昱:《器官移植立法研究》,法律出版社 2013 年版。

[97] [美] 罗斯科·庞德:《法理学》(第一卷),邓正来译,中国政法大学出版社 2004 年版。

[98] [美] 罗斯科·庞德:《法理学》(第三卷),廖德宇译,中国政法大学出版社 2008 年版。

[99] 丘宗仁:《生命伦理学》,中国人民大学出版社 2010 年版。

[100] 杨丹:《医疗刑法研究》,中国人民大学出版社 2010 年版。

[101] 张爱艳、李燕:《生命科技的法律问题研究》,山东大学出版社 2007 年版。

[102] 赵万一:《民法的伦理分析》,法律出版社 2012 年版。

[103] 张春美:《基因技术之伦理研究》,人民出版社 2013 年版。

[104] 谈大正:《生命法学论纲》,法律出版社 2014 年版。

[105] [美] 迈克尔·桑德尔:《反对完美——科技与人性的正义之战》,黄慧慧译,中信大学出版社 2014 年版。

[106] 林丹:《乌尔希里·贝克——风险社会理论及其对中国的影响》,人民出版社 2013 年版。

[107] 李银河:《同性恋亚文化》,内蒙古大学出版社 2013 年版。

[108] 李银河:《新中国性话语研究》,上海社会科学院出版社 2014 年版。

[109] [日]海野弘:《友爱与背叛——西方同性恋历史研究》,张洋译,东方出版社 2016 年版。

[110] [法]弗洛朗斯·塔玛涅:《欧洲同性恋史》,周莽译,商务印书馆 2014 年版。

[111] [日]吉野贤治 (Kenji Yoshino):《掩饰:同性恋的双重生活及其他》,朱静姝译,清华大学出版社 2016 年版。

[112] 季卫东:《法治秩序的建构》,商务印书馆 2014 年版。

[113] [英]尼克·皮金:《风险社会的放大》,谭宏凯译,中国劳动社会保障出版社 2010 年版。

[114] 张永和主编:《人权之门》,广西师范大学出版社 2015 年版。

[115] 舒国滢主编:《法治现代化的理论基础》,知识产权出版社 2010 年版。

[116] 高桂云、郭琦主编:《生命与社会——生命技术的伦理和法律视角》,中国社会科学出版社 2009 年版。

[117] 秋风主编:《法治》,生活·读书·新知三联书店 2017 年版。

[118] 金坤林主编:《干细胞临床应用——基础、伦理和原则》,科学出版社 2011 年版。

[119] 王岳主编:《医事法》(修订),对外经济贸易大学出版社 2013 年版。

[120] 李筱永、赵晓佩主编:《医事法案例精选》,中国政法大学出版社 2014 年版。

[121] 刘士国主编:《医事法前沿问题研究》,中国法制出版社 2011 年版。

[122] 陈特主编:《医事法纂解与疑案评析》,知识产权出版社 2015 年版。

[123] 余明永主编:《医疗损害责任纠纷》(第二版),法律出版社 2015 年版。

[124] 熊永明:《论现代生命科技发展对我国刑法基础理论的冲击》,载《河南财经政法大学学报》2012 年第 1 期。

[125] 徐明:《论生命科技的挑战与立法应对》,载《科技进步与对策》2013 年第 5 期。

[126] 唐义虎:《生命科技的最新发展与侵权责任法的制度回应》,载《北方法学》2010 年第 2 期。

[127] 杜振吉:《生命科技发展中的伦理困惑与道德论争》,载《河南师范大学学报》(哲学社会科学版)2014 年第 6 期。

[128] 黎桦:《生命科技发展语境下的遗体捐献利用制度构建研究》,载《武汉理工大学学报》(社会科学版)2015 年第 4 期。

[129] 徐明:《论生命科技立法中的人权保障》,载《湖北第二师范学院学报》2013 年第 7 期。

[130] 黄有光、桑本谦:《人体器官可否合法买卖?——一次经济学家和法学家的对话》,载《学习与探索》,2016 年第 3 期。

[131] 吕成楷:《现代生物科技引发伦理问题的原因探究》,载《理论建设》2013 年第 2 期。

[132] 沈秀芹:《基因科技对人性尊严的挑战及宪法应对》,载《山东大学学报》

(哲学社会科学版)2012 年第 6 期。

[133] 黎飞:《代孕子女监护权归属制度研究——以全国首例因代孕引发的监护权纠纷案为视角》,载《自然科学(文摘版)》2017 年第 02 月 02 卷。

[134] 胡朝阳、周旋:《基因科技发展的人权影响及其法律调整》,载《科技进步与对策》2010 年第 15 期。

[135] 杜振吉:《生命科技发展中的伦理困惑与道德论争》,载《河南师范大学学报(哲学社会科学版)》2014 年第 6 期。

[136] 孟雯、齐延平:《论自由主义在人体基因科技立法领域面临的悖论》,载《学术交流》2015 年第 1 期。

[137] 侯瑞雪:《基因科技发展与人的“类权利”》,载《学术交流》2013 年第 3 期。

[138] 何珊珊:《由“定制婴儿”论基因科技发展》,载《科技创业月刊》2014 年第 2 期。

[139] 薛楠:《科技在风险社会中的利益与风险分配——以转基因技术为视角》,载《山西青年职业学院学报》2014 年第 4 期。

[140] 杨立新:《适当放开代孕禁止与满足合法代孕正当要求——对“全国首例人体冷冻胚胎权属纠纷案”后续法律问题的探讨》,载《法律适用》2016 年 07 期。

[141] 王凤民:《论人体器官移植供体知情权与人格权法律保护体系构建》,载《科技与法律》2010 年第 6 期。

[142] 李昊:《冷冻胚胎的法律性质及其处置模式——以美国法为中心》,载《华东政法大学学报》2015 年第 5 期。

[143] 刘之琳:《论代孕中的亲子关系——以全国首例非法代孕监护权纠纷案为例》,载《广西政法管理干部学院学报》2016 年第 5 期。

[144] 朱晓峰:《非法代孕与未成年人最大利益原则的实现——全国首例非法代孕监护权纠纷案评释》,载《清华法学》2017 年第 1 期。

[145] 沈秀芹:《论我国人体基因科技规制法律体系的构建》,载《东岳论丛》2012 年第 2 期。

[146] 薄海:《人类基因干预技术的伦理反思》,载《科研》2016 年第 6 期。

[147] 孙方圆:《人类胚胎干细胞研究的伦理思考》,载《医药卫生(全文版)》2016 年第 12 期 03 卷。

[148] 彭诚信:《确定代孕子女监护人的现实法律路径——“全国首例代孕子女监护权案”评析》,载《法商研究》2017 年第 1 期。

[149] 韩大元、于文豪:《论人体器官移植中的自我决定权与国家义务》,载《法学评论》2011 年第 3 期.

[150] 马一德:《论协商民主在宪法体制与法治中国建设中的作用》,载《中国社会科学》2014 年第 11 期。

[151] 王利明:《法治:良法与善治》,载《中国人民大学学报》2015 年第 2 期。

[152] [德]妮娜·德特洛夫:《21 世纪的亲子关系法——法律比较与未来展望》,樊丽君译,载《比较法研究》2011 年第 6 期。

[153] 任怀玉:《社会学视野中的社会建设与社会管理》,载《经济》2016 年第 10 期。

[154] 徐莎、苏振兴:《医学目的与非医学目的基因增强产生的伦理问题辨析》,载《中国医学伦理学》2016 年第 2 期。

[155] 王康:《基因公开权:对人类基因的商业利用与利益分享》,载《安徽大学学报(哲学社会科学版)》2014 年第 2 期。

[156] 汤晓江:《基因科技的法治化解析与未来法律制度架构——以基因信息权利的研究为基点而展开》,载《学术探索》2016 年第 1 期。

[157] 祝丹娜、宫福清:《基因隐私权的伦理和法律问题探究》,载《中国医学伦理学》2016 年第 3 期。

[158] 李惠:《论代孕的分类与法律涵义》,载《医学与法学》2014 年第 4 期。

[159] 刘士国:《人工生殖与自然法则》,载《人民司法》2014 年第 13 期。

[160] 潘加军、蔡小慎:《社会治理制度创新的恰适性路径探析》,载《理论探讨》2014 年第 4 期。

[161] 康茜:《代孕关系的法律调整问题研究——以代孕契约为中心》,西南政法大学博士学位论文,2011 年。

[162] 沈秀芹:《人体基因科技立法规制研究》,山东大学博士学位论文,2010 年。

[163] 孟雯:《人体基因科技的法律思辨》,山东大学博士学位论文,2015 年。

[164] 张燕玲:《人工生殖法律问题研究》,山东大学博士学位论文,2006 年。

[165] 赵萍:《风险社会理论视域下中国社会治理创新的困境与出路研究》,山东大学博士学位论文,2014 年。

[166] 崔德华:《西方风险社会理论及其对我国构建社会主义和谐社会的启示》,山东大学博士学位论文,2008 年。

[167] 金太军、赵军锋:《风险社会呼唤协作治理公共危机》,载《中国社会科学报》2014 年 2 月 21 日第 B03 版。

[168] 刘长秋:《补上我国生命立法的短板》,载《上海法治报》2016 年 3 月 8 日第 B05 版。

[169] Rebecca Skloot. The Immortal Life of Henrietta Lacks. Crown Publishing Group, 2010.

[170] Tom L. Beauchamp & James F. Childress. Principles of Biomedical Ethics, 6th ed.. Oxford University Press, 2009.

[171] Ronald Dworkin. Justice for Hedgehogs. The Belknap Press of Harvard University Press, 2011.

[172] Francis S. Collins. The Language of Life: DNA and the Revolution in Personalized Medicine. Harper Perennial, 2011.

[173] Amrita Pande. Wombs in Labor: Transnational Commercial Surrogacy in India. Columbia University Press, 2014.

[174] Almeling Rene. Sex Cells: The Medical Market for Eggs and Sperm. University of California Press, 2011.

[175] Z. Berend. Sex Cells: The Medical Market for Eggs and Sperm By Rene Almeling. University of California Press, 2011.

[176] Keyes Mary. Cross-border Surrogacy Agreements. Australian Journal of Family Law, Vol.26, 2012.

[177] Gary E. Marchant. Property Rights and Benefit—Sharing for DNA Donors? Jurimetrics, Vol.45, 2005.

[178] Alain Pottage. Instructions: The Fabrication of Persons and Things, Alain Pottage and Martha Mundy ed.. Law, Anthropology, and the Constitution of the Social: Making Persona and Things. Cambridge University Press, 2004.

[179] Carl H. Coleman. Procreative Liberty and Contemporaneous Choice: An Inalienable Rights Approach to Frozen Embryo Disputes. Minn. L. Rev. Vol. 84, 1999.

[180] Howell Shirley. The Frozen Embryo: Scholarly Theories, Case Law, and Proposed State Regulation. The Human Life Review, Vol. 39, 2013.

[181] Schenker Joseph. Assisted Reproductive Technology: Artificial Insemination. Encyclopedia of Global Bioethics, Vol. 16, 2016.

[182] Severson Julie. Sperm Donation: Ethical Aspects, James M. Goldfarb ed..

Third-Party Reproduction A Comprehensive Guide, Springer, 2014.

[183] Corley Stephanie, M Mehlman. Sperm Donation: Legal Aspects, James M. Goldfarb ed.. Third-Party Reproduction A Comprehensive Guide. Springer, 2014.

[184] A. Li, I. Michelle, J. Stephen, A. Tong, H. Kirsten. Interventions to Increase Willingness for Deceased Organ Donation: A Systematic Review. Immunology and Cell Biology, 2013.

[185] S. Jan, A. C. Kirsten Howard. A Proposal to Increase Deceased Organ Donation through an Altruistic Incentive, 8th ed.. International Symposium 2010.

[186] E. S. Dove, M. Phillips. Privacy Law, Data Sharing Policies, and Medical Data: A Comparative Perspective, Medical Data Privacy Handbook. Springer, 2015.

[187] R. Tong. Surrogate Parenting. Internet Encyclopedia of Philosophy, 2011.

[188] R. Thorpe, S. Croy, K. Petersen, M. Pitts. In the Best Interests of the Child? Regulating Assisted Reproductive Technologies and the Well-Being of Offspring in Three Australian States. International Journal of Law (Policy and the Family), Vol. 26, 2012.

[189] H. Konečná, J. Kocourková, B. Burcin, et al.. Can a Magic Wand Plausibly be Used in Serious Psychological Research? The Complications of Researching the ideal Age at Which to Be a Parent through the Eyes of the Child. Human Affairs, Vol.24, 2014.

[190] L. Frith, E. Blyth. Assisted Reproductive Technology in the USA: Is More Regulation Needed?, Reproductive Biomedicine Online, Vol. 29, 2014.

[191] M. K. Smith. Regulating Assisted Reproductive Technologies in Victoria: the Impact of Changing Policy Concerning the Accessibility of in Vitro Fertilization for Preimplantation Tissue-typing. Journal of Law & Medicine, Vol.19, 2012.

[192] W. Norton, N. Hudson, L. Culley. Gay Men Seeking Surrogacy to Achieve Parenthood. Reproductive Biomedicine Online, Vol.27, 2013.

[193] S. Cousins. Only Married Heterosexual Indian Couples Will be Allowed

to Use Surrogate Mothers Under Proposed New Law. http://doi.org/10.1136/bmj.i4669, Aug. 26, 2016.

[194] M. E. Ekberg. Ethical, Legal and Social Issues to Consider When Designing a Surrogacy Law.. Journal of Law & Medicine, Vol. 21, 2014.

[195] M. Grynberg, L. Hesters, T. Thubert, et al.. Oocyte Cryopreservation Following Failed Testicular Sperm Extraction: a French Case Report with Implications for the Management of Non-Obstructive Azoospermia. Reproductive Biomedicine Online, Vol. 24, 2012.

[196] S. Penasa. The Italian Regulation on Assisted Reproductive Technologies Facing the European Court of Human Rights: the Case of Costa and Pavan v. Italy, Vol. 57, 2012.

[197] J. Millbank. Identity Disclosure and Information Sharing in Donor Conception Regimes: The Unfulfilled Potential of Voluntary Registers. International Journal of Law(Policy and the Family), Vol.28, 2014.

[198] D. Hallinan, M. Friedewald. Open Consent, Biobanking and Data Protection Law: Can Open Consent be "Informed" under the Forthcoming Data Protection Regulation? Life Sciences, Society and Policy, Vol.11, 2015.

[199] A Shabana. Foundations of the Consensus against Surrogacy Arrangements in Islamic Law. Islamic Law and Society, Vol.22, 2015.

索　引

B

保障人权　25

F

法律创制　5
法律关系　4
法律规则　5
法律规制　1
法律漏洞　134
法律条文　184
法律制度　5
风险防控　23
风险社会　6

G

个人利益　10
公共利益　76
公民权利　7
国家治理　9

H

婚姻法　69
婚姻法案　160
婚姻关系　2
婚姻权利　151
婚姻自由　159

J

基因科技　6
基因平等权　7
基因权利　4

L

立法原则　78
利益协调　108
伦理准则　1

Q

器官移植　6
亲子关系　2
权利保护　3

R

人格利益　42

人工生殖 3
人工生殖子女 25
人权内容 134
人权体系 132
人身自由 151

S
社会公平 6
社会秩序 26
生命法 10
生命技术 17
生命科技 1
生命伦理 1
生命权 7

X
新兴科技 45
新兴权利 7
新兴事物 6
新型犯罪 55
新型机制 203
新型契约 188
新型侵权 165

Z
知情权 8
治理方式 14
治理体系 9
治理途径 14
自主决策权 25

后　记

本书写作完成之时，适逢2019年全国“两会”召开期间。2019年是我国“十三五”计划的关键之年，也是中华人民共和国成立70周年。《国民经济和社会发展第十三个五年规划纲要》中明确提出我国的“十三五”计划的各项重点工作，其中依法治国和发展科技是全国“两会”和“纲要”最为关注和重点规划的领域。[①]这也给笔者许多启迪。“发展法治和科学技术是我国长期以来的基本国策。”[②]它是我国社会安定有序、繁荣昌盛的重要战略领域。感叹当代中国的飞速发展，万事万物都充满着生机与活力，我也希望在这个美好的时代为我国的现代化建设贡献自己的绵薄之力。所以，结合我所学专业与感兴趣的当代生命科技发展的新兴领域进行深入研究，生命科技发展的法律规则被提上了我的写作日程。继而，我夜以继日地投入到紧张的本书写作过程中，这一过程既充满艰难也取得了收获。我就是在本书写作过程中迎来日出，送走晚霞，不断成长的。

我在研究中发现法学和医学领域与人们的日常生活和社会发展都有非常紧密的关联性，都是当代乃至世界各国发展的重要推动力。二者分别属于社会科学与自然科学的领域，在国内外的相关研究中都处于蓬勃兴起阶段，未来研究的发展空间巨大，所以就愈加关注着两者的发展与结合。

---

① 中国共产党新闻网：《中华人民共和国国民经济和社会发展第十三个五年规划纲要》，http://cpc.people.com.cn/n1/2016/0317/c64387－28207834－19.html(访问日期：2016年3月19日)。其中包括：“畅通民主渠道、加强协商民主制度建设加强和改进政府立法制度建设，明确立法权力边界。深入推进科学立法、民主立法，加强人大对立法工作的组织协调，健全立法起草、论证、协调、审议机制，健全立法机关主导、社会各方有序参与立法的途径和方式。加快重点领域立法”等内容。

② 人民日报网 马凯：《空天海洋、核技术等领域关系到人类未来，要前瞻布局》，http://paper.people.com.cn/dnis/index.jsp(访问日期：2016年3月19日)。其中包括“国家大力发展生命科学”等关系到人类未来的内容。

本书是在我的博士论文基础上写作而成。我要感谢导师李桂林教授，以及法学理论专业的马长山教授、苏晓宏教授、何明升教授、宣文俊教授、陈俊教授对我在博士研究生阶段学习的支持和帮助。

在本书写作过程中，笔者得到了所在单位上海工程技术大学以及本校社会科学学部的大力支持，感谢上海工程技术大学各级领导的关怀。本书的写作还得到了上海市法学会、国家人类基因组南方中心、上海社会科学院法学研究所的大力支持，倪正茂教授、刘长秋研究员、杨彤丹老师、王康老师都给予了许多建议。上海市法学会的生命科技法系列会议活动是我深入学习法学与生命科技发展问题的园地，这使我的写作能够增加前沿信息和思路拓展，顺利推进写作工作。法学研究生方梦淳、迟子钧、张静对本书进行了认真的校对，在此对他们表示感谢！

时值阳春三月，处处生机盎然的景象，走在熟悉的上海工程技术大学校园里，感觉这一草一木都是那么的亲切，它们都是充满活力的生命体，如同人类的生命一样，需要关注和呵护才能在美丽的世界中里健康发展。

笔者衷心感谢家人，感谢父母及亲友们，无论是物质上还是精神上他们都给予了我无私的帮助和支持，他们平凡而又伟大，我所获得的学习成果和荣誉也属于他们。他们每天都忙碌在各自的工作岗位上，用辛勤的劳动书写着他们所热爱的事业。我的父母都是勤劳的人，父亲作为建筑工程电气工程师承担着国家和上海市重点工程的建设重任，在忙碌的工作之余还关心我的书稿写作进展情况。我的母亲不仅每天要面对众多期盼康复的病患，帮助他们解除病痛，又担负起繁多的家务劳动，让我安心地写作本书，追寻自己的梦想。他们是我的精神支柱，他们是我人生道路上不断努力的动力源泉。此书也献给在2018年秋天去世的外祖父，他生前对我提出了殷切希望，这是我前进的动力。祝愿我的外祖母健康长寿，生活愉快！祝愿我的家与祖国一切安好！

在此也向所有给予过我帮助的人，表示深深的敬意和真挚的感激之情！

汤晓江

2019年3月9日